테러를
프로파일링하다

테러에 맞서는 새로운 방법

테러를
프로파일링하다

초판 1쇄 펴낸날 | 2020년 8월 10일

지은이 | 백수웅
펴낸이 | 류수노
펴낸곳 | (사)한국방송통신대학교출판문화원
　　　　03088 서울특별시 종로구 이화장길 54
　　　　전화 1644-1232
　　　　팩스 02-741-4570
　　　　홈페이지 http://press.knou.ac.kr
　　　　출판등록 1982년 6월 7일 제1-491호

출판위원장 | 이기재
편집 | 이두희 · 김경민
본문 디자인 | (주)동국문화
표지 디자인 | 최원혁

© 백수웅, 2020

ISBN 978-89-20-03750-4 03330
값 17,500원

테러에 맞서는 새로운 방법

테러를
프로파일링하다

백수웅 지음

지식의날개

테러에 맞서다

대학 시절 내내 범죄 심리학자를 꿈꾸었다. 시사 TV 프로그램 〈그것이 알고 싶다〉를 시청하면서 사이코패스psychopath의 심리를 분석하고 강력사건을 해결하는 일을 하고 싶었다. 제2의 표창원, 이수정이 내 자리라고 믿었다. 내 꿈을 이루기 위해 대학을 마치고 로스쿨에 입학하기로 다짐했다. 변호사 출신의 경찰 수사관이 된다면 대외적 스펙 또한 그럴듯하다고 생각했기 때문이다. 졸업 후 변호사 시험에 합격했고 경력경찰경감 시험을 앞두었다. 2016년 당시 경력경찰 시험의 경쟁률은 그리 높지 않았다. 그 때문에 내 꿈의 8할은 쉽게 이루어진 것처럼 보였다. 그때 당시 나는 이미 한국의 '셜록 홈스Sherlock Holmes'였다.

하지만 인생은 꿈꾸는 대로 이루어지지 않았다. 경찰 체력시험을 준비하다 손목을 다치고 말았다. 팔굽혀펴기 등 체력시험의 최소 기준은 통과할 것이라는 자신감이 사라졌다. 신체적 유약함은 정신적 쇠약함을 동반하곤 한다. 땡볕 아래서 오래달리기를 할 때면 오만 가지 생각이 다 들었다. 치기 어렸지만 변호사가 경찰보다 좋은 직업이라고 생각했다. 공무원이 되어 현재의 금전적 이득을 포기하는 것이 바보처럼 여겨지기도 했다. 경감이 된다고 한들 내가 원하는 범죄 심리학자가 될 수 있을까라는 근본적인 의문도 들었다. 끊임없는 자기합리화 과정 속에서 나의 오랜 꿈은 완전히 무너졌다. 지원을 포기했고 이제 나는 더 이상 셜록 홈스가 될 수 없었다.

내면의 책상 서랍 속 어딘가에 '나의 오랜 꿈'을 접어 넣었다. 신분과 자격에 맞는 삶에 충실하기로 마음먹었다. 그런데 일상에서 나를 위로한 것은 '좌절된 꿈'이었다. 변호사로 활동하면서도 강력 사건을 해결하는 공적 업무를 담당하고 싶다는 갈망이 사라지지 않았다. 그래서 국가기관의 수사 업무를 담당하는 기관에 지원하기로 결심했다.

여느 취업 준비생과 마찬가지로 3년 차 변호사도 실패를 반복했다. 서류 탈락이 부지기수였고 운 좋게 서류를 통과하면 면접에서 고배를 마시곤 했다. 전국 각지로 흩어진 공공기관들을 찾아 면접을 보며 팔도유랑을 했다. 꿈을 향한 여정이었기에 전혀 고되지 않았다. 그리고 드디어 1승의 기쁨합격을 맛볼 수 있었다.

감격의 1승을 선사해 준 곳은 대테러 활동 중 기본권 침해를 예방하는 국가기관인 대테러 인권보호관이었다. 목표였던 강력범죄 대응이 테러방지로, 수사는 민원조사로 축소되었다. 그래도 만족할 수 있었다. 몇 안 되는 장점이라고 할 수 있는 빠른 태세 전환과 자기 합리화 능력 덕분이었다. 2016년 당시 ISIS 테러는 정점에 이르렀고 국내에서도 테러에 관한 이슈가 높은 주목을 받고 있다는 점도 구미를 당기는 지점이었다. 이유야 어쨌든 우여곡절 끝에 테러를 처음 만났다.

그리고 다시 4년이라는 시간이 흘렀다. 어느새 나는 7년 차 변호사가 되었다. 꽉 찬 경력으로 이직은 쉽지 않다. 강제 개업에 내몰린 서글픈 신세이기도 하다. 테러는 전 국가적으로 관심이 높은 분야도 아니다. 지난 수십 년간 전 세계를 공포에 몰아넣었던 국제 테러의 발생 건수도 코로나19 이후에는 급격히 감소하고 있다.

일부에서는 코로나19가 연구소에서 만든 신종 바이러스이고 미래에 발생할 생화학 테러의 새로운 모습이라고 말한다. 실제로 ISIS와 알카에다는 코로나19를 미·유럽 등 서방국에 대한 알라의 형벌이라며 선동하고 국제 대테러전에 대한 보복 공격의 기회로 여겼다. 국가정보원 역시도 코로나19가 생화학 테러의 새로운 유형에 해당할 수 있는지 논의했다. 그러나 국가정보원을 포함한 외국의 정보기관의 결론은 "코로나19는 테러가 아니다."였다. 코로나19의 발생 경위가 불분명하고 치료할 수 있는 백신의 개발이 없다는 점에서 테러의 목적을 달성할 수 없기 때문이다. 이유가 무엇이든 간에 최근 우리사회에서 테러에 대한 논의와 관심은 줄어들었다. 그럼에도 지난 4년의 시간은 결코 헛되지 않았다고 말하고 싶다. 셜록 홈스를 꿈꾸었던 나의 오래된 꿈과 더욱 가까워졌고, 또 가까워지고 있다고 믿고 있다.

2016년 9월에 시작된 테러와의 첫 만남은 매우 낯설었다. 테러는 단순히 치안과 안보의 영역이라고만 생각했다. 오히려 테러는 범죄심리학과 유사한 측면이 많았다. 일부 테러단체의 경우 경제적 이익을 목적으로 범죄단체가 되기도 한다. 실제로 필리핀 등에서 일부 게릴라 테러조직이 코카인 같은 마약거래를 목적으로 하는 범죄조직이 된 사례도 있다. 또한 범죄단체는 차량, 드론, 폭탄 등 테러 수단을 적극적으로 활용한다. 외형상 테러와 범죄행위는 그 구분이 쉽지 않다. 어쩌면 연쇄살인 등 강력범죄보다 인명 피해가 더 심각할지도 모를 테러범죄를 예방하기 위해서는 테러리스트의 행동을 예측하는 '프로파일링'이 필요했다.

즉, 테러 예방을 위해서도 테러를 프로파일링할 필요가 있었다. 외로운 늑대lone wolf 유형의 테러와 같이 다양한 방식으로 변화하고 있는 테러를 국가정보기관의 감시기능 강화만으로 예방하는 데는 한계가 있다. 진화하는 과학기술만으로는 테러리스트 내심의 의사와 이념적 극단화 과정을 설명하지 못한다. 인문학적 지식을 바탕으로 테러의 속성을 이해하려는 노력이 선행되어야 한다. 또한 평범한 사람이 극단적 이념을 가진 테러리스트로 변할 수 있는 환경을 제거하기 위한 사회과학적 지식도 요구된다. 지금 우리에게는 이른바 인문·사회과학적 프로파일링 기법이 필요하다.

지난 4년간의 경험을 바탕으로 나의 오랜 꿈을 펼치려 한다. 범죄보다 더 잔혹하고 무서운 테러에 맞서기 위한 테러 프로파일링을 시작한다. 그간 숱하게 논의되었던 군사·안보적 측면이 아닌 인문학적 관점에서 테러 문제를 바라볼 것이다. 사회과학적 측면에서 테러를 유발하는 환경을 살펴보고 극단적 이데올로기의 전파를 막을 수 있는 방안을 검토할 것이다. 마지막으로 지난 4년의 고민을 통해 테러를 예방할 수 있는 방향을 제시하고자 한다.

늦었지만 다시 테러와 맞서 싸우는 셜록 홈스를 꿈꾼다.

2020년 8월

백수웅

차례

차례

제 1 장

테러란 무엇인가

01

테러와 프로파일링
- 테러 프로파일링의 첫걸음

위키백과에 따르면 범죄 영역에서 사용되는 용어 프로파일링profiling은 "심리학, 사회학, 범죄학 등을 이용하여 심리 및 행동 등을 분석하고 그 결과를 바탕으로 범인의 습관, 나이, 성격, 범행 수법을 추론하는 수사기법"을 말한다. 정의에 따르면 프로파일링에서 가장 중요한 핵심은 범죄 현장에 대한 이해와 범인이 남겨 놓은 증거를 분석하는 능력이다. 그런데 현업에서 프로파일러profiler의 활동은 프로파일링의 일반적 정의와는 차이가 있다. 경찰에는 프로파일러가 존재한다. 그들 대부분은 심리학 석사 학위 이상을 갖추고 있다. 경찰청 내 프로파일러의 주요 업무는 진술 분석이다. 현장 분석의 목적이 미래에 발생할지도 모를 사건 예방에 있다면, 진술 분석은 범인을 검거하고 피의자 진술에서 모순점을 발견하거나 정신적 문제점mental illness을 찾는 것에 있다. 범죄 예방이라는 프로파일링의 본래 목적과는 차이가 있다.

　물론 피의자의 혐의를 입증하는 과정에서 진술 분석은 매우 중요하다. 진술을 분석한 결과, 피의자의 진술에 일관성이 없다면 피의자 신문조서에 담긴 진술 내용은 신빙성이 떨어질 것이다. 또한 피의자의 심리를 분석한 결과, 피의자에게 심각한 정신적 문제점이 발견된다면 형사법상의 책임이 줄어들 수도 있다. 법정에서 치료감호 등을 선고하는 데 진술 분석은 유용한 참고자료가 되기도 한다. 그렇지만 프로파일링의 정의가 미래에 추가로 발생할 수 있는 범죄를 예측하는 것에 있다면, 진술 분석은 사후적 검증, 즉 범인이 검거된 이후의 과정에 머물러 있다는 점에서 차이점이 있다.

　실무에서 프로파일링의 영역이 진술 분석에 한정된 가장 큰 이유는 프로파일링을 통한 분석 자료에 대한 객관성 문제 때문이다. 표창원이나 이수정으로 대표되는 제1세대 범죄 심리학자들의 주관적 해석이 잘못되었다는 이야기는 아니다. 하지만 객관성 측면에서 검증된 과학적 증거들은 범죄 심리학자들의 경험적 해석보다 신뢰도가 높다. 무엇보다 최근 범죄 현장에는 객관적 증거가 차고 넘친다. 2010년 국가인권위원회 보고서에 따르면, 수도권 시민은 하루 평균 CCTV에 83회 노출된다. 9년이 지난 지금, 도심지역뿐만 아니라 도서지역 곳곳에도 CCTV가 보급되었다. 범죄 혐의자의 검거를 위한 동선 파악이 목적이라면 CCTV 확인 및 분석이 훨씬 더 효율적이다. 또한 범행현장에서 수집된 증거들을 통해 얼마든지 과학 수사가 가능하다. 신

영미권에서 큰 인기를 끈 〈셜록〉과 〈CSI〉

속하게 후속 범죄를 예방하기 위해서는 국립과학수사연구원을 통한 DNA 분석 등의 과정이 필수적으로 요구된다.

　수사 관행의 변화 때문인지 영미권 국가에서도 과학 수사의 비중은 날로 높아지고 있다. 미국 CBS에서 최근 종영한 〈CSI〉 시리즈는 지난 15년간 큰 인기를 끌었다. 물론 그 반대편에서 베네딕트 컴버배치 Benedict Cumberbatch가 주연을 맡은 〈셜록〉도 인기가 있었다. 이들 드라마의 인기 비결에는 차이가 있었다. 〈CSI〉가 대중의 마음을 사로잡은 가장 큰 이유는 리얼리즘을 추구하는 형사 드라마였기 때문이다. 이와 달리 셜록은 형사의 개인적 육감과 천재적 역량으로 사건을 해결하는 일종의 판타지 장르였다. 실제 현장에서도 과학적 방법이 사건 해결을 위한 현실적인 수단으로 활용된다는 사실을 대중도 충분히 이해하고 있다.

　그럼에도 불구하고 대중매체에 나오는 유수의 범죄 심리학자들의 이야기를 살펴보면 객관적 사실보다는 개인적 분석과 경험에 의존하는 경향이 있다. 대중이 갖고 있는 범죄 심리학에 대한 판타지를 자극하는 것이다. 범죄 심리학자들의 인터뷰를 주의 깊게 들어보면, 학자적 권위에 기대어 일반 대중이 상식적으로 알고 있는 뻔한 이야기를 하는 경우를 흔히 발견할 수 있다. 또한 유무죄는 물론 정확한 사실관계가 판명되지 않은 내용에 대해 과거의 일부 범죄 사실과 섣불리 비교하면서 성급한 결론을 내리는 경우도 종종 있다.

범죄 심리학criminal psychology의 보이지 않는 부작용 때문인지 미국에서는 범죄 심리학을 수사와 분리하여 사회과학의 학문적 영역으로 다루고 있다. 희대의 살인자들에 대한 객관적 자료를 사회과학적 연구 방법론으로 분석하고 그 결과를 도출하는 것은 학술적으로 매우 유의미한 활동이다. 이와 달리 범죄 수사 영역에서는 법정 심리학forensic psychology을 활용한다. 법정에서 사용될 진술과 증언을 연구하는 것으로 한국의 경찰청 프로파일러들이 하는 진술 분석과 유사하다고 할 수 있다.

길게 이야기했지만 말하고 싶은 이야기는 하나이다. 범죄 현장과 범행 수법을 추론하여 범죄를 예방하는 전통적 의미의 프로파일링은 실무에서 활용되지 않는다. 범인 검거 후 진술 분석과 여죄를 판단하기 위한 참고 자료로 활용될 뿐이다. 그렇다면 범죄 예방을 위한 프로파일링 자체가 효용이 없어진 것이냐는 의문이 들 수 있다. 거기에 대한 나의 대답은 단연코 '아니요'이다. 테러라는 새로운 위협에 대응하기 위해서는 프로파일링이 절대적으로 필요하다. TV 드라마 〈지정생존자〉 1회 대사를 빌리면 "테러는 그 시작도 끝도 예방이 전부"인 범죄이고 테러와 같은 범죄를 예방하기 위해서는 프로파일링 작업이 요구된다.

다만 테러 프로파일링은 기존의 프로파일링하고는 달라야 한다. 그 이유는 테러 대응과 범죄 예방은 그 성격에 차이가 있기 때문이다. 테러는 중차대한 결과를 야기하지만 테러리스트들의 행동을 사전에 예측하기란 쉽지 않다. 테러리스트는 내심의 의사만 있을 뿐 실행에 옮기기 전까지 이를 외부로 표출하지 않는다. 흔적을 남기지 않는다는 것이다. 또한 연쇄적인 결과를 목적으로 하기보다는 일회성 공격이 주를 이룬다는 특징이 있다. 즉, 증거 취득이 어렵고, 단발 공격에 그친다는 점에서 기존의 프로파일링 방식으로는 한계가 있을 수밖에 없다.

테러를 예방하기 위해서는 행위 이전의 내용을 분석해야 한다. 채증 증거가 아닌 인문학적 관점을 바탕으로 테러리스트들이 극단화되는 원인과 동기가 무엇인지를 심층적으로 살펴보아야 한다. 사회과학 지식을 통해 테러리스트가 양성되는 환경 요인을 알아보고 이를 제거하는 정책적 노력이 있어야 한다. 테러 예방을 위한 새로운 방식의 프로파일링이 요구된다.

역사 속 수많은 사례를 통해 테러가 갖고 있는 속성을 분석하겠다. 18세기에 테러라는 용어가 사용되기 시작한 시점으로 거슬러 올라가 그 이후로 테러의 모습이 어떻게 변했는가를 다룰 것이다. 그리고 변해 가는 테러의 양상 속에서 변하지 않는 테러 행위의 본질을 조명하겠다. 테러는 단순히 처단해야 할 악의 문제가 아니라 인간 사이에 지속되어 온 권력 투쟁의 한 모습일 수도 있다. '테러는 악'이라는 단편적인 생각을 버린 채 테러에 대한 다각적인 논의를 담겠다.

테러에 맞서는 새로운 접근법, '테러 프로파일링'을 시작한다.

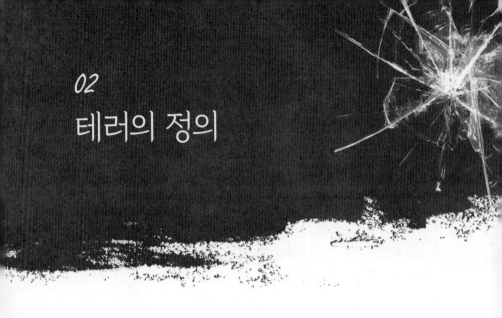

02
테러의 정의

지피지기知彼知己면 백전불태百戰不殆라고 했다. 테러를 예방하기 위해서는 먼저 테러를 이해하는 작업이 필요하다. 테러를 모르는 사람은 없다. 지금 이 순간에도 크고 작은 수십 건의 테러가 발생할 정도로 테러는 어느덧 우리의 일상이 되었기 때문이다. 뉴스에서도 테러사건을 쉽게 목격할 수 있다. 보통 사람이라면 테러를 하나의 문장으로 표현하지 못해도 뉴스 화면에서 반복적으로 봤던 이미지를 쉽게 떠올릴 수 있을 것이다. 그 이미지는 몇 가지로 요약이 가능하다. 수염이 긴 이슬람 남자, 폭탄, 모래, 사막, 군사공격 등이다. 국내에서 그러한 자료화면을 접할 때면 테러는 우리나라와 관계없는 별천지別天地 이야기로 느낄 수도 있다.

물론 자료화면과 우리가 갖고 있는 이미지가 틀렸다는 이야기는 아

미디어에 비친 테러 이미지

니다. 최근 국제 테러에는 이슬람 극단주의자들이 주된 세력으로 등장하고 있다. 지하드jihād라는 이슬람 성전holy war에 참여한 사람들의 대부분이 남자이다. ISISIslamic State of Iraq and Syria가 미국 등 연합군과 전투하는 장소는 모래사막이 많은 시리아와 이라크 지역이다. 그러나 다른 차원에서 검토하면 미디어가 테러의 모든 모습을 담고 있지는 않다. 이슬람 테러 외에 전 세계적으로 다양한 목적의 테러가 발생하고 있다. 더군다나 다원주의 사회가 도래하면서 테러의 목적은 더욱더 세분화되고 있는 양상이다. 또한 각 국가의 개별적 특성을 반영한 특수한 테러가 발생하기도 한다. 우리나라만 하더라도 남북한이 분단되어 있다. 대한항공 858편 폭파사건, DDOS 사이버 테러 등 북한 혹은 북한 추종 세력이 주도하는 테러 공격이 언제든지 발생할 수 있다. 따라서 테러를 제대로 이해하기 위해서는 테러의 일반적 속성이 무엇인지를 분석하고 각 나라의 개별적 특성에 맞게 구체적 개념을 정리하는 작업이 필요하다.

테러 개념을 정립하는 작업은 생각만큼 쉽지 않다. 2016년 3월 「국민보호와 공공안전을 위한 테러방지법」(이하 「테러방지법」)이 통과되면서 테러는 법률에 의해 정의되었다. 「테러방지법」상의 개념 역시 테러를 완벽하게 설명하고 있다고 볼 수 없다. 먼저 「테러방지법」 제2조 제1호*에 규정된 테러의 정의를 살펴보자.

> 📖 **「테러방지법」 제2조 제1호(테러의 정의)**
> "테러"란 국가·지방자치단체 또는 외국 정부(외국 지방자치단체와 조약 또는 그 밖의 국제적인 협약에 따라 설립된 국제기구를 포함한다)의 권한 행사를 방해하거나 의무 없는 일을 하게 할 목적 또는 공중을 협박할 목적으로 하는 다음 각 목의 행위를 말한다.

어떠한 느낌이 드는가. 앞선 이슬람 전사들의 이미지가 법률상 테러의 정의 안에 포함될 수 있을까. 「테러방지법」에서 규정된 테러는 우리가 갖고 있는 관념상의 테러 개념과 상당히 동떨어진 느낌이 든다. 다시 말해 법률상의 테러 개념만으로는 우리가 미디어에서 접하는 테러의 모습이 쉽게 연관 지어지지 않는다. 그렇다면 「테러방지법」상의 테러 개념이 갖고 있는 문제점은 무엇일까.

먼저, 「테러방지법」의 테러는 테러로부터 보호해야 하는 대상(테러 객체)에 국가, 지방자치단체 또는 외국 정부 등을 포함하고 있다. 그런데 뭔가 이상하다. 가장 중요한 주체라고 할 수 있는 개인, 즉 국민이 빠져 있다. 정작 정부는 테러로부터 국민을 보호하지 않겠다는 의미인가. 그렇다면 왜 「국민보호와 공공안전을 위한 테러방지법」이라는 긴 제목의 법률을 만들었는가라는 본질적인 의문을 제기할 수 있다. 입법자 입장에서 변명하면 국가의 3요소는 국민, 주권 그리고 영토이다. 「테러방지법」이 테러로부터 보호할 대상 안에 국가를 포함했다면 국가의 구성 요소인 국민도 당연히 그 범위 안에 들어간다고 볼 수도 있다. 굳이 법률에서 국민을 따로 명시할 필요성을 느끼지 못했을 수 있다. 하지만 「테러방지법」상에 규정된 테러의 정의를 일반 시민의 관점에서 본다면 국민에 대한 테러 행위는 테러가 아니라는 오해를 불러일으킬 수 있다. 「테러방지법」이 국민보호라는 입법 목적을 가진 법률이라면 테러 객체 안에 국민을 명시하는 것이 필요하다.

또한 「테러방지법」은 특정 범죄 행위가 테러로 규정되기 위해서는 특수한 목적이 필요하다고 제시하고 있다. 「테러방지법」은 테러로 판단받기 위한 조건으로 세 가지를 든다. 테러 대상의 ① 권한 행사를 방해하거나 ② 테러 대상에게 의무 없는 일을 하게 하거나 ③ 공중을 협박할 목적이 있어야 한다. 「형법」상으로 구분하자면 권리행사방해죄, 강요죄, 공중협박죄로 나눌 수 있을 것이다. 그런데 「테러방지법」에 규정된 테러의 목적이 지나치게 추상적이라는 비판이 있다. 예를 들어, 종교적 목적의 테러 행위가 발생했다고 가정해 보자. 통상 극단적인 종교 이념의 전파가 범죄의 목적이라면 그 범법 행위는 테러가 될 확률이 높다. 그럼에도 불구하고 현재 「테러방지법」상 종교적 목적의 범죄 행위를 테러로 정의하기 위해서는, 먼저 테러리스트의 공

23

격 대상이 국가·지방자치단체 또는 외국 정부 등을 향하고 있는지부터 따져 봐야 한다. 그다음에는 테러 행위의 목적이 「형법」상 권리행사방해죄, 강요죄, 공중협박죄의 구성요건을 충족시키는지를 검토해야 한다. 특정 범죄를 테러로 규정하기도 어려울 뿐만 아니라 테러를 정의하는 데도 상당한 시간이 걸릴 수밖에 없는 구조이다.

이번에는 국가공무원의 입장에서 생각해 보자. 감정이입을 충실히 하기 위해 2016년 2월 「테러방지법」 제정 당시로 돌아가 보겠다. 「테러방지법」의 입법 과정에서 여야는 격렬히 대립했다. 당시 야당이던 현 더불어민주당은 192시간의 필리버스터filibuster•를 통해 「테러방지법」의 입법을 가로막았다. 한마디로 난리 통이었다. 꼼꼼히 법률을 심의할 시간이 부족했을 것이다. 특히 테러의 정의 부분은 정치적 대립이 가장 심한 부분이었다. 더불어민주당은 자신들이 정부 정책에 반대한다는 이유만으로 테러위험인물로 지정될 수 있고 국가정보원의 감시를 받을 수 있다고 생각했다. 이에 반해 여당이던 현 미래통합당(당시의 새누리당)은 2015년 파리테러 등 국제 테러의 가능성이 적지 않고 북한 추종 세력에 의한 국내 테러 가능성이 있다는 점을 이유로 「테러방지법」의 조속한 제정을 촉구하고 있었다.

결국 초록은 동색이었다. 미래통합당은 주요 국정과제라고 할 수

• 소수파 의원들이 다수파의 독주를 막기 위해 합법적으로 의사 진행을 방해하는 행위를 말한다. 장시간 연설, 신상발언, 의사진행 등이 필리버스터의 대표적인 방법에 해당한다.

있는 「테러방지법」의 통과가 목표였다. 테러의 내용과 범위를 구체적으로 논의하기보다는 정치적 논란 가능성을 최소화한 내용만을 법에 담았다. 정치적 야합의 결과 테러에 대한 정의는 추상적일 수밖에 없었다. 더군다나 유럽연합European Union도 이와 유사하게 테러를 정의하고 있었으니 그 명분 또한 나쁘지 않았을 것이다. 「테러방지법」에서는 테러를 정의했지만 북한 등 국내의 특수한 사정을 반영하지 못했다. 테러의 정의를 포괄적으로 규정함으로써 수사기관의 자의적 판단 영역이 넓어지는 아이러니한 상황을 초래했다.

국내에서도 테러의 정의를 두고 여러 우여곡절이 있었지만 테러를 정의하는 일은 쉬운 일이 아니다. 국제사회는 통일된 테러의 개념을 정립하기 위해 꾸준히 노력했지만 합의에는 번번이 실패하고 말았다. 테러는 목표로 하는 대상이 누구인지, 전파하고자 하는 정치적 메시지가 무엇인지에 따라 국가별로 그 의미가 달라질 수 있다. 국제사회에서 통용되는 공통의 개념을 만드는 것은 쉬운 일이 아니다. 국가별로 테러에 대한 이해가 다를 뿐만 아니라 테러 주체와 범위를 두고 다툼이 있을 수 있다. 차차 논의하겠지만 동일한 특정 단체를 두고 일부 국가에서는 혁명단체, 다른 일부 국가에서는 테러단체로 판단하기도 한다. 국가별로 특정 단체의 평가 기준은 달라질 수 있다.

결국 테러의 정의는 개별 국가의 특성을 반영하여 국가 단위별로 이루어지고 있는 실정이다. 따라서 특정 국가의 테러에 대한 정의를 모범 답안으로 삼는 것은 적절한 방법이 아니다. 먼저 테러가 갖는 공통된 속성을 분석할 필요가 있다. 다행히 테러는 역사 속에서 많은 사례를 관찰할 수 있다. 주요 사례를 분석하면 테러의 속성과 특징을 찾을 수 있을 것이다. 그리고 테러의 속성을 바탕으로 국내 현실을 반영한 테러 개념을 찾는 과정이 필요할 것이다.

본격적으로 테러를 이해하기 위한 역사적 과정을 시작한다.

📖 **테러Terror와 테러리즘Terrorism의 차이는?**

테러와 테러리즘의 의미에는 차이가 있다. 테러는 공포 그 자체 혹은 공포를 유발하는 행위를 의미한다. 이에 반해 테러리즘은 테러에 이즘-ism이 붙었다. 공포를 유발하는 행위뿐만 아니라 이념적 측면도 포함하고 있다. 테러와 테러리즘은 모두 다 일상용어로 사용된다. 개념을 중시하는 학술적 논문을 제외하고는 테러와 테러리즘을 구분하지 않는다. 이 책에서는 테러와 테러리즘을 구분하지 않고 '테러'라는 용어로 통일해서 사용하도록 하겠다.

제 2 장

테러의 뿌리

03
테러의 기원을 찾아서

테러의 기원을 찾기 위해 테러라는 용어가 쓰인 출발점을 따져 볼 필요가 있다. 단순히 행위 유형으로 구분한다면 테러의 시작은 역사 이전으로 되돌아가야 한다. 권력 간 다툼은 인간의 삶 속에 끊임없이 이어져 왔고 상대방에 대한 테러 또한 지속적으로 발생했기 때문이다. 예를 들면, 부족 국가 시대에도 상대 부족장에 대한 암살이 있었을 것이다. 테러 유형으로 따진다면 일종의 요인要人 암살이다. 또한 애니미즘animism, 토테미즘totemism 등 종교적 이유를 목적으로 한 테러 공격도 빈번했을 것이다. 굳이 따지면 종교적 극단주의 유형의 테러라고도 볼 수 있다. 조금은 억지스러운 비유일지 모르겠지만 테러라는 용어 사용 이전에도 테러 유형의 행위는 우리 삶에 존재했다.

꽃이 이름을 부르기 전까지 꽃이 아니었듯이, 다양한 유형의 테러 행위도 테러라는 이름으로 부르기 전에는 테러가 아니었다. 무명의 무언가에 이름표가 생기는 순간, 그 이름은 구성원 간의 약속이 되고 새로운 의미를 담게 된다. 끊임없이 사회와 소통하면서 말이다. 꽃이 아름다움을, 테러가 현재의 의미를 갖게 되기까지는 적지 않은 시간이 걸렸다. 따라서 테러라는 용어가 사용된 시작부터 테러의 역사를 검토한다. 테러가 사회와 어떻게 소통해 왔는지를 살펴본다면 사회적으로 합의된 테러의 의미를 쉽게 이해할 수 있기 때문이다.

테러라는 용어는 18세기 프랑스 혁명 시기에 처음 사용되었다. 막시밀리앵 드 로베스피에르Maximilien de Robespierre의 공포 정치reign of terror에 그 어원이 있다. 'reign'이 통치기간 혹은 치세를 의미한다면, 'terror'는 공포 정도로 해석될 수 있다. 직역하면 '치세를 위한 공포의 활용'이 테러라는 용어 사용의 시작이었다.

로베스피에르가 공포 정치에서 단순히 공포를 의미하는 fear가 아닌 terror라는 새로운 용어를 사용했다는 것은 terror가 공포를 뛰어넘는 사회학적 의미를 함의하고 있기 때문이다. 테러에 있어 공포는 수단에 불과했다. 테러는 더 큰 목적을 갖고 있었다. 프랑스 혁명 당시, 테러는 민주주의를 달성하고 반혁명 세력에 위세를 보이기 위한 정치적 전략이자 정당성을 가진 행위였다. 로베스피에르의 공포 정치에서 테러의 주된 특성이라고 할 수 있는 세 가지 속성을 확인할 수 있다.

첫째로 테러는 정치적 용어이다. 정치적 목적을 달성하기 위한 수단으로서 사용된다. 1789년 7월 14일부터 1794년 7월 28일에 걸쳐

로베스피에르와 프랑스 혁명

일어난 프랑스 혁명 이후, 프랑스 내 정치 상황은 매우 혼란스러웠다. 부패한 왕정을 대신해 공화정이 들어섰지만 이를 이끌어 나갈 리더십이 부재했다. 1792년 8월 10일 시민의 봉기로 왕권이 정지된 후 개설된 국민 공회 안에는 지롱드파, 산악파, 자코뱅파가 존재했지만 그들은 당리당략에만 몰두할 뿐이었다. 외부적으로는 반혁명 세력과 왕정복귀를 지지하는 왕권 국가들의 반격이 시작되고 있었다. 시민에 의한 혁명은 이루었지만 혁명의 결과는 얻지 못한 상황이었다.

프랑스 혁명 말기 국민 공회를 장악한 로베스피에르는 1793년 10월 '혁명 정부'를 주장하며 공포 정치를 펼치기 시작했다. 외부적으로는 반혁명 세력에 대항하여 국민 군대를 만들었다. 내부적으로는 공안위원회를 설치해 의회권력을 차지했다. 새로운 「헌법」을 선포하며 선거권, 노동권, 신분제 철폐 등 혁신적인 정책을 담았다. 그리고 이때 프랑스 혁명의 상징 '단두대'가 등장한다. 반혁명 세력을 탄압하기 위해 활용된 단두대는 당시 로베스피에르를 향한 프랑스 시민의 공포감을 상징하기도 한다.

둘째로 테러는 권력 집단에 의해 일어난다. 로베스피에르가 공포 정치를 감행할 수 있었던 이유는 정당을 통해 권력을 장악하고 있었기 때문이다. 그는 국민 군대와 공안위원회를 통해 프랑스를 지배했다. 권력 집단에 의한 권력 투쟁은 테러의 존재 이유이자 목적이다. 테러라는 용어는 우리가 흔히 알고 있는 것처럼 아래로부터 시작된 것이 아니었다. 합법을 가장한 국가권력이 테러를 유발하는 주체였고 테러라는 용어가 사용된 시작이었다.

공포 정치가 시작된 이후로 로베스피에르는 자신의 명령을 충실히 따르던 장교를 혁명재판소의 검사로 임명했다. 이러한 상황에서 사법부의 판사들은 로베스피에르의 위세에 복종할 수밖에 없었다. 국가권력에 의한 법률 집행에 독재자의 권한이 일방적으로 행사된 것이다. 그럼에도 재판이라는 사법적 절차를 거쳤기 때문에 국가의 공권력 행사는 합법적인 것처럼 보였고, 재판은 정치적 반대 세력들을 처단하는 수단으로 활용되었다.

셋째로 테러는 정당한 목적을 수반한다. 로베스피에르의 공포 정치는 '민중을 위한 혁명 완성'이라는 뚜렷한 목적이 있었다. 비록 공포 정치의 과정은 '공포'를 불러일으킬 정도로 잔혹했지만, 목적만은 정당했기에 많은 민중의 지지를 받았다. 테러 행위에 정당한 목적마저 없다면 반대 집단에 대한 잔인한 학살에 불과하다. 결론적으로 테러는 수단과 결과의 야만성과는 별개로 그 목적만큼은 정당해야 했다.

프랑스 혁명에서 테러의 근원을 찾을 수 있었다. 그리고 테러라는 용어 사용의 사회과학적 의미를 분석해 보았다. 정리하면 테러는 정치 용어였고 권력과 밀접한 관계가 있으며 정당한 목적이 수반된다. 다음에서는 프랑스 혁명 이후 테러라는 단어가 어떻게 국가권력 혹은 개인에 의해 활용되어 왔는지를 논한다. 이어지는 역사적 사례를 통해 테러의 속성을 조금 더 명확히 알아볼 수 있을 것이다.

국민국가 그리고 테러

끊임없이 흘러가는 역사 속에서 정치권력은 변화한다. 권력의 목적 또한 달라질 수밖에 없다. 테러는 역사의 흐름 속에서 사라지지 않았다. 뛰어난 적응력을 갖고 있었다. 테러는 국제사회의 변화에 민감하게 반응했다. 때로는 권력에 순응했고 때로는 권력에 저항하기도 했다. 카멜레온처럼 변신을 거듭하며 권력에 기생했다. 프랑스 혁명 이후 테러의 생존기를 소개한다.

프랑스 혁명을 통해 보통선거제가 도입되면서 국민이 정치에 참여할 수 있게 되었다. 국민은 국가의 의사결정에 직접 참여함으로써 자신들이 국가 안에서 자유를 누릴 수 있는 존재라는 사실을 확인했다. 혁명이 낳은 국민국가와 자유주의 이념은 나폴레옹Napoléon의 정복 활동을 통해 유럽 전역에 퍼져 나갔다. 오스트리아의 재상이었던 메테

왕정복고의 상징인 메테르니히와 자유주의와 민족주의를 유럽 전역에 전파했던 나폴레옹

르니히Metternich는 빈 회의를 개최하고 왕정복고를 시도하기도 했지만 유럽 내에서 불고 있는 자유주의와 민족주의 열풍을 잠재울 수는 없었다. 프랑스에서 벌어진 7월 혁명, 2월 혁명 등을 거치면서 빈 체제는 완전히 무너졌고, 왕을 대신할 새로운 권력 집단인 국가가 확고하게 자리 잡았다.

국가의 등장은 권력 지형에도 크고 작은 변화를 가져왔다. 국가는 새로운 권력 주체로 거듭났다. 나폴레옹의 정복 활동은 국민에게 국가의 이미지를 각인시켰다. 전쟁이 벌어지는 상황에서 국민은 국가를 위해 싸울 수밖에 없었다. 전쟁이 거듭될수록 국가를 향한 애국심은 커져만 갔다. 국민에게 국가는 자신들의 생명과 안전을 보장해 주는 존재였기 때문이다. 최근 코로나19 사태에서 확인했듯이 전쟁과 같은 비상 상황은 국민의 지지를 확보하고 국가의 권한을 강화하는 데 좋은 기회이다. 독일과 이탈리아 등에서 벌어진 민족 중심의 통일 운동은 국가 앞에 국민과 민족의 이름을 새길 수 있는 좋은 계기가 되었다. 국민 군대의 등장, 즉 철혈정책과 민족 중심의 결속력을 강화하는 정책들은 국가권력을 더욱더 공고하게 만들어 주었다.

그럼에도 불구하고 19세기에 본격적으로 등장한 근대 국가는 절대왕정 시대의 군주와 같은 무소불위無所不爲의 권력을 갖지 못했다. 국민과 국가 사이에는 일종의 긴장관계가 존재했다. 국민에게 국가는 필요한 존재임이 분명했지만 국민은 국가와 자신들 간의 관계를 명확히 이해하지 못했다. 국가와 국민의 관계를 설명하기 위한 다양한 이론이 등장하기 시작했다. 그중 국민에게 가장 큰 설득력을 얻은 내용은 계몽주의 철학이었다. 대표적으로 장 자크 루소Jean Jacques Rousseau는 사회계약 이론을 통해 국가는 국민의 권리와 이익 실현을 보장하는 일종의 수단에 불과하다고 주장했다. 존 로크John Locke는 정당하지 못한 정치권력이나 정부 정책에 대한 국민들의 저항권을 인정하기도 했다. 계몽주의 철학자들 입장에서 국가는 국민의 자유를 보장하기 위한 도구였다. 국민으로부터 위임받은 권력을 국가가 남용한다면 국민은 저항권을 행사하여 국가권력을 교체하는 것이 가능하다고 믿었다. 초기 근대 국가는 국민의 견제와 감시로부터 자유롭지 못한 상태였다.

근대 국가의 개념이 하나둘 정립되면서 국가 내부에서는 국민의 범위를 놓고 격론이 벌어지기도 했다. 구체적으로 어떤 사람을 법적 권리를 가진 국민으로 받아들이고 또 다른 어떤 사람을 비−국민으로 배제할 것인지에 대한 논의가 있었다. 초기 근대 국가는 상대 국가와의 전쟁을 통해 성장했다. 국가는 영토의 확장과 세력의 확대가 필요했을 것이다. 다양한 부족을 통합해 나갔고 자연스럽게 군사력과 일정 규모를 갖춘 이들을 국민 혹은 민족으로 받아들였다. 하지만 국가 간의 영토 전쟁이 어느 정도 마무리되자 국가 내의 국민은 선거를 통해 정치적 자유를 보장받은 특권 계층으로 인식되었다. 국가는 국민을 다시 인종과 언어 중심으로 분류하기 시작했다. 단일한 정체성을 가진 민족 중심의 국민국가 시대가 본격적으로 도래한 것이다.

민족 중심의 국민국가는 자국의 영토에 거주하는 다른 민족을 배제하는 결과를 낳을 수밖에 없었다. 국가 내에서 민족주의와 반민족주의가 격렬히 대립하는 양상을 보였다. 국민의 범위에서 배제된 이들은 국가를 향해 자신들의 권리를 주장할 필요가 있었다. 이들은 민족주의, 무정부주의 등 다양한 구호를 외치며 정치 활동에 나섰다. 그리고 정치적 목적을 관철하기 위한 수단으로 테러를 활용하기 시작했다.

이 당시 생겨난 대표적 테러집단이 바로 영국과 미국을 기반으로 활동했던 아일랜드 출신 테러조직 IRBIrish Republican Brotherhood이다. 영국은 1801년 아일랜드를 강제 합병했지만 아일랜드 민족에 대한 정치적·종교적 차별 정책을 지속했다. 특히 1840년대에 발생한 대기근으로 아일랜드 내 사망자 수는 수백만 명에 이르렀지만 영국 정부는 아일랜드의 상황을 철저히 외면했다. 아일랜드 내부에서 영국 정부를 향한 반감은 커져만 갔고 급기야 해방된 아일랜드를 바라는 집단이 하나둘 등장하기 시작했다. IRB는 영국의 기간산업 시설을 공격하며 민족 독립을 위한 자신들의 테러 행위에 대한 정당성을 강조했다.

변화한 테러의 새로운 모습과 변하지 않는 테러의 본질

프랑스 혁명 시기에 등장한 초기의 공포 정치와 민족 중심의 국민국가 형성 과정에서 벌어진 테러는 외견상 차이가 분명하다. 초기 테러의 모습이 로베스피에르와 같은 지도자 혹은 국가와 같은 지배 세력에 의한 위로부터의 폭력적 권한 행사였다면 이후의 테러 모습은 피지배계급, 즉 아래로부터below from terrorism 발생했다. 목적 측면에서도 두 시기의 테러 모습은 사뭇 달랐다. 로베스피에르가 시행한 공포 정치의 목적이 근대적 국가 완성에 있었다면 민족 중심의 국민국가 시절의 테러는 민족주의 혹은 무정부주의 등 국가의 성격과 구성에 대한 정치적 메시지를 담고 있었다.

주목해야 할 점은 테러의 본질적 속성은 전혀 달라지지 않았다. 테러는 국가를 향해 강력한 정치적 메시지를 전달할 수 있는 수단이었다. 민족 중심의 통치를 요구한 민족주의자들에 반해 정치적 공론장에 참여할 수 없었던 비−국민들은 자신들의 세를 모으기 위해 노력했고 정치적·종교적 결사가 되었다. 국가라는 거대 권력에 맞서 싸우며 권력단체로 거듭났다. 국가의 민족 중심의 배타적 정책에 대항하며 목적의 정당성 또한 확보했다. 프랑스 혁명 당시 공포 정치에서 발견한 테러의 속성이라고 할 수 있는 정치적 수단, 주체로서 권력 집단,

목적의 정당성은 여전히 존재했다. 변화된 테러의 외형은 사실 정치적 지형과 권력의 변화를 반영하고 그에 순응한 결과일 뿐이었다.

다만 과거와 다른 몇 가지 특징은 찾아볼 수 있다. 첫째로 테러의 메시지가 다양해졌다. 민족주의, 무정부주의, 인종, 종교적 이유까지 테러는 다양한 목적을 가졌다. 자유주의와 국민주권의 원리 속에서 시민의 정치 참여 욕구가 증가했기 때문이다. 둘째로 테러 유형이 다양해졌다. 로베스피에르는 초법적 사회제도와 단두대를 통해 시민에게 공포를 심었다. 민족 중심의 국민국가 시기에는 국가 권한을 방해하기 위한 다양한 테러가 시도되었다. 지도자 암살은 물론이고 국가 기간 시설 파괴 등 새로운 유형의 테러가 등장했다. 마지막으로 테러에 정치적 색채가 강해졌다. 테러단체 입장에서는 무고한 민간인이 다치거나 혹은 필요 이상의 피해를 불러일으킨다면 정치적 메시지가 희석될 염려가 있었다. 테러단체의 조직원들은 테러 목적과 대상을 신중히 설정하는 등 테러 행위에 대한 자기 검열을 철저히 했다.

18세기 후반부터 19세기 초까지 테러는 국가 구성과 정치적 참여 수단으로 활용되며 자신들의 존재감을 과시한다. 이후 테러는 19세기부터 전 세계적으로 일어나는 전쟁이라는 소용돌이 속으로 빠져든다. 테러단체 입장에서는 전쟁이라는 더 거대한 악을 만난 것이다. 테러와의 전쟁, 이 악인들의 시대에 테러는 또다시 새로운 변화를 맞이하게 된다.

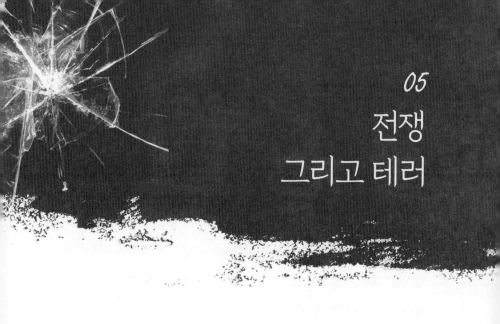

전쟁
그리고 테러

악惡과 악惡이 만났다. 전쟁과 테러이다. 국민국가 시대가 도래한 이후 전쟁과 테러는 서로 경쟁하는 모습을 보였다. 자신의 악함을 과시하며 악인전을 벌였다. 무자비한 경쟁 속에서 전쟁이 더 나쁜 놈으로 등극한 것처럼 보였다. 제1차, 제2차 세계 대전을 일으키며 수천만 명의 사상자를 냈다. 20세기 초 전쟁은 인류에게 상상하기도 힘든 참혹한 결과를 선사했다. 그러나 테러가 전쟁으로 완전히 사라진 것은 아니었다.

국민국가는 테러라는 위협을 마주하고 있었다. 테러는 다양한 공격을 통해 국민국가의 존재 이유에 대해 질문을 던졌다. 국민국가는 이 혼란을 안정시켜야만 했다. 그러기 위해서는 강력한 권한이 필요했다. 하지만 섣부른 권력의 확대는 국민의 격렬한 저항을 불러일으킬 수 있었다. 프랑스, 영국 혁명 등에서 시민에 의한 국가권력의 교체를 목격하기도 했다. 국가는 지배권력 강화를 위한 명분을 찾아 나서야 했다. 고민 끝에 찾은 해답이 바로 민족과 전쟁이었다.

첫 번째 민족은 국가의 권한을 강화하는 좋은 재료이다. 국가는 유럽사회에서 조금은 생소한 개념이라고 할 수 있는 단일민족單一民族 개념을 가져왔다. 역사적 사실을 곡해曲解해서 특정 지역에 거주하며 동일성을 가지는 종족을 민족이라 불렀고 그들이 국가의 주인이라고 주장했다. 국가 입장에서는 문화나 가치관을 공유하는 공동체가 존재하는 것이 국정의 안정적 운영에 도움이 되었다. 반면 민족으로 인정받지 못한 집단들의 정치적·종교적 목적의 테러는 국가 공동체를 파괴하는 행동으로 판단했다. 국가는 주인인 민족을 보호해야 한다는 명분을 내세웠다. 소수 민족의 반발을 내부적 위협으로 판단하여 국가의 경찰력을 강화할 수 있었다.

두 번째는 전쟁이었다. 전쟁과 테러는 국가에 대한 직접적 위협이다. 전쟁은 기본적으로 국가 대 국가의 싸움이다. 한 국가에 대한 외부적 위협이기도 했다. 국민국가 입장에서 전쟁은 애국심을 부추기고 민족주의를 강화하는 좋은 수단이 될 수 있다. 축구 경기를 생각하면 쉽게 이해된다. 국가 간 대리전인 월드컵이나 A매치 경기가 벌어질 때면 국민의 대다수가 애국자가 되곤 한다. 붉은 악마의 응원에 가슴이 뛰기도 한다. 하물며 축구라는 대리전도 국민을 하나로 만드는 효과가 있는데 실제 전쟁이 벌어진다면 국민의 애국심 고취는 더욱더 강렬했을 것이다.. 전쟁 과정에서 국민은 국가를 믿고 신뢰할 수밖에 없었다. 국가는 외부의 위협으로부터 국민을 보호한다는 이유로 슬금슬금 자신의 권한을 강화할 수 있었다. 물론 국가가 통치 권한을 강화하기 위해 전쟁을 벌였다고 생각하지는 않는다. 다만 결과만 놓고 본다면 전쟁 이후에 국가의 권력이 강해진 것은 부인할 수 없는 사실이다.

국민국가 시대에는 영토 전쟁이 빈번히 발생한다. 그리고 그 과정에서 국내 테러의 발생 빈도는 급격하게 줄어든다. 전쟁이라는 거악 앞에서 정치적 목적을 가진 테러 행위는 상대적 가치를 잃은 것처럼 보였다. 그러나 테러는 사라지지 않았다. 잠시 전쟁으로 자취를 감춘 것일 뿐이었다. 오히려 테러는 전쟁과 긴밀한 관계를 유지하며 부활을 꿈꾸고 있었다.

테러와 전쟁의 위험한 동거

외형상 전쟁의 시대는 테러의 쇠퇴기처럼 보인다. 국가는 인근 국가들과의 전쟁에 집중했다. 외부로는 군사력, 내부로는 치안을 강화했다. 민족을 강조하는 프로파간다propaganda는 꽤 효과적이었다. 강력한 권한과 더불어 민족이라는 정신적 무장을 앞세운 국가의 등장에 소수 집단의 목소리는 약해졌다. 무엇보다 양차 세계 전쟁을 통해 왕의 자리를 대신할 강력한 국가가 등장하는 계기가 되었다.

다른 한편으로 '강력한 국가' 혹은 '국가주의'를 가능하게 한 원동력은 '테러'라고 할 수 있다. 무슨 뚱딴지 같은 소리냐고 반문할 수 있다.

양차 세계 대전이 있었던 전쟁의 시대에 테러의 횟수는 확실히 줄어들었기 때문이다. 그러나 이는 테러의 치밀한 생존 전략일 수도 있다. 20세기에 접어들어 테러라는 폭력적 수단은 '민족주의 광풍'과 '전쟁'을 유발하는 주된 원인이기도 했다. 그리고 양차 세계 대전 후 등장한 강력한 국가들은 국민의 자유를 억압하는 통치와 개혁을 위한 수단으로 테러를 활용하게 된다. 로베스피에르 이후 사라졌던 국가에 의한 테러가 다시 부활한 것이다. '국가' 입장이 아닌 '테러'의 관점에서 민족주의와 전쟁의 의미는 어떠했을까.

첫째로 테러는 국가의 민족주의 정책을 심화했다. 전쟁 이전에 국민국가 내부에서는 주류 집단과 비주류 집단 사이에 끊임없는 다툼이 있었다. 앞에서 언급한 바와 같이 테러는 특정 집단의 목소리를 국가에 전달하는 정치적 수단이었다. 하지만 국가의 입장은 달랐다. 국가는 더 이상 특정 집단의 목소리에 끌려 다닐 수 없었다. 명확히 선을 그을 필요가 있었다. 확실한 지지 집단을 확보해 안정적인 권력을 유지해야 했다. 기왕이면 많은 인원을 국가 안의 국민으로 품어야 했을 것이다. 고심 끝에 내린 국가의 선택은 민족이었다. 국가는 테러로부터 민족을 보호한다는 이유로 민족 중심의 통치를 강화했다. 국민 역시 자신들의 시민권 혹은 자유를 일부 포기하더라도 민족만을 보호할 수 있는 강력한 힘을 가진 국가를 원했다. 독일계 미국인 철학가 에리히 프롬Erich Seligmann Fromm의 말처럼 국민은 자신들의 권리를 포기하고 국가에 복종함으로써 스스로 '자유로부터 도피'했다. 제2차 세계 대전 이후 베니토 무솔리니Benito Mussolini, 아돌프 히틀러Adolf Hitler와 같은 민족주의 파시스트들이 대중의 열렬한 지지를 받았던 결정적 이유에는 바로 테러가 있었다.

둘째로 전쟁과 테러의 관계도 살펴보자. 전쟁은 테러로부터 촉발된 경우가 많았다. 제1차 세계 대전은 '사라예보 사건'에서 비롯했다. 사라예보 사건은 보스니아의 독립을 꿈꾸던 세르비아계 보스니아 청년이 오스트리아-헝가리 제국의 슬라브족 유화정책에 반대하여 사라예보에서 황태자를 암살한 사건을 말한다. 사라예보 사건과 같이 국가의 주요 인사를 살해하는 요인 암살은 테러의 대표적인 유형이다. 제2차 세계 대전의 시작을 알렸던 독일의 폴란드 침공 역시 폴란드군의 글라이비츠Gleiwitz 방송국 공격 사건에서 시작되었다. 방송국과 같은 국가 기간 시설의 공격은 테러의 한 유형이다. 물론 글라이비츠 방송국 공격 사건은 전쟁이 끝나고 뉘른베르크Nuremberg 전범 재판을 통해 폴란드 공격의 명분을 쌓으려는 독일의 자작극임이 밝혀졌다. 테러 행위가 만들어 놓은 불씨는 민족과 민족의 충돌, 각국의 이해관계가 뒤섞이면서 전쟁의 단초로 작용했다.

민족주의, 전쟁 그리고 테러

테러는 무슨 이유로 민족주의를 강화하고 전쟁을 부추겼을까. 그리고 테러가 왜 강력한 권한을 가진 국가의 탄생을 원했는가를 반문할 필요가 있다. 전쟁과 민족주의를 테러의 기본 속성이라고 할 수 있는 권력, 정당성 그리고 정치적 목적을 통해 분석해 보자.

첫째로 테러는 권력이 필요했을 것이다. 국민국가 시절, 아래로부터 시작된 권력은 매우 불안정했다. 테러단체들은 쉽게 분열되었다. 조직의 구성도 완전하지 못했다. 테러단체는 좀 더 안정된 권력 안에서 기생하기를 원했을 것이다. 20세기에 접어들면서, 테러는 다시 국가라는 권력에 기대기 시작한다. 테러단체 입장에서 보면 국가는 안정된 권력 집단이었다. 국민국가 시절 등장했던 아래로부터의 테러는 다시 국가에 의한 테러로 전환되기 시작한다.

둘째로 국가에 의한 강력한 통치는 정치적 목적과 더불어 정당성도 갖고 있었다. 국민국가 내에 거주하는 국민 입장에서 빈번히 발생하는 반대 세력들의 테러는 강력한 위협이었다. 20세기 들어 산업혁명의 바람은 더욱 강해졌다. 자본주의 체제도 어느 정도 공고해지고 있었다. 안정적인 경제 발전과 부의 창출을 위해서는 치안 영역에 국가의 강력한 권한이 필요했다. 테러를 통해 정치적 혼란을 야기하는 반대 세력을 제압하고 민족 중심의 국민을 보호하는 국가의 역할이 요구되었다. 국가의 공권력 강화를 국민 대다수는 지지했고 정치적 목적을 가진 정당한 통치행위로 인식했다.

테러로부터 시작된 전쟁과 민족주의를 강화하기 위한 각종 정책은 국민국가를 넘어 국가주의를 완성해 가고 있었다. 특히 제1차 세계 대전 이후에 복잡한 국내 문제를 해결하기 위해 등장한 국가주의 집단들은 그들의 지배체계를 더욱더 공고히 했다. 대표적인 국가가 나치 독일, 파시스트 이탈리아, 스탈린의 러시아 등이다. 민족주의를 바탕으로 한 강력한 국가권력은 국민을 완벽하게 통제했다. 국가는 다시 테러의 주체로 등장했고 공권력을 통해 국민을 억압하던 폭력적인 통치 행위인 공포 정치는 세계 대전을 통해 오롯이 부활했다.

국가와 테러에는 강력한 권력이 필요했다. 아래로부터 시작된 테러는 민족주의를 부추겼고 국가 간 전쟁을 유발하는 촉매제로 작용했다. 그리고 전쟁이 끝난 후, 강력한 권한을 가진 국가주의 국가가 탄생했다. 테러단체 입장에서는 20세기에 다시 등장한 공포 정치를 통해 자신의 존재감을 과시할 수 있었다. 하지만 보리스 파스테르나크 Boris Pasternak의 소설 《닥터 지바고》의 주인공인 유리 지바고의 이야기처럼 폭력을 앞세운 지배 세력의 혁명은 실패할 수밖에 없었다. 국가는 권력 의지만 강했을 뿐 급격한 혁명으로 발생할 수 있는 사회적 갈등을 해결할 능력이 부족했다. 유리 지바고의 예언처럼 제2차 세계 대전 이후, 강력한 국가권력을 통한 개혁 작업은 시민들의 반격에 마주할 수밖에 없는 운명이었다. 자신들에게 주어진 자유와 민주적 가치의 소중함을 자각한 시민들은 아무런 정당성이 없는 국가 폭력을 막기 위해 국가의 권력을 하나둘 부정하기 시작한다.

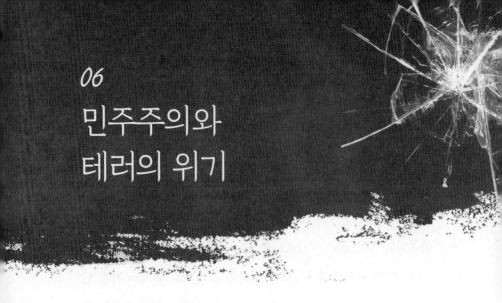

06
민주주의와
테러의 위기

전쟁은 대체로 비합리적 판단의 결과로 발발한다. 명분이 있는 경우도 있지만 피해의 정도가 막대하다. 경제적 손익 구조를 따지는 인간이라면 전쟁은 절대로 할 수 없는 행위이다. 이기든 지든 파산에 가까운 손해를 야기하기 때문이다. 그러나 국가는 종종 이러한 비이성적 결정을 내려 왔다.

쉽게 이야기하면 인간들의 군상群像인 국가는 쉽게 흥분하며 즉흥적이다. 마치 ADHDAttention Deficit Hyperactivity Disorder와 같은 속성을 가진 국가를 더 이상 내버려 둘 수만은 없었다. 전쟁을 막기 위해 국가를 통제할 수 있는 시스템을 구축해야 했다. 국제사회를 중심으로 국가의 비이성적 행동을 예방하기 위한 주치의 제도를 마련했다. 국제연합UN과 같은 국제기구들이었다. 양차 세계 대전 이후 전쟁의 공포를 극복하기 위한 전 지구적 노력이 이어져 왔다.

세계 대전 이후, 국제연합 등의 국제기구들은 국가의 문제점을 조목조목 지적했다. 국제연합 헌장을 만들어 양차 세계 대전을 반성했다. 천부인권, 인간의 존엄 및 가치의 중요성을 확인했다. 이를 기반으로 개별 국가에 국제사회가 합의한 조약 및 국제법에서 명시한 의무를 따를 것을 요구했다. 전쟁을 예방하기 위해 국제사회가 내린 처방중 테러와 직접적 관련성이 있는 부분은 민족자결주의民族自決主義 원칙이다. 국제사회는 민족자결주의 원칙을 천명함으로써 전쟁의 원인 중 하나였던 테러를 국제사회의 틀 안에서 다루었다.

민족자결주의는 '민족 스스로의 의지에 따라 그 귀속과 정치조직, 정치적 운명을 결정한다'는 의미이다. 국제사회 입장에서는 전쟁 후 발생할 수 있는 식민지 국가와 식민 지배 국가의 갈등을 최소화할 필요가 있었다. 갈등은 전쟁의 불씨로 작용할 수 있었기 때문이다. 국제사회는 식민지 국가 스스로 자국의 미래를 결정할 수 있는 민족자결권을 바탕으로 문제 해결에 나설 것을 요구했다. 지긋지긋했던 전쟁의 굴레에서 벗어나고자 하는 간절한 바람이었을 것이다. 그러나 국제사회의 의도와 달리 민족자결권의 의미는 각 국가가 처한 입장에 따라 달리 해석될 수 있었다.

먼저 식민 지배 국가들에는 민족자결주의가 쓸데없는 제국주의 놀음을 하지 말라는 일종의 경고 메시지였다. 경우에 따라서는 국제사회가 자국의 내정에 지나치게 간섭한다고 불만을 가졌다. 이에 반해 식민지 국가들에는 민족자결주의가 제국주의에서 벗어날 수 있다는 희망의 목소리였다. 식민지 국가는 민족자결주의를 바탕으로 식민 지배 국가에 적극적으로 대항했다. 더군다나 전후 처리 과정에서 국가가 보인 무능력과 폭력적 통치 방식은 국가를 향한 국민의 신뢰를 깨뜨리는 계기가 되었다. 식민지 국가들은 적극적으로 독립운동에 나섰다.

양차 세계 대전 이후 식민지 국가들이 펼친 독립운동을 테러라고 말하는 것에는 논란의 여지가 다분하다. 그러나 정치적 논란과는 별개로 테러의 속성정치적 목적, 권력, 정당성을 기준으로 살펴보면 식민지 시대 역시 테러의 속성을 띠고 있다. 우선 테러는 식민지 국가의 입장에서 효율적인 정치적 수단이었다. 국가주의 시절 국가는 폭력 그 자체였다. 식민 지배 국가는 식민지 국가를 힘으로 제압했다. 전쟁을 거치면서 식민 지배 국가들은 막강한 군사력을 보유하고 있었기에 군사적 대응도 불사했다. 식민지 국가 입장에서 군사력의 극단적 비대칭을 극복할 수 있는 유일한 수단은 테러였다. 식민지 국가들은 식민 지배 국가들에 강력한 경고나 정치적 메시지를 전달하기 위해 국가의 주요 인물을 암살하거나 기간 시설을 파괴하는 등 테러 공격을 감행했다.

식민 지배 국가로부터 독립을 바라던 집단은 권력단체로 거듭났다. 테러단체는 민족 독립이라는 강력한 동기가 존재했다. 식민 지배 국가에 반대한다면 쉽게 자신들의 세를 규합하고 공동의 목적을 위해 싸울 수 있는 조건이 갖춰져 있었다. 그뿐만 아니라 강력한 힘을 가진 식민 지배 국가에 대응하기 위해서는 치밀한 전략과 전술이 필요했다. 민족의 독립을 꿈꾸었던 다수의 테러단체들은 엄격한 지휘 통솔 체계를 갖춰 나갔고 강령이나 규율을 통해 내부를 철저히 통제하기도 했다. 국가라는 강력한 통치 수단에 맞서기 위해 테러단체들은 스스로 권력단체가 될 수밖에 없었다.

당시 테러리스트들은 정당한 목적을 수반하고 있었다. 이는 국제사회가 지지했던 민족자결주의 원칙으로 가능했다. 식민지 국가는 식민 지배 국가에 대한 테러를 국제사회의 지지를 받는 정당한 자위권 행사라고 이해하기 시작했다. 폭력을 일삼은 국가를 더 이상 용납할 수 없다는 전 지구적 공감대가 형성되었다. 혹자들이 식민지 국가의 테러리스트들을 자유의 투사들freedom of fighters이라고 일컫는 이유 또한 여기에 있다.

그렇다면 안중근도 테러리스트인가

식민지 국가의 테러 이야기는 우리 역사와도 밀접한 관련이 있다. 36년간 일본의 식민 지배를 받은 대한민국에도 조국의 독립을 위해 몸 바쳐 싸운 독립운동가들이 많았다. 실제로 테러와 독립운동의 경계에 대한 흥미로운 일화가 있다. 2016년 「테러방지법」이 제정되기 약 15년 전인 2001년 국민의 정부 시절에도 「테러방지법」에 대한 입법 논의가 있었다. 이때 테러를 어떻게 정의할 것인가에 대한 논의는 2016년 「테러방지법」의 제정 때보다 활발하게 진행되었다. 당시 「테러

안중근과 일제강점기에 민족을 위해 싸운 독립운동가들

「방지법」 입법 관련 소관부처라고 할 수 있는 국가정보원은 테러에 대한 정의를 다양하게 내놓았다. 그리고 몇 가지 정의를 검토하는 과정에서 국회 정보위 소속 위원이 안중근, 김구가 테러리스트로 분류되지 않도록 엄밀한 검토 과정을 거쳐야 한다는 의견을 냈다고 전해진다.

사실 행위 유형만 놓고 보면 안중근, 김구도 테러리스트로 해석할 여지가 없는 것은 아니다. 폭탄 등을 사용하여 테러 유형의 공격을 감행했던 사실이 있기 때문이다. 실제로 의열단은 "테러 행위로 독립을 수행한다"라는 표현을 공공연하게 사용하기도 했다. 또 항일단체는 국민의 뜨거운 지지를 기반으로 한 권력 집단이었고 민족 독립이라는 정당성을 가진 정치적 목적이 있는 행동에 나섰다는 점에서 테러의 속성을 띠고 있다.

그럼에도 독립운동가의 항일 투쟁을 테러라고 단정하기 어려운 가장 큰 이유는 테러 개념의 변화에 있다. 최소한의 정당성을 바탕으로 가치 중립적인 의미를 가졌던 당시의 개념과 현대적 의미의 테러에는 분명 차이가 있다. 지금 우리가 공유하고 있는 테러의 현대적 의미는 민주주의가 도래하면서 성립되었다. 무엇보다도 현대사회의 테러가 갖고 있는 부정적 이미지를 감안해야 한다. 항일단체들의 행위가 테러의 속성을 갖고 있다는 이유만으로 독립운동가들의 활동을 테러로 단정해서는 안 된다.

당시 역사적 사정을 고려하여 항일단체의 활동을 현재의 기준으로 평가할 필요가 있다. 일본의 대한제국 합병 및 식민 지배는 명백한 불법 행위였다. 통치 과정에서 일본이 자행했던 조선인 학대는 반인륜적인 범죄임이 틀림없다. 일제의 식민 지배는 악랄했고 일본은 젊은 여성을 성노예로 삼는 위안부 등 반인륜적 범죄를 지속적으로 저질렀다. 3·1 운동 이후 펼쳤던 문화 정책은 우리 민족의 뿌리를 완전히 말살하려는 간악한 정책이었다.

극악무도했던 일제강점기 상황을 고려했을 때, 항일 투쟁은 조국의 독립을 위한 정당행위*로 판단할 수 있을 것이다. 우리 민족에게 일제에 대한 테러 유형의 행위는 단순한 자구행위**를 뛰어넘어 민족의 생

---

* 정당행위는 법령에 의한 행위 또는 업무로 인한 행위, 기타 사회상규에 위배되지 아니하는 행위로 형법상 처벌되지 않는다. 조국 독립을 위한 독립투사들의 행위는 사회통념·관습상 사회상규에 위배되지 않는 행위로 정당행위로 평가받을 수 있다(「형법」 제20조).
** 자구행위란 그 사정이 이해되지만 치안에 미치는 악영향 때문에 형법적으로 금지되는 행위이다(「형법」 제23조).

존을 위한 간절한 수단이기도 했다. 정리하면 애국지사의 항일투쟁은 일부 테러의 속성이 있지만 조국과 민족을 위해 일본에 대항할 수 있는 유일한 행위였다는 점에서 정당행위로 봐야 한다. 무엇보다 애국지사들의 항일운동은 민족을 위한 거룩한 행위로 역사적 평가를 받을 필요가 있다.

민주주의 그리고 테러의 진정한 쇠퇴기

1960년대에 들어 테러는 새로운 양상을 보인다. 민주주의 제도가 정착하면서 국가의 예속에서 벗어나려는 시민들의 정치 활동이 활발히 전개되었다. 1960년대를 배경으로 쓴 밀란 쿤데라Milan Kundera의 소설 《참을 수 없는 존재의 가벼움》에서 주인공 토마시를 비롯한 등장인물들이 자신을 둘러싸고 있던 사회적 당위와 이데올로기 등에 의문을 제기한 것처럼, 당시에 시민들은 국가가 아닌 자기 내면의 이야기에 귀 기울이며 사회적 변화를 이끌어 갔다. 더욱이 주목해야 할 점은 사상의 자유freedom of thought의 확대였다. 사상의 자유란 타인의 견해와는 관계없이 하나의 사실이나 관점 또는 사상을 유지하거나 생각할 수 있는 개인의 자유를 의미한다. 시민들은 국가의 구성원으로서 국가를 향해 자신의 주장을 자유롭게 펼칠 수 있었다.

특히 젊은 세대의 반응은 뜨거웠다. 야만적인 전쟁을 일으켰던 기성세대들을 비판했다. 국가의 억압적 통치와 권위주의적 사고에 반발했다. 파리에서 시작한 68 혁명의 바람은 뉴욕, 베를린, 도쿄까지 전파되었다. 성, 평등, 인권 등을 주장했다. 정치적 표현의 자유는 확장되었다. 이를 기반으로 1960년대에는 다양한 시위가 펼쳐졌다. 그리고 특정 시위는 정치적인 이유로 테러로 규정되기도 했다. 테러와 폭력성을 띤 정치적 집회의 경계가 모호해졌다.

그렇다면 테러와 폭력성을 띤 정치적 집회는 어떻게 구별할까. 정치와 권력의 변화에 따라 테러의 평가 기준도 달라져야만 했다. 일종의 테러 속성의 변화이다. 고전적 테러 속성인 정치적 수단, 권력, 정당성을 바탕으로 당시 테러와 그 외의 폭력 행위를 구분하는 기준을 살펴본다.

앞서 설명한 대로 테러가 테러로 분류되기 위해서는, 첫째로 어떠한 폭력 행동이 일어났을 때 그 행위가 정치적 수단이 될 수 있는지를 따져 봐야 한다. 그런데 민주주의의 도래로 정치적 표현의 자유가 확대되었고, 많은 시위 집단이 감행하는 행동은 그들의 주장을 피력하기 위한 정치적 수단이었다. 다만 단순히 사회에 개인적 불만을 표현하기 위해 폭력을 행사한다면 이는 범죄 행위일 뿐이다.

둘째로 테러를 주도했던 단체는 대개 권력 집단이었다. 그런데 정치적 자유가 충분히 보장된 1960년대는 하나의 단체가 정치적 권력 집단으로 변모하는 것이 어렵지 않았다. 시위 집단의 대부분이 하나의 리더십을 갖고 동일한 목소리를 낼 수 있는 조직이었다. 따라서 집단의 권력 유무를 따지는 것이 큰 실익이 없어졌다.

셋째로 행위의 정당성이다. 과거에 테러는 정치적 명분이 중요했다. 폭력에는 동의할 수 없었지만 테러단체가 주장하는 메시지에는 고개를 끄덕이는 이들이 많았다. 그런데 민주주의 이념과 정치적 공론장의 발달은 테러라는 폭력 행위의 정당성을 약화했다. 즉, 자신을 표현할 수 있는 방법이 많아졌다. 정당을 구성해 국민의 지지를 받는다면 정권을 획득할 수 있었다. 1960년대 이후로는 정당성이라는 테러의 요건은 약해질 수밖에 없었다.

이로써 테러를 평가하는 새로운 기준이 필요했다. 특정 폭력 행위가 테러로 평가받기 위해서는 정치적 공론장에서 허용될 수 없는 극단적 이념이 있어야 했다. 이른바 극단주의 이념의 테러이다. 그렇게 마땅한 명분이 사라진 테러는 부정적인 이미지만 짙어졌다. 잔인한 폭력 행위라는 평가와 함께 사법 당국의 엄정한 심사를 받게 되었다. 1960년대 이후 서구사회를 중심으로 발생했던 극단주의 이념의 테러는 치안 영역에서 다루어야 할 범죄로 평가받게 되었다.

결국 민주주의 제도와 표현의 자유 확대는 테러의 주요 요소인 정당성의 근거를 약화했다. 명분을 잃은 테러는 대중의 지지를 받을 수 없다. 테러는 기존과는 차원이 다른 진짜 위기를 맞이한다. 이때 역사의 전개와는 반대되는 흐름이 있었다. 중동지역에서는 종교적 극단주의라는 새로운 모습의 테러가 태동하고 있었다. 이는 쇠퇴해 가는 테러에 새로운 기회였다.

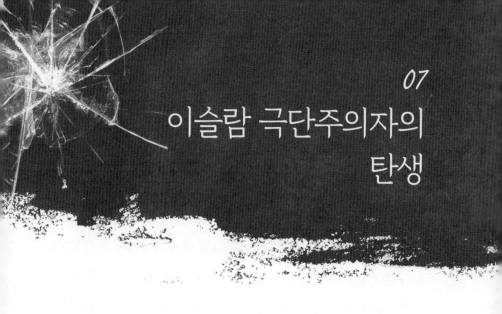

07
이슬람 극단주의자의 탄생

리처드 도킨스Clinton Richard Dawkins는 《만들어진 신The God Delusion》에서 "누군가 망상에 시달리면 정신이상이고 다수가 망상에 시달리면 종교가 된다"라고 언급했다. 도킨스는 단순히 종교가 가지고 있는 문제점을 지적한 것이 아니었다. 한 개인의 잘못된 신념이 집단적 사고가 된다면 그것 역시 종교가 될 수 있고 그 종교는 사회를 위태롭게 만들 수 있다고 경고하고 있다.

역사적으로 종교라는 미명 아래 수많은 폭력이 자행되었다. 그리고 9·11 테러를 시작으로 우리는 이슬람 극단주의 종교를 가진 이들의 폭력적인 테러 행위를 목격하고 있다. 그들은 근 20년 동안 충격적인 테러를 기획하며 국제사회에서 공공의 적으로 등장해 왔다. 그렇다면 이슬람 극단주의자들이 국제사회에 테러라는 이름으로 등장하게 된 근본 원인은 무엇일까. 이슬람 극단주의 테러리스트의 잘못된 신념은 도대체 어디에서 비롯된 것일까.

이슬람 극단주의자들은 주로 중동에서 탄생했다. 오스만 제국이 중동지역을 통일한 이후, 중동은 유럽 중심의 역사에 본격적으로 편입되었다. 오스만 제국의 통일은 단일한 통치수단을 가진 국가적 통합을 의미하는 것은 아니었다. 오스만 제국 내에 행정 구역은 있었지만 그 구분에 큰 의미는 없었다. 종족(쿠르드족, 페르시아족, 아랍족 등)과 종교(시아파, 수니파)에 따라 평화적으로 공존했을 뿐이었다. 오스만 제국의 이름으로 묶여 있었을 뿐 정치적·민족적 특성에 따라 개별적 자치권을 행사하고 있었다.

1914년 제1차 세계 대전이 발발하고 중동지역도 전쟁이라는 풍랑 속에 빠져든다. 제1차 세계 대전은 유럽 국가 간의 전쟁이었지만, 오스만 제국은 우연한 기회로 세계 대전에 참전한다. 전쟁 이전에 오스만 제국은 삼국협상의 중심국인 영국과 삼국연맹의 중심국인 독일 모두와 좋은 관계를 유지하고 있었다. 그런데 인접 국가인 러시아가 남하정책을 추진하자 오스만 제국은 러시아로 대표되는 슬라브족을 견제할 필요성을 느꼈다. 오스만 제국의 지도층 가운데 일부는 러시아를 견제하기 위해 독일과 동맹을 성사시켰다. 영국의 입장에서는 독일과 오스만 제국의 동맹 체결은 일종의 배신 행위로 판단되었다. 영국은 오스만 제국이 영국에 발주한 전함 2척을 억류하는 조치로 대응에 나섰다.

영화 〈아라비아의 로렌스〉의 포스터와 실제 로런스의 사진

오스만 제국은 영국의 독단적 결정에 분노했다. 해군력이 부족했던 오스만 제국 입장에서는 함선이 절대적으로 필요했다. 자신들의 정치적 입장을 고려하지 않은 영국의 일방적인 선박 강탈에 가만히 있을 수만은 없었다. 오스만 제국은 독일이 중심이 된 삼국연맹 편에 서서 급기야 영국에 선전포고(1914. 11.)를 했다. 영국은 이미 독일과 힘겨운 싸움 중이었다. 오스만 제국의 참전이 탐탁치 않았을 것이다. 영국은 당장의 군사적 수단보다 스파이를 적극 활용하기로 했다. 그중 대표적 인물이 영화 〈아라비아의 로렌스Lawrence Of Arabia〉(1962)의 주인공으로 알려진 토머스 에드워드 로런스Thomas Edward Lawrence였다.

로런스는 제1차 세계 대전의 제임스 본드James Bond 정도로 생각하면 이해하기 쉽다. 영국의 정보장교 출신인 그는 아랍 지역에서 첩보 활동을 수행해 왔다. 그의 업무는 오스만 제국 내 아랍 민족이 영국을 지원하도록 회유하는 것이다. 로런스는 아랍 부족들과의 협상을 통해 오스만 제국에 대한 봉기를 부추겼다. 당시에 유럽사회에서 유행했던 민족주의 전술을 활용했다. 내용은 대략 이러했을 것이다.

오스만 제국이 패망하면 아랍 민족 중심의 통일국가를 세워 줄게.
우리 영국 좀 도와줘.

로런스의 설득은 꽤 성공적이었다. 민족주의는 이미 유럽에서 검증된 선동 전략이었다. 오스만 제국의 통일 이후, 평화롭게 공존하던 아랍사회에 민족주의 열풍이 불기 시작했다. 아랍 부족들은 모두 다 자신들의 민족이 중심이 된 민족국가의 건설을 꿈꾸기 시작했다. 오스만군의 무리한 징병 요구와 레바논과 시리아 지역에서 발생한 기아飢餓는 아랍 민족의 반발을 더욱 부추겼다. 영국의 사주를 받은 아랍 부족들은 오스만 제국에 대한 공격을 시작했다.

오스만 제국은 외부에서는 영국, 러시아와 싸워야 했다. 그러나 전쟁 중 가장 힘들었던 건 내부에서 발생한 아랍 부족의 반발이었다. 영국군은 아랍 반란을 일으킨 협력자들의 도움으로 메소포타미아와 팔레스타인의 정복을 완수했다. 오스만 제국은 힘이 빠졌다. 로런스가 아랍 민족 국가 건설의 전제 조건으로 제시했던 오스만 제국의 패망은 어느 정도 완성되어 가고 있었다.

약소국 입장에서 강대국의 약속은 공수표일 확률이 높다. 헤르만

헤세Herrmann Hesse의 소설 《데미안Demian》에서 데미안이 그의 친구인 싱클레어에게 했던 말처럼 "서로에 대한 이해가 없는 상황"에서 진정한 연대란 이루어질 수 없는 일이었다. 제1차 세계 대전 중 로런스의 아랍 부족에 대한 연대 제의는 강대국의 협박이자 그들을 기망하기 위한 고도의 전략적 전술일 수밖에 없었다. 로런스는 아랍 부족의 특성을 전혀 이해하지 못했다.

제1차 세계 대전으로 오스만 제국은 패망했지만 승전국인 영국과 프랑스는 중동지역을 전쟁의 전리품戰利品 정도로 생각하고, 아랍 지역을 제국주의 논리에 따라 분할 통치하기로 합의했다. 시리아는 프랑스가, 이라크 이남은 영국이 차지했다. 그들 역시 중동을 알지 못했다. 중동지역은 제국주의 시대의 식민지와는 분명한 차이가 존재했다. 아랍 민족의 종교는 대부분 이슬람이었다. 그러나 다 같은 이슬람이 아니었다. 시아파, 수니파 등 그들이 갖고 있는 종교적 간극은 생각보다 넓었다. 또한 아랍 민족은 자신들이 갖고 있는 민족적 정통성을 강조했다. 예를 들어, 특정 정파가 다른 정파를 민주적으로 지배한다는 것은 상상할 수 없는 일이었다. 영국과 프랑스는 중동의 현실을 철저히 외면했다.

프랑스는 시리아 내 다수를 차지하고 있는 수니파(72%)를 대신해 알리위파(12%)에게 행정부의 주요 요직을 맡겼다. 영국은 3개 지역(북부 쿠르드족, 중부 수니파, 남부 시아파)으로 구분되던 이라크를 하나의 자치권으로 묶어 버렸다. 중동의 민족과 문화에 대한 아무런 이해가 없었던 영국과 프랑스의 생각 없는 결정들은 민족적 갈등을 촉발하는 원인이 되었다. 시리아에서 다수를 차지하는 수니파의 입장에서는 소수 민족인 알리위파의 지배를 받을 수는 없는 노릇이었다. 이라크 내에서도 자신들의 정통성을 각기 주장하고 있는 시아파와 수니파, 그리고 소수 민족인 쿠르드족 사이에 격렬한 다툼이 벌어졌다.

로런스가 말한 민족과 종교 중심의 국가 건설은 뿔뿔이 흩어져 살아야만 했던 중동 사람들에게 달콤한 이야기로 들렸을 것이다. 하지만 전쟁 이후의 상황과 중동의 현실을 냉정하게 고려했을 때 당장은 실현 불가능한 꿈이었을지도 모른다. 중동지역은 아랍 민족, 쿠르드족, 유대인 등 민족 구성이 다양했다. 시아파, 수니파, 유대교 등 종교적 분파 또한 다양했다. 아랍 민족들은 종교적, 민족적 중심의 국가를 원했지만 그들이 그토록 원하던 국가가 무엇인지에 대한 개념조차 갖고 있지 못했다. 아랍 민족은 로런스의 꼬임에 넘어가 헛된 꿈을 꾸다 좌절했으며 결국 분노할 수밖에 없었다.

새뮤엘 헌팅턴Samuel Huntington은 《문명의 충돌》에서 종교와 문화적 차이에서 비롯된 문명 간의 충돌이 세계 평화에 위협이 될 것이라고 경고했다. 영국과 프랑스 등 제국주의 세력들의 중동지역에 대한 몰이해는 갈등을 부추겼고 세계 평화를 위협하는 극단주의 테러가 태동하는 데 일정 부분 영향을 주었다. 제1차 세계 대전 이후 중동지역은 내전과 테러 등 민족적, 종교적 갈등을 지속적으로 겪고 있다. 그리고 자신들의 비극적 상황이 서방으로부터 시작했다는 피해 의식도 생겨났다. 역사적 인과관계와 그 평가는 다를 수 있다. 그러나 중동이 처한 현실적 어려움의 원인을 서양으로 돌리는 일부의 주장이 완전히 틀리다고만 할 수는 없을 것이다. 제1차 세계 대전 이후 서양과 중동은 본격적으로 대립하기 시작한다. 그리고 이스라엘-팔레스타인의 분쟁을 통해 그 갈등의 국면이 수면 위로 올라온다.

이스라엘-팔레스타인 분쟁의 시작

제1차 세계 대전 이후, 중동의 국경이 임의로 그어질 때 영국은 시리아에서 팔레스타인을 분리했다. 전쟁 이전만 해도 팔레스타인은 부족에 따라 개별적인 자치권을 인정하며 평화적으로 공존하고 있었다. 하지만 영국의 태도는 달랐다. 영국은 유대인으로부터 제1차 세계 대전 전비를 지원받는 대가로 팔레스타인에 유대인 국가 건설을 약속했다. 세계 곳곳을 떠돌아다니던 유대인들은 영국의 암묵적 지원 아래, 민족적 고향이라고 할 수 있는 팔레스타인에 정착하기 시작했다.

영국은 철저하게 자국의 경제적 이익만을 고려했다. 유대인이 팔레스타인의 땅을 매입하는 것을 허용했다. 유대인들은 풍부한 자본력을 바탕으로 팔레스타인 지역의 땅을 매수했다. 영국은 밸푸어 선언Balfour Declaration을 통해 이스라엘의 민족국가 건설을 지지하는 내용을 발표하기도 했다. 1934년 히틀러의 독일이 등장했고 1930년대에는 민족주의 광풍이 불어와, 이도 저도 없이 유럽 내를 떠돌아다니는 유대인은 유럽 내에서 기피되었다. 유럽 내 민족주의 국가 입장에서는 유대인을 유럽의 변방인 팔레스타인으로 몰아넣는 것이 나쁘지 않은 선택이었다. 자의든 타의든 팔레스타인 내 유대인의 수는 기하급수적으로 증가했다. 상황이 이렇게 되자 팔레스타인에 거주하던 비유대인, 즉 아랍 민족의 불만은 고조되었다.

제2차 세계 대전까지 마무리되고 제국주의가 막을 내리자 중동 내에서 영국과 프랑스의 영향력은 급격히 약해졌다. 그러나 제국주의 국가들이 지나간 자리에 민족과 종교의 갈등은 짙게 남아 있었다. 특히 팔레스타인 지역은 유대인과 아랍 민족의 갈등 때문에 언제든 전쟁이 발생할 수 있는 화약고였다. 이에 국제연합UN 팔레스타인 특별위원회는 갈등을 방지한다는 명분으로 종교와 인종에 따라 팔레스타인 지역을 유대인 국가, 아랍인 국가로 분리하자고 제안했다.

UN 팔레스타인 특별위원회에서 제시한 아이디어는 외형상 민주적인 의사 결정처럼 보였다. 하지만 팔레스타인에 거주하던 아랍인 입장에서는 납득하기 힘든 제안이었다. 그들에게 유대인은 난민이자 침입자였다. 강대국들의 압박으로 유대인을 암묵적으로 수용해 주었는데 오히려 유대인을 위한 자치구를 마련해 준다는 것은 황당한 논리였다. 특히나 UN 결의안에 따를 경우, 아랍 전체 민족의 1/3에 불과한 유대인에게 팔레스타인 전 지역의 57%를 빼앗기는 결과를 가져올 수 있었다. 그뿐만 아니라 주요 생계 기반이라고 할 수 있는 올리브 농장을 포함해 곡창지대의 80%를 유대인이 차지했다. 아랍인들은 이런 상황을 용납할 수 없었다.

영국의 배신 이후 끊임없이 민족적, 종교적 갈등을 겪고 있는 이라크, 시리아 등도 서구사회의 결정에 반발했다. 이른바 아랍 민족 중심의 반-이스라엘 노선이 구축되었다. 국제사회를 향한 복수의 칼날을 다짐하는 집단들이 하나둘 늘기 시작하던 차에 국제사회의 중재 아래 벌어진 1948년 이스라엘의 국가선언은 중동사회 전체를 분노하게 만들었다. 그리고 팔레스타인 해방 기구PLO: Palestine Liberation Organization가 국제사회에 서서히 모습을 드러내기 시작했다.

📖 **시아파와 수니파의 차이**

정통 칼리프였던 알리Ali가 암살당하고 후계자 승계 문제가 발생한다. 시아파는 무함마드의 사위였던 알리가 제5대 칼리프를 차지해야 한다고 주장하며 혈통과 전통을 강조한다. 이에 반해 수니파는 제5대 칼리프였던 우마이야 왕조의 계승을 인정한다. 시아파의 맹주는 이란이며 전체 이슬람의 10%를 차지하고 있다. 수니파는 이슬람 인구의 87~90%를 차지하며 사우디아라비아가 대표적이다.

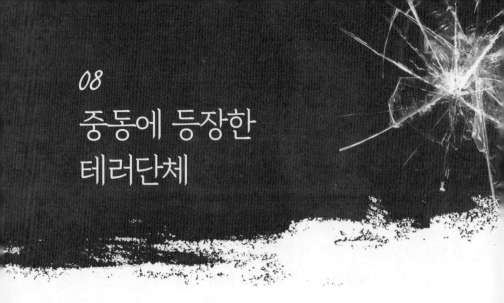

중동에 등장한
테러단체

1960년대 유럽사회는 매우 안정적이었다. 국제연합을 비롯해 국제사회를 중심으로 전쟁과 같은 폭력 행위를 예방하기 위한 노력이 있었던 덕분이다. 이와 더불어 민주주의와 자유주의 이념의 확산은 테러라는 정치적 수단의 효용을 떨어뜨리고 있었다. 테러가 완전히 사라진 것은 아니었지만 빈도는 줄었고 강도는 약해졌다. 이에 반해 제2차 세계대전이 끝난 후, 중동지역에서는 갈등의 골이 깊어만 가고 있었다. 그리고 그들의 축적된 분노는 국제사회를 향하고 있었다. 아랍 민족 중 일부 집단은 중동지역의 민족적 분열 원인이 프랑스·영국 등 서구 강대국의 개입에 있다고 믿었다. 더군다나 강대국들의 암묵 속에서 진행된 이스라엘의 건국은 중동의 분노에 불을 붙였다.

특히 아랍 민족의 큰 형님을 자처했던 이집트의 불만은 가장 거셌

민족주의자 나세르의 등장과 중동전쟁으로 폐허가 된 가자 지구

다. 이집트는 오스만 제국에 속해 있었지만 사실상 독립된 국가의 틀을 갖추고 있었다. 영국의 침입을 수차례 견뎌 내면서 민족과 국가에 대한 자긍심도 상당히 높았다. 제2차 세계 대전 이후에는 아랍 민족을 하나로 통일해야 한다는 강한 신념인 **범아랍주의***도 갖고 있었다. 이집트의 2대 대통령인 민족주의자 가말 압델 나세르Gamal Abdel Nasser의 등장은 아랍 민족의 통합을 더욱더 부추기는 계기가 되었다. 범아랍

📖 **범아랍주의Pan-Arabism**

아랍 민족이 중심이 된 하나의 통일국가를 이루려는 민족주의 운동을 말한다. 시작부터 아랍 민족이 하나의 국가로 출발해야 한다고 주장한다는 점에서 기존 아랍 국가들의 독립을 유지하면서 최종적인 통합을 목표로 하는 아랍 민족주의와 구분된다. 범아랍주의는 무함마드가 창시한 이슬람 중심의 대제국을 목표(우마이야 왕조나 아바스 제국)로 하며 오스만 제국의 지배를 포함해 서구 열강의 제국주의 정책에 반대한다.

주의를 꿈꾸는 이집트 입장에서 팔레스타인 지역에 유대인 국가의 탄생은 눈엣가시임이 분명했다.

　팔레스타인에서 이스라엘이 건국을 선언한 이후, 이집트를 중심으로 요르단 그리고 시리아 등 아랍 연합군을 구성한다. 그리고 이스라엘에 대한 1차 침공을 감행한다. 아랍 연합군은 이스라엘군에 비해 압도적 전력을 자랑했지만 이스라엘과의 전쟁에서 허무하게 패배하고 만다(제1차 중동전쟁). 아랍 연합군은 전장에서 누구의 지시를 받아야 되는지에 대한 싸움을 시작으로 내부 갈등이 끊이지 않고 발생했다. 한마디로 오합지졸烏合之卒인 연합군은 강인한 정신력으로 무장한 이스라엘에 연전연패連戰連敗했다. 아랍 연합군은 아랍 민족 해방을 위한 목적으로 전쟁을 시작했지만 팔레스타인 내 이스라엘의 자치지역만 넓어지는 결과를 초래했다.

　아랍 연합군은 이스라엘에 허무하게 패배함으로써 자존심에 큰 상처를 입었지만 성과가 전혀 없는 것은 아니었다. 이스라엘과 전쟁을 했다는 명분으로 이집트는 가자 지구, 시리아는 골란 협곡, 요르단은 요르단강 서안과 예루살렘의 절반을 차지했다. 팔레스타인 민족 입장에서는 팔레스타인의 독립보다는 자국의 이익만을 추구한 아랍 연합국은 이스라엘과 별반 차이가 없었다. 아랍 연합군이 일으킨 제1차 중동전쟁은 이스라엘의 승리로 끝났다. 그러나 전쟁의 결과로 팔레스타인 지역은 아랍 민족 연합과 이스라엘의 전쟁터가 되어 버렸다. 팔레스타인 주민들은 삶의 터전을 잃고 난민의 처지로 전락했다.

제1차 중동전쟁 패배는 이집트에 엄청난 정신적 충격을 주었다. 이집트의 나세르는 잃어버린 자신감을 찾기 위해 범아랍주의를 더욱강화한다. 반제국주의를 선언하며 영국과 프랑스가 운영 중이던 수에즈 운하를 국유화한다. 이에 반발한 영국과 프랑스 연합군은 이집트에 대한 군사 공격을 강행했지만 미국과 소련의 극적인 중재로 전쟁은 중단되고 이집트는 수에즈 운하 운영권을 지켜 낼 수 있었다.

미국은 중동 내에서 소련과의 확전을 막기 위해 수에즈 운하 사태에 개입했지만 이집트의 아랍 민족주의 강화 정책에는 동의할 수 없었다. 무엇보다 이집트는 소련의 지원을 받고 있다는 점에서 견제가 필요했다. 미국은 이집트에 대항할 수 있는 중동 내 세력을 키우기로 결정하고, 이집트와 군사적으로 대립하고 있던 이스라엘을 적극 활용한다. 이스라엘을 암묵적으로 지원함으로써 중동 내 민족주의자들과 소련 모두를 견제할 수 있다고 판단했다. 이스라엘은 미국의 지원 아래 이집트와의 제2차, 제3차 중동전쟁에서도 사실상 승리를 거두며 팔레스타인 지역을 완전히 장악해 나갔다.

팔레스타인 입장에서는 미국 등 강대국이 이스라엘을 암묵적으로 지원하고 있는 상황에서 자신들의 독립 문제를 아랍 민족주의자에게만 기댈 수는 없었다. 몇 차례의 중동전쟁에서 강력한 군사력과 힘을 갖춘 이스라엘의 힘을 확인할 수 있었기 때문이다. 팔레스타인 내에 거주하는 아랍 민족을 중심으로 이스라엘에 대응할 수 있는 자체적인 조직과 수단을 마련해야만 했다. 그리고 서방 세계를 테러의 공포에

떨게했던 팔레스타인 해방 기구PLO가 국제사회에 등장한다.

PLO의 탄생과 그 결과

PLO는 테러를 적극적으로 활용한 집단으로 1960년에 설립되었다. 이스라엘에 도움을 주는 서방 국가에 무차별적인 공격, 즉 테러를 감행함으로써 팔레스타인 문제를 국제적으로 이슈화하는 목적을 갖고 있었다. 어떤 측면에서는 민족 독립을 목표로 제국주의 열강에 공격을 가했던 식민주의 시대의 투쟁과 유사한 측면이 있다. 다만 PLO의 경우에는 국제사회로부터의 주목이 절실했다는 점에서 차이가 있다.

PLO는 아랍 민족 연합단체의 성격을 갖고 있었기 때문에 국가 대 국가의 협상에 나서기 어려운 점이 있었다. 정치적 결사로 인정받기 위해서는 국제사회로부터 정치적 영향력을 인정받을 필요가 있었다. PLO 입장에서 테러는 국제사회에서 주목도를 높일 하나의 수단이었다. 또한 현실적인 측면을 고려해도 강력한 군사력을 가진 이스라엘에 대항하기 위해서는 국제연합 등 국제사회의 중재 노력이 필요했다.

요르단과 레바논 등에서 이스라엘을 향한 테러를 강행했던 야세르 아라파트Yasser Arafat가 1969년 PLO 의장으로 선출되면서, PLO의 테러 공격은 한층 과감해졌다. 국제사회의 이목을 끈 가장 큰 사건은 '뮌헨 올림픽 인질 사건'이었다. 1972년에 개최된 뮌헨 올림픽에서 당시 PLO 산하 과격 테러집단인 '검은 9월단'은 이스라엘 선수촌에 난입해 레슬링, 역도 등 이스라엘 선수단 11명을 인질로 납치한 후 사살했다.

야세르 아라파트와 뮌헨 올림픽 참사 추모비(위키피디아)

올림픽은 전 세계가 주목하는 행사이다. 올림픽에 참가한 무고한 선수단을 상대로 저지른 테러라는 점에서 국제사회의 비난은 거셌다. 하지만 선전 효과는 확실했다. 국제사회는 PLO 활동으로 인해 팔레스타인 문제를 조명하기 시작했다.

　PLO와 이스라엘은 국제연합의 중재 아래 몇 차례 협정을 시도했다. 국제연합은 일체의 테러 행위를 중단한다는 조건으로 PLO를 국제사회의 일원으로 인정해 주기도 했다. 1993년 3월, 요르단강 서안 예리코와 가자 지구에서 이스라엘군을 철수시키고 팔레스타인의 자치권을 인정하는 오슬로 협정*을 이끌어 냈다. 야세르 아라파트는 그 공로로 1994년에 노벨평화상을 수상했다. 결과적으로 PLO는 테러를 통하여 국제사회가 주목하도록 만들었다. 그러나 국제연합 등 국제사회가 팔레스타인과 이스라엘 문제 해결에 나선 것은 PLO의 테러 때문만은 아니었다. 또 다른 배경이 숨어 있었다.

첫째는 국제질서의 변화에 따라 PLO 스스로 굴욕적인 협상에 임할 수밖에 없었던 사정이 있었다. 1980년대 말부터 시작된 냉전의 해체는 중동에도 영향을 미쳤다. 암묵적으로 PLO를 지원하던 소련의 영향력은 갈수록 약화되고 있었다. 팔레스타인 지역의 든든한 지원 세력이었던 이라크 역시 걸프전쟁 이후 힘을 못 쓰는 형편이었다. PLO 입장에서는 국제사회를 통한 협상 이외에는 팔레스타인 지역의 문제를 해결할 수 있는 방법이 보이지 않았다.

둘째는 민중의 인티파다Intifada[•] 운동도 국제사회의 개입에 직간접적 영향을 미쳤다. 팔레스타인 시민들은 중무장한 이스라엘군을 상대로 돌과 화염병으로 대항했다. 납세 거부 등 조직적인 시민 불복종 운

• 아랍어로 '봉기, 반란, 각성' 등을 뜻하며, 팔레스타인 시민의 이스라엘을 향한 저항운동을 의미한다.

동에 나서기도 했다. 이에 대한 이스라엘군의 진압은 단호했다. 무자비한 공격으로 수천 명의 사망자가 발생했다. 원인 여부를 불문하고 무장하지 않은 시민을 상대로 공격을 강행한 이스라엘군의 행동은 용납될 수 없는 행위임이 분명했다. 더군다나 전쟁을 막기 위해 인권의 중요성을 강조하던 국제사회 입장에서는 이스라엘의 비인도적 대응을 두고 볼 수만은 없었다. 국제사회에서 이스라엘과 팔레스타인 사이의 중재에 나설 수밖에 없는 사정이 있었다.

PLO의 특징

PLO는 기존의 테러단체들과 달랐다. 첫째로 PLO는 국제적 테러단체였다. 로베스피에르의 등장 이후 테러의 원인은 자유의 쟁취, 국가권력의 남용, 제국주의에 대한 저항 등 주로 지배권력의 부조리함과 관련되어 있었다. 또한 테러는 목적에 따라 국가, 정치적 대상 혹은 지배 세력 등 대상이 특정 가능했다. 그러나 PLO는 팔레스타인 민족 해방이라는 동기로 불특정 다수를 대상으로 삼았다. 국제사회의 이목이 집중되는 행사나 장소를 정해 테러를 계획한 이유이다.

둘째로 PLO 테러는 종교적 성격을 강하게 띠었다. 과거의 테러단체들은 민족 독립 등 구체적인 목적을 갖고 있었다. 그들 스스로 정당하다고 믿는 공통의 목적을 달성하기 위해 테러단체는 하나로 단합할 수 있었다. 하지만 중동지역 테러단체의 사정은 달랐다. 중동지역에서는 다양한 민족이 어울려 살았다. 외견상 아랍인이 대부분을 차지하는 듯 보이지만 다양한 부족으로 나뉘는 데다 정체성에서도 큰 차이를 보인다. 아랍 민족 내부의 이질성은 하나의 국가적 정체성으로 담기 어려운 측면이 있다. 애초에 이집트의 나세르가 꿈꾸었던 하나의 아랍 민족 국가는 불가능한 일이었다. 실제로 시리아와 이집트의 통합 등 아랍 민족을 하나로 통합하기 위한 시도는 모두 실패로 돌아가곤 했다.

결국 아랍 민족을 하나로 묶을 수 있는 것은 종교였다. 이슬람이라는 전통을 바탕으로 서구의 침략에 대응하자는 선동 전략은 아랍 민족을 하나로 통일할 수 있는 효율적 전략이었다. 외형상 PLO는 민족 해방을 선언했지만 그들이 지키고자 하는 것은 이슬람이 추구하는 가치 자체였을 것이다. 어쩌면 PLO의 조직원들이 자살테러와 같은 무모한 테러를 강행할 수 있었던 가장 큰 이유는 서방세력에 대한 성전과 종교적 희생을 강조하는 이슬람 성직자들의 선전·선동 전술이 효과적으로 작용했기 때문이었을지도 모른다.

PLO의 선전·선동 전략에 대한 평가는 다를 수 있다. 그러나 PLO가 현대사회의 테러에 중요한 모멘텀momentum으로 작용한 사실은 부정할 수 없다. 국제연합의 중재 과정에서 이스라엘을 향한 국제 테러 중단을 약속하는 등 야세르 아라파트의 온건한 정책 기조와 오슬로·카이로 협정 등에서 보였던 굴욕적인 협상 태도는 하마스HAMAS와 같은 무장단체를 탄생시키는 계기로 작용했다. 하마스는 레바논 등지에서 활동하며 아랍 민족의 강력한 군사 활동을 촉구했다. 강력한 힘을

테러를 프로파일링하다

가진 아랍 민족 중심의 통일 국가 필요성도 제기되었다. 리비아와 같이 미국을 비롯한 국제사회에 반감을 표현하는 국가도 나타났다. 민족적 복수를 다짐하며 극단주의 노선을 택하는 단체들이 탄생했다.

양차 세계 대전 이후 중동에서는 내전과 전쟁이 끊이지 않았고 아랍 민족주의자들은 그 원인을 서방 국가의 탓으로 돌릴 수밖에 없었다. 때마침 등장한 PLO와 그들의 국제 테러는 아랍 민족주의자들에게 큰 영감을 주었다. 그들은 테러를 서구의 위선을 전 세계에 알리는 선전 수단임과 동시에 아랍 민족들을 하나로 연대시키는 도구로 여겼다. 어쩌면 이후 이슬람 중심의 왕국을 꿈꾸며 무차별적인 테러 공격을 감행하는 알카에다, ISIS 등과 같은 극단주의 테러단체의 탄생은 충분히 예견 가능한 일이었는지도 모른다.

제 3 장

뉴테러리즘의 시작,
ISIS의 탄생

09
문명의 충돌과
뉴테러리즘

현대사회의 테러를 '뉴테러리즘'이라고 부르기도 한다. 테러 앞에 붙은 뉴new라는 수식어에서 볼 수 있듯이, 뉴테러리즘은 기존의 테러와는 차이점이 있다. 전통적 테러는 권력, 정치적 목적, 정당성이라는 세 가지 요건이 요구되었다. 그러나 현대 국가에서 테러의 효용 가치는 떨어질 수밖에 없다. 법치주의를 통한 통제는 권력 간 분쟁을 최소화했고 정당한 정치적 주장이라면 얼마든지 의사표현이 가능하기 때문이다.

중동지역에서 시작된 극단주의 단체의 등장은 테러의 속성을 완전히 바꾸어 놓았다. 미국 등 서구 국가들을 향한 막연한 적개심이 테러의 주된 원인으로 작용했다. 여기에 종교적 원리주의가 결합되면서 정치·이념 등 테러의 구체적 목적이 사라지고 있다. 무고한 불특정 다수를 희생시킴으로써 국제사회에 충격과 공포를 주는 방법을 택하고 있다. 테러는 어떠한 정당성도 찾을 수 없는 잔인한 폭력 행위로 변질되고 있다. 2001년에 발생한 9·11 테러는 국제사회가 뉴테러리즘의 실체를 확인한 사건이었다. 앞서 검토한 비와 같이 PLO의 활동이 뉴테러리즘 탄생에 많은 아이디어를 제공한 것은 사실이다. 실제로 PLO의 테러 대상은 특정되지 않은 국제사회를 향했다. 또한 막대한 피해를 가져올 수 있는 폭탄 등을 무기를 사용했다는 점에서 뉴테러리즘과 상당한 유사성이 있다.

현대사회에 가장 큰 위협으로 등장한 뉴테러리즘이 단순히 PLO의 테러로부터 진화했다고 단정할 수만은 없다. 알카에다의 9·11 테러, ISIS의 파리 테러, 백인 우월주의자의 뉴질랜드 이슬람 사원 테러까지 최근의 굵직한 테러사건은 단일한 목적과 정형성을 갖고 있지 않다. 실제로 앞서 언급한 대표적 테러사건들의 주체는 모두 다르다. 또 9·11 테러는 항공기와 폭탄, 파리는 외로운 늑대들의 다양한 유형의 테러 공격, 그리고 뉴질랜드에서는 총기를 사용했다는 점에서 그 행위 유형에서도 차이가 있다.

결국 뉴테러리즘을 제대로 이해하기 위해서는 1960년대 이후 벌어진 정치·사회의 변화를 함께 살펴볼 필요가 있다. 테러는 권력과 밀접한 관계를 맺고 사회와 끊임없이 소통하며 그 속성이 변화했기 때문이다. 지난 제2장에서는 테러의 뿌리를 살펴보았다. 먼저 서구사회를 중심으로 테러의 속성을 검토한 후 이슬람 테러의 기원을 알아보았다. 지금부터는 서구 문명과 이슬람 문명의 충돌 과정에서 발생한 뉴테러리즘의 탄생 과정을 분열, 변화, 탄생을 중심으로 살펴본다.

분열

중동은 늘 분열되어 있었다. 분열의 원인은 다양하다. 첫째는 민족이다. 중동은 아랍 민족이라는 동일성을 갖고 있지만 아랍 민족은 다시 세분화하면 다양한 부족으로 구성되어 있다. 부족적 전통은 아랍 민족을 하나로 만들지 못하는 주된 요인으로 작용했다. 둘째는 중동의 지리적 특성이다. 중동의 대부분 지역은 사막으로 이루어져 있다. 보통의 삶을 영위할 수 있는 공간은 메소포타미아 지역의 비옥한 초승달 지대와 해안뿐이었다. 그 공간을 차지하기 위한 부족 간 다툼은 불가피했다. 셋째는 금전적 수단인 석유 자원의 분포이다. 중동 내 유전지대를 차지하는 것은 중동 패권을 장악하는 데 큰 영향을 미쳤다. 석유를 바탕으로 막대한 수입을 올릴 수 있었기 때문이다. 중동지역 내부에서는 유전지대를 차지하기 위한 끊임없는 다툼이 벌어졌다. 중동의 분열과 갈등은 그들 내부의 문제로부터 시작되었다.

다른 의미에서 중동의 분열은 외부로부터 기인한 것일 수도 있다. 실제로 오스만 제국의 통일 이후, 중동지역은 평화로운 상태를 유지하고 있었다. 부족의 전통과 관습을 존중하는 문화가 널리 퍼져 있었다. 이슬람 종교를 바탕으로 한 세속적 삶은 물질적 욕망을 최소화했다. 부족 간 문화적 이질성을 극복해 나가며 평화적 공존이 가능했다.

이러한 전통과 관습은 프랑스, 영국이 개입한 제1차 세계 대전 이후 급격하게 달라진다. 서구 강대국은 중동지역에 임의로 경계선을 긋고 자신들의 지배력을 강화했다. 때마침 불어닥친 민족주의 열풍은 부족 전통의 사회에 균열을 만들었다. 이슬람 부족들은 지마다 민족 중심의 나라를 꿈꾸었다. 중동 내 민족 간 대립과 갈등이 격화될 수밖에 없었다. 끊임없는 내전 속에서 아랍인의 삶은 피폐해져만 갔다. 아랍 민족주의자들은 중동의 비극이 서구의 부당한 개입 때문이라고 강하게 믿고 있다. 서방 세계와 중동 사이에 갈등의 골은 깊어지고 있었다.

한번 시작된 중동의 분열은 끝날 기미가 보이지 않았다. 영국, 프랑스의 제국주의 세력이 떠나간 자리를 미국과 소련이 대체했다. 제2차 세계 대전이 끝나면서 불어닥친 냉전의 열풍을 중동 역시 피할 수 없었다. 중동 내부에서도 민주주의와 공산주의가 격렬히 대립했다. 소련과 미국은 중동의 분열 상황을 적극적으로 활용했다. 리더십이 부재한 중동지역에 친미 혹은 친소 정권을 수립해 패권을 장악할 수 있다면 민주주의 혹은 공산주의를 확장할 수 있을 뿐만 아니라 석유라는 중요한 자원 확보가 가능했기 때문이다. 소련은 발 빠르게 움직였다. 아프가니스탄 쿠데타 세력을 지원하여, 1978년에 아프가니스탄에 친소 정권을 탄생시켰다.

아프가니스탄의 친소 정권은 소련의 지휘·감독을 받으며 사회주의 개혁을 단행했다. 개혁 과정에서 세속적 삶을 고수하던 무슬림에 대한 무자비한 탄압은 피할 수 없었다. 이슬람 종교지도자들은 소련의 폭력적 개혁 조치에 대응하기 위해 반군을 조직했다. 국제사회는 소련의 아프가니스탄 개입을 규탄하는 결의안을 통과시키며 반군 활동을 지지했다. 미국 또한 반군의 군사적 지원에 나섰다. 표면상 소련과 아프가니스탄 반군 사이의 전쟁이었지만 현실은 소련과 미국을 중심으로 한 진영의 대리전 성격을 띠었다.

1989년 2월, 아랍 민족 중심의 반군은 소련을 축출했고 기나긴 아프가니스탄 전쟁에서 승리를 맛보았다. 아랍 민족은 전쟁에서는 승리했지만 그렇게 원하던 이슬람 국가 건설에는 또다시 실패하고 만다. 아프가니스탄의 패권을 두고 시아파와 수니파 사이에 갈등이 벌어졌고 기득권을 차지하기 내부의 다툼이 격화되었기 때문이다. 전쟁 후에 그들에게 남은 건 전쟁으로 폐허가 된 자신들의 일상과 여전했던 민족·종교 다툼뿐이었다.

소련–아프가니스탄 전쟁을 계기로 미국은 석유 확보를 목표로 중동지역의 정치에 적극적으로 개입하기 시작했다. 몇 차례의 석유 파동oil shock을 거치면서 석유를 안정적으로 확보하는 것이 자국의 경제 발전에 중요한 일임을 인식했기 때문이다. 미국은 이란의 불안정한 정치 상황에 개입했다. 중앙정보국Central Intelligence Agency의 정보 활동을 통해 이란 내 군사 쿠데타를 조장하기도 했고, 친미 정권이라고 할 수 있는 팔레비 왕조Pahlevi Dynasty에 힘을 실어 주었다. 미국의 지원 아래 팔레비 왕조는 원유 수출로 부를 축적하고, 이란의 서구화를 목표로 백색 혁명White Revolution을 단행하기도 했다. 당시 이란은 미군을 주

1979년 이란 혁명과 종교적 지도자인 호메이니(위키피디아)

둔시키는 등 중동 내 대표적인 친미 국가로 발돋움하고 있었다.

그런데 아프가니스탄에서 소련의 사회주의 혁명이 실패했듯이 미국이 추진한 서구 근대화 역시 이슬람 원리주의자들의 삶과 충돌할 수밖에 없었다. 이슬람 종교지도자를 중심으로 불만이 고조되었고, 무엇보다 팔레비 왕조의 부패와 계속되는 경제 정책의 실패는 국민의 지지마저 이끌어 내지 못했다. 이란 국민은 친미 정권인 팔레비 왕조에 상당한 반발심을 갖게 되었다. 종교 지도자인 아야톨라 루홀라 호메이니Ayatollah Ruhollah Khomeini는 국민의 지지를 바탕으로 팔레비 왕조를 몰아내는 혁명에 성공했다. 중동지역에서 서구 강대국을 상대로 한 최초의 종교혁명이었다. 이후 1979년 테헤란에서 발생한 미국 대사관 인질 사건을 계기로 이란은 미국과 외교적 관계를 완전히 단절했다.

이란 혁명은 중동에서 성공한 종교혁명으로 평가받는다. 아랍 민족들이 꿈꾸던 이슬람 신정국가°라는 목표를 달성했기 때문이다. 이란 혁명은 다른 이슬람 국가에 많은 영감을 주고 있다. 실제로 이란 혁명 이후 중동 내에서 이슬람 신정국가와 정치단체들이 다수 등장한다. 여기서 주목할 점은 이란 혁명이 아랍 민족에게 남긴 메시지이다.

이란 혁명의 성공 배경은 종교지도자 중심의 내부적 결속 강화에 있다. 이란의 종교지도자들은 종교적인 무장과 더불어 척결하고 싸워야 할 대상을 명확히 설정하고 있었다. 바깥으로는 서구식 자본주의를 찬양하는 이들과의 싸움을 시작했고, 안으로 이슬람 원리주의에 반하는 내용을 실천하는 배교도를 단호하게 처단했다. 이슬람 율법 중심의 과감한 법 집행과 서구사회에 맞서는 담대한 용기는 혁명 국가의 정당성을 유지하는 비결이었다.

이란 혁명의 성공은 이슬람 극단주의자들이 등장하는 중요한 배경으로도 작용했다. 이슬람 국가를 꿈꾸는 많은 조직·단체들은 자신들의 내부 결속을 강화하기 위해 서구 주요 국가를 적으로 삼고 있다. 내부적으로도 자신의 정통성을 주장하기 위해 종교 분파 간 싸움을 계속하고 있다. 아이러니하게도 성공한 혁명의 결과는 또 다른 분열을 만드는 단초가 되고 있었다.

● 이슬람 교리를 충실히 따르는 종교국가로, 이슬람 원리가 국가통치의 기본원리가 된다. 종교지도자가 실질적으로 최고의 권력을 갖고 있으며, 행정부의 수장은 물론 국가 주요사항을 종교지도자들이 결정한다.

냉전은 끝났다. 정확히 이야기하면 냉전의 중요한 한 축이라고 할 수 있는 소련이 무너졌다. 미국은 유일무이한 초강대국으로 올라섰다. 냉전의 장막이 사라지자 국가 간 왕래가 자유로워졌다. 전 세계를 상대로 한 무역 활동이 활발해졌다. 흔히 이야기하는 '세계화 시대'가 본격적으로 도래한 것이다.

국가 입장에서 세계화는 기회이자 위기일 수 있다. 개발도상국 입장에서는 선진 제도나 시스템을 빠르게 접해 선진국으로 발돋움할 수 있는 기회였다. 다른 한편으로는 국가 리더십의 위기이기도 했다. 개별 국가의 국민 입장에서는 외국의 발달된 문화와 시스템을 경험할 수 있게 되었다. 이와 동시에 선진국과 자국의 처지를 비교하며 상대적 박탈감을 느낄 수도 있다. 이는 국가에 대한 신뢰 저하로 이어질 수 있는 문제이기도 했다.

세계화 시대가 도래했지만 중동지역의 분열과 갈등은 여전했다. 아프가니스탄 반군은 내전에서 승리를 거두었지만 정국은 여전히 불안했다. 군벌들이 중심이 된 쿠데타와 전쟁이 지속적으로 발생했다. 끝나지 않는 전쟁 속에서 **무자헤딘**Mujāhidīn*들은 지쳐만 갔다. 갈 곳 없는 그들에게 불어닥친 세계화의 바람은 무력감을 더해 주었을 것이다. 사우디 등 친-서방 아랍 국가들의 발전된 모습은 상대적 박탈감을 가중했다. 일종의 인지부조화가 발생했을 것이다. 심적 고통을 해소할 수 있는 유일한 수단은 확증편향*確證偏向이었다. 몰락한 귀족인 '돈키

호테'가 자신의 허황된 꿈을 뒷받침해 줄 유일한 텍스트인 편력기사 소설에 몰두했듯이, 무자헤딘들은 이슬람 원리주의에 깊숙이 빠져들었다. 자신들만의 이슬람 국가 건설이라는 비현실적 목표를 향한 정신 무장을 강조했다.

이란 혁명을 계기로 탄생한 종교적 극단주의 단체들 입장에서 세계화는 또 다른 기회이기도 했다. 이슬람 극단주의 단체 지도자들은 이슬람 원리주의를 바탕으로 미국과 당당히 맞서는 이란의 종교지도자 호메이니의 활동에 큰 감명을 받았다. 아랍 민족이 현재 겪고 있는 불안정한 삶과 무력감을 극복하기 위해서는 종교지도자 중심의 지배체계가 필요하다고 설파했다. 이슬람 극단주의 지도자들은 이슬람 공동체를 해하는 것을 엄단하고 종교적 원리주의를 강조할 수 있었다.

● 기존의 선입관을 뒷받침하는 근거만 수용하고 자기에게 유리한 정보만을 수집하는 태도를 말한다.

특히 시아파와 경쟁관계에 있는 수니파의 태도는 더욱더 단호했다. 이란보다 더 강력한 이슬람 원리주의를 바탕으로 한 수니파 중심의 이슬람 국가를 원했다. 아프가니스탄에서는 이슬람 극단주의를 표방한 탈레반Taliban이 1997년에 정권을 장악했다. 알카에다의 수장이었던 오사마 빈 라덴Osama bin Laden과 같은 극단주의 종교지도자들은 아랍인의 무력감을 정치적으로 이용했다. 민족이 겪고 있는 분열과 불행의 원인이 미국을 위시한 선진 문명에 있다고 선동했다. 종교지도자들은 서구 세력에 당당히 맞설 수 있는 이슬람 신정국가를 유토피아로 지칭하고 단체의 구성원에게 아랍 민족을 위한 맹목적인 희생을 강조했다. 종교적 극단주의로 무장한 테러단체들은 특별한 목적 없이 국제사회를 향한 테러를 계획하며 아랍 국가의 영향력을 드러내고 있다.

탄생

탄생은 거룩한 무언가의 태동처럼 들린다. 그러나 여기에서 탄생은 비극의 시작일 수 있다. 바로 현대사회이 테러, 뉴테러리즘의 탄생을 의미하기 때문이다. 뉴테러리즘의 본격적 시작은 9·11 테러사건이다. 9·11 테러는 TV와 인터넷을 통해 전 세계에 생중계되었으며, 이로 인해 전 세계인들은 그 사건의 생생한 목격자가 되었다. 독일의 철학자 위르겐 하버마스Jürgen Habermas는 9·11 테러를 '최초의 세계사적 사건'이라고 불렀다. 실시간 중계되는 9·11 테러의 모습을 통해 전 세계는 테러의 공포를 생생하게 경험할 수 있었다. 뉴테러리즘은 한마디로 정리하면 불특정 다수를 향한 정치·이념 등 구체적 목적이 없는 극단주의 테러였다.

　뉴테러리즘의 첫 번째 특징은 극단주의 단체가 주도한다는 점에 있다. 뉴테러리즘의 본격적 시작이라고 할 수 있는 9·11 테러는 알카에다와 같은 극단주의 단체가 기획한 테러였다. 2013년 이후 국제 테러를 주도한 세력 또한 ISIS와 같은 극단주의 세력이었다. 이후에도 백인 민족주의, 반유대주의 등 극단주의 이념을 가진 단체가 뉴테러리즘을 주도하고 있다. 민주주의가 정착한 이후, 미국 등 유럽사회에서 자취를 감췄던 극단주의 단체들이 뉴테러리즘을 통해 다시 등장하고 있다.

　극단주의는 이데올로기나 행동의 경향이 지나치게 한쪽으로 경도된 상태로, 사회 통념상 합법적인 절차에서 논의되기 어려운 이념이나 주장을 말한다. 특히 자신들의 극단적 주장을 맹목적으로 추종하고 이에 반대하는 집단을 향해 폭력을 감행하는 일은 현대사회에서 통용될 수 없다. 극단주의가 이끄는 폭력 행위는 민주적 시스템과 사법 절차로 충분히 예방할 수 있는 일이라고 여겨졌다. 하지만 중동의 사정은 달랐다. 중동의 극단주의 단체가 행하는 테러는 국제사회의 이목을 끌기에 적합했고 자신들의 영향력을 강화할 수 있는 수단이었다. 더군다나 9·11 테러의 성공은 민주사회에서 침묵하고 있던 다른 극단주의 단체에 직접적인 영향을 미쳤다. 다양한 이념을 가진 극단주의 단체가 테러를 통해 존재감을 과시하려는 전략을 택하고 있다.

9·11 테러에서 주목할 두 번째 특성은 테러에 정치·이념 등 구체적 목적이 보이지 않는다는 점이다. 알카에다가 미국을 테러의 대상으로 삼은 정확한 이유는 알려지지 않고 있다. 테러 이후에도 국제사회를 향한 특별한 요구 사항 또한 존재하지 않았다. 9·11 테러에 명확한 목적이 밝혀진 바가 없었기 때문에 미국 내에서 각종 음모론이 제기되기도 했다. 그러나 극단주의 단체들의 테러에는 처음부터 구체적 목적이 존재하지 않았을 가능성이 높다. 종교적으로 무장된 테러리스트에게 테러는 그 자체가 목적이다. 테러를 통하여 테러단체의 존재감을 과시하고 국제사회를 향한 공포감을 극대화하는 것만을 원하고 있었다.

특히 이란 혁명을 계기로 탄생한 종교적 극단주의 단체들은 종교적 신념을 과시하는 방법으로 테러를 적극적으로 활용하고 있다. 이슬람 율법 중심의 국가를 성립하는 데 미국 등 서구 세력에 대한 공격이 자신들의 행위의 정당성을 강화할 수 있는 수단임을 확인했기 때문이다. 아랍 민족들의 무력감을 이용한 종교지도자들의 선동 역시 구체적인 목적 없는 테러를 부추기는 또 하나의 동인이었다. 광신도들은 스스로의 죽음을 순교로 받아들이며 테러를 통하여 국제사회에 공포감을 안기고 단체의 존재감을 알리는 것에만 초점을 맞추고 있었다.

뉴테러리즘의 세 번째 특성은 불특정 다수를 겨냥한다는 것이다. 9·11 테러로 세계무역센터 건물에 있던 사람들과 소방관을 비롯해 수천 명이 사망했다. 불길을 피하려 세계무역센터 고층에서 뛰어내려 사망한 사람만 200여 명에 이른다. 테러로 인한 미국의 경제적 피해는 환산할 수 없을 정도로 막대했다. 뉴테러리즘 시대에 테러리스트들은 더 많은 희생자를 만들기 위해 대량살상 무기를 사용하는 데 주저함이 없었다. 테러의 도구로 폭탄 등 생화학 무기 등이 활용되기도 한다. 테러단체들의 유일한 목적은 더 많은 사상자를 만드는 것에만 있는 것처럼 보인다.

9·11 테러와 같은 뉴테러리즘은 과거의 테러와 전혀 다른 모습이다. 전통적 테러는 공격의 목표를 신중하게 선택했다. 테러를 수행하는 과정에서 의외의 희생자가 발생하는 것을 극도로 피했다. 상징적인 목표물이나 기간 시설을 공격하는 과정에서 무고한 피해자가 생기는 경우 테러단체가 주장하는 정치적 목적이 희석될 염려가 있을 뿐만 아니라 대중으로부터 소외될 수 있다고 판단했다. 하지만 종교적 극단주의자들이 중심이 된 9·11 테러에서는 정치적·이념적 내용 따위는 중요하지 않았다. 국제사회나 대중의 지지도 고려 대상이 아니었다. 오직 사회의 파괴 및 다수의 죽음에 중점을 둔 테러만을 계획하고 있었다.

뉴테러리즘이 테러의 대상을 무고한 시민으로 삼았던 가장 큰 이유는 테러단체가 갖고 있는 메시지의 극단성 때문이다. 9·11 테러를 주도했던 알카에다는 이슬람 외의 종교집단을 적으로 삼고 그들과의 싸움에 임해야 한다는 이슬람 원리주의를 신봉하고 있다. 이슬람교 내에서도 소수설로 평가받는 급진적 정파의 주장을 국제사회로부터 인정받기란 매우 어렵다. 더군다나 민주적인 시스템의 발달과 종교의 자유가 당연시되는 현대사회의 분위기를 감안할 때 종교적 극단주의자들의 주장이 대중의 공감을 얻는 일은 불가능에 가깝다.

종교적 극단주의자들은 테러의 정당성과 종교적 목적을 통해 대중의 지지를 받는 전략보다는 자신들의 극단적 이념을 극적이고 충격적인 방식으로 드러내는 것에 목적을 두었다. 지하철과 같은 주요 시설을 폭파하고 무고한 대중을 살상함으로써 공포를 조장하고 자신들의 힘을 전 세계에 과시하는 데 온 힘을 쏟았다. 미국 등 선진국을 향한 잔인한 폭력 행위는 중동지역 내에서 조직의 영향력을 강화하는 데도 효과적인 전략이었다.

뉴테러리즘 시대

양차 세계 대전 중 서구와 중동의 만남은 분열을 남겼다. 그 원인이 본래적인 것인지 아니면 서구에 의한 것인지에 대한 논란은 아직까지 남아 있다. 하지만 극단적 이념을 갖고 있는 일부 아랍인들은 그 원인을 서구의 탓으로만 돌리고 있다. 그리고 맞이한 세계화는 아랍인들의 상대적 박탈감을 가중했다. 선진화된 서구 문명과 비교하면 중동에서의 삶은 너무나도 비참했다. 매일같이 발생하는 내전과 전쟁의 위협에 그들의 목숨은 늘 위태로웠다. 종교적, 이념적 신념 없이는 현재의 불평등과 심리적 고통을 벗어날 길이 없었다. 끊임없는 극단화 과정 끝에 비이성적 행동이 나타나기 시작했다. 상대 국가에 대한 테러를 종교적 신념에 따른 합리적 선택이라고 착각한 채 자신의 죽음을 거룩한 희생이라고 믿게 되었다. 우리가 목도한 9·11 테러의 현실이다.

더 주목해야 할 점은 뉴테러리즘 이후의 상황이다. 바로 테러 같지도 않은 뉴테러리즘이 국내외 분열을 만들고 '진짜' 테러를 유발하는 하나의 동인으로 작용하고 있다는 사실이다. 9·11 테러 이후 전 세계적으로 종교적, 이념적 갈등의 골은 깊어지고 있다. 한 국가 안에서 극심한 이념적 대립이 발생한다. 극좌, 극우 집단의 등장은 정치적 공론장을 축소하고 있으며 합리적 토론은 점차 더 불가능해지고 있다. 실제로 9·11 테러 이후 이슬람 극단주의자뿐만 아니라 다양한 목적의 테러가 전염병처럼 늘고 있는 실정이다. 만약 이슬람 종교 극단주의자들의 목적이 사회의 분열에 있었다면 뉴테러리즘이 선택한 전략과 전술은 대성공이다.

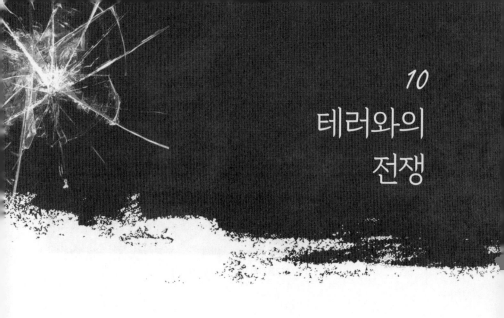

10
테러와의
전쟁

테러와 전쟁은 역사에서 악惡임이 틀림없다. 목적을 위해 인간을 수단으로 다루기 때문이다. 테러와 전쟁은 그 과정에서 수많은 인명 피해가 발생한다. 물론 전쟁에는 명분이 있다. 테러도 그 나름의 정당한 이유가 있을 것이다. 그러나 테러와 전쟁이 국제사회가 인정하는 정당한 수단이 될 수는 없었다. 인류에 미치는 해악의 정도가 매우 지대하기 때문이다.

역사 속에서 테러와 전쟁은 공생했다. 테러는 전쟁을 유발하는 주요 요인이었다. 세계 대전과 역사상 중요한 전쟁은 상대국을 향한 테러로부터 시작한 경우가 많았다. 전쟁이 끝난 후에 국가권력은 강해졌다. 국가는 강력한 권한을 바탕으로 국민을 억압했다. 로베스피에르 이후 공포 정치가 다시 등장하기도 했다. 국민은 부당한 국가권력

부시 대통령과 9·11 테러(픽사베이)

에 대항했다. 강력한 국가와 맞서 싸우기 위해 테러 전술을 적극 활용
하기도 했다. 테러와 전쟁은 역사 속에서 살아남기 위해 서로를 필요
로 했다. 그리고 그 잔인한 폭력의 역사 속에서 인간은 테러와 전쟁의
희생양이 되었다.

9·11 테러는 테러와 전쟁의 공존이라는 틀에 변화를 가한다. 미국
의 조지 W. 부시George W. Bush 대통령이 테러를 제거하기 위한 수단으
로 전쟁을 활용하면서부터이다. 바로 그 유명한 테러와의 전쟁War On
Terror이 시작되었다. 부시 대통령은 미국 입장에서 캡틴 아메리카
Captain America였다. 미국의 존엄과 자유를 지킨다는 명분 아래 스스로
슈퍼 히어로가 되기를 자처했다.

부시 대통령은 2001년 9월 20일 TV를 통한 대국민 연설에서 테러
와의 전쟁을 선포했다. 테러와의 전쟁은 상징하는 바가 크다. 문자 그
대로 이해하면 전쟁을 통해 테러를 척결하겠다는 의미였다. 최첨단

군사 장비가 동원되는 전쟁은 일단 개전하면 수십 명에서 수백만 명의 사상자를 유발한다. 인류가 입는 피해의 정도만을 고려했을 때, 테러는 전쟁에 비교할 바가 못된다. 9·11 테러로 부시 대통령이 테러와의 전쟁을 선포했다는 것은 테러를 인류의 생명을 위협하는 최대 악으로 지정한 것이나 다름없었다. 테러가 전쟁을 뛰어넘는 악으로 등장한 배경은 다음과 같다.

테러는 전쟁보다 훨씬 빈번하게 발생하고 있다. 양차 세계 대전 이후, 국제연합 등 국제기구의 당면 과제는 전쟁 없는 세상이었다. 유럽은 지긋지긋한 전쟁에서 벗어나기 위해서 통합 과정을 거쳤고 유럽연합을 탄생시켰다. 미국은 세계 경찰국가를 자처했다. 전쟁을 억제하기 위한 국제사회의 합의를 이끌어 왔다. 구체적으로 핵과 같은 위험한 무기의 확산을 막고 개별 국가의 군비경쟁을 억제했다. 여전히 불안정한 중동지역을 중심으로 국가 간 충돌은 종종 발생하기도 했지만 전쟁의 빈도는 상당히 줄어들었다.

이에 반해 테러는 근래까지 지속적으로 발생하고 있다. 9·11 테러에서 민간 비행기가 테러의 도구로 활용되었듯이 조악한 폭탄물 등도 테러의 수단으로 이용되기도 했다. 최근에는 차량을 이용한 테러도 발생하고 있다. 누구든 마음만 먹으면 손쉽게 테러를 실행할 수 있다. 세계화는 국내외 치안 환경을 악화하는 요인이었다. 문명 간의 충돌 혹은 문화적 이질성은 국내외 사회적 갈등을 만들고 있다. 국가 간 경계를 뛰어넘어 타국에서도 테러를 계획하는 단체나 집단이 점차 늘어나고 있다. 국가가 테러와 관련된 모든 위험을 통합적으로 관리하는 것은 여간 힘든 일이 아니었다.

무엇보다 테러가 전쟁보다 더 나쁘게 인식되기 시작한 것은 9·11 테러 이후, 새롭게 갖게 된 상징적 이미지 때문일 것이다. 전통적 테러는 정당성이라는 요건을 갖고 있었다. 로베스피에르의 공포 정치는 혁명의 완수를 목표로 했다. 국민국가 시절의 테러는 국민에서 소외된 이들의 정치적 의사표현 수단이기도 했다. 양차 세계 대전을 겪은 후, 테러는 정치적 공론장에서 다룰 수 없는 정치적 표현의 수단으로도 활용되었다. 테러는 폭력이라는 수단을 동반했기 때문에 사회적으로 허용될 수 없는 행위임이 분명했지만 테러단체 혹은 조직의 메시지는 한 번쯤 귀 기울일 필요가 있었다.

그렇지만 중동지역으로부터 시작된 테러는 정치적 목적이 불분명할 뿐 아니라 행위의 정당성도 인정하기 어렵다. 특히나 이슬람교 광신도들이 국제사회를 향해 벌이는 국제 테러는 아무런 정당성도 찾을 수 없다. 단지 국제사회를 향한 분노의 표출로밖에 이해되지 않는다. 더군다나 종교적 극단주의자들이 테러의 대상을 무고한 시민으로 삼았다는 점에서 비난 가능성이 더욱 크다. 우리 이웃들도 아무런 이유 없이 국제 테러의 희생양이 될 수 있기 때문이다.

2001년에 발생한 9·11 테러는 현대사회의 테러가 갖고 있는 악마적 속성을 전 세계에 보여 준 상징적인 사건이다. 첫째로 9·11 테러로 발생한 사상자의 수는 기록적이었다. 9·11 테러로 인한 사망자는

2,996명으로 알려졌다. 부상자는 6천여 명이 넘는다. 전쟁과 비슷한 수준의 사상자가 발생했다. 더욱 놀라운 사실은 그들 대부분이 비무장 민간인이었다. 둘째로 미국 자본주의 상징이라고 할 수 있는 뉴욕의 세계무역센터가 공격당했다는 사실도 주목할 필요가 있다. 9·11 테러는 미국 시간 기준으로 오전(8:46~10:28)에 발생했다. 인질 88명을 태운 비행기가 북쪽 세계무역센터와 충돌한 것이다. 그리고 전 세계 언론이 세계무역센터와 비행기의 충돌을 속보로 전달하던 도중 남쪽 세계무역센터와 비행기가 다시 충돌했다. 이 장면은 전 세계에 실시간으로 중계되었다.

프랑스의 철학가 장 보드리야르Jean Baudrillard는 "이미지는 사건을 소비한다"라고 말했다. CNN 등 보도 채널은 9·11 테러 장면을 반복적으로 노출했고 전 세계 사람들은 마치 영화 속에서나 볼 수 있는 사건이 현실에서 발생했다는 점에서 충격을 받았다. 한목소리로 테러 엄단을 요구했다. 그 전까지 국제사회는 테러를 하나의 언어로 규정하지 못하고 있었다면 9·11 테러의 충격적인 이미지는 테러의 실체를 전 세계에 알리는 계기가 되었다. 테러는 공포였고, 절대 악이었다. 국제사회는 한목소리로 테러라는 악마와의 싸움을 시작해야만 했다.

세계 경찰국가로서 자존심을 구긴 미국은 테러를 잔인하게 응징하고 싶었을 것이다. 전쟁은 인류가 고안한 가장 잔혹한 복수법이었다. 미국은 전쟁 행위를 억제하기 위해 국제사회와 합의했던 규칙을 하나둘 무시했다. 테러를 척결하기 위한 전쟁이라는 수단의 정당성만을 강조했다. 국제사회도 테러와의 전쟁에 참여하기를 원했다. 오사마 빈 라덴의 처단을 목표로 시작된 테러와의 전쟁은 알카에다 그리고 이를 비호하는 탈레반까지 전선을 점차 넓혀 갔다.

테러와의 전쟁에 대한 역사적 평가는 다를 수 있다. 일부에서는 테러와의 전쟁은 미국 시민뿐만 아니라 국제사회의 강력한 지지를 받은 불가피한 행동이었다고 주장한다. 하지만 테러와의 전쟁이 테러의 완전 척결에 목적이 있었다면 그 평가는 부정적일 수밖에 없다. 2020년 현재에도 테러는 사라지지 않고 있다. 오히려 테러와의 전쟁이 끝난 후, 국제사회를 향한 테러 건수는 꾸준히 증가하는 추세이다. 이슬람 극단주의자뿐만 아니라 극단적인 정치적·종교적 이념을 가진 테러리스트들도 등장하고 있다.

세계적 철학자인 위르겐 하버마스는 테러와의 전쟁으로 인하여 무의미한 폭력 행동인 테러가 그 정당성을 확보하는 계기가 되었다고 주장한다. 부시 대통령의 무모한 전쟁으로 말미암아 테러집단 혹은 이의 추종 세력들이 국제사회를 공격하도록 빌미를 제공했다는 이유였다. 그렇다면 부시 대통령이 야심 차게 계획한 테러와의 전쟁과 그 이후의 대테러 정책이 테러를 막지 못한 근본적인 이유는 무엇일까. 9·11 테러 이후 본격적으로 전개된 대테러 활동과 그 문제점을 살펴본다.

11

관타나모, 비극의 시작
- 테러와의 전쟁의 이면

미국은 테러와의 전쟁을 시작했다. 테러를 전쟁을 통해 제거할 수 있다는 판단이었다. 테러와의 전쟁은 통상적인 전쟁과는 차이가 있다. 전쟁에는 명확한 적이 존재한다. 하지만 테러는 적을 설정하는 데 애매한 경우가 많다. 더구나 이슬람 극단주의자들의 테러는 주도 세력이 누구인지를 판단하기가 더욱 힘들다. 예를 들어, 테러와의 전쟁으로 제거해야 할 대상이 이슬람 극단주의자라고 상정해 보자. 이슬람 극단주의자와 독실한 이슬람 신자의 구분 기준을 어디에 둘 것인가. 하물며 이슬람 극단주의자를 하나의 단체 또는 조직으로 규정한다는 것은 불가능한 일이다. 극단주의 노선 중에도 폭력 행위를 지양하는 단체가 있다. 조직 내에는 다양한 이념과 민족 구성을 가진 집단이 존재한다. 테러단체와 연관성은 있지만 지역적·민족적 특성에 따라 노선의 차이가 있을 수 있다. 무엇보다 그들은 중동이라는 광활한 지역에 거주하고 있다. 전쟁을 선언했지만 제거해야 할 대상을 명확히 파악하는 데 한계가 따를 수밖에 없었다.

그럼에도 불구하고 미국과 영국, 캐나다 등 동맹국들은 테러와의 전쟁을 시작한다. 애초 전쟁의 목적은 9·11 테러를 기획한 알카에다를 응징하는 것에 있었다. 그러나 중동지역에서 알카에다의 실체와 범위를 파악하기란 대단히 어려웠다. 알카에다는 광범위하게 분포하고 있었기 때문에 정확하게 조준하고 타격하는 것이 불가능했다. 미국 정부는 탈레반이 장악하고 있던 아프가니스탄을 공격 대상으로 삼는다. 탈레반은 무장 이슬람 정치단체이자 알카에다의 수장인 오사마 빈 라덴을 비호하고 있었기 때문이다. 그뿐만이 아니었다. 명확한 피아식별이 어려웠던 미국은 중동지역에서 알카에다와 연관이 있는 세력에 대한 공격을 개시했다. 알카에다에 대량살상 무기 등 군사적 지원을 한다고 의심받고 있는 이라크를 포함한 수니파 극단주의 단체 전부로 전선을 확대했다. 테러와의 전쟁은 처음 계획과는 달리 수니파 아랍 민족 전체를 테러집단으로 만드는 결과를 가져왔다.

전쟁이라는 표현은 무차별적인 공격을 가능하게 했다. 미국과 영국, 캐나다 등은 탈레반의 주요 군사 시설을 공격했다. 미국은 쿠바에 관타나모 수용소Guantanamo Bay detention camp를 설치해 전쟁포로를 붙잡아 두고 알카에다 관련 정보를 취득했다. 검거된 테러리스트들의 진술을 바탕으로 알카에다의 지휘부가 은신하고 있을 것으로 추정되는

지역에 대대적인 공습을 가했다. 탈레반과 알카에다는 아무런 저항을 하지 못했고 아프가니스탄을 장악하고 있던 탈레반은 개전 한 달 만에 백기를 들고 투항했다. 결과만 보면 싱거운 전쟁이었다.

테러와의 전쟁의 결과는 참혹했다. 국제연합 보고서에 따르면, 민간인 사망자 수는 테러집단 전투원 수를 압도했다. 한 달여간의 전쟁으로 아프가니스탄에서는 약 150만 명의 난민이 발생하기도 했다. 테러단체와 아무 관계없던 보통의 아랍 민족들은 미국의 폭력 행위에 분노했다. 미국을 포함한 동맹 국가들이 중동지역을 다시 분열시켰다고 비판했고 국제사회에 이슬람 혐오 현상을 부추기고 있다는 주장도 적지 않았다. 일부 극단주의 집단은 광활한 사막에 은신하면서 미국을 비롯한 국제사회를 향한 복수를 다짐했다. 테러와의 전쟁은 손쉽게 끝난 듯했지만 중동지역의 분열과 국제사회를 향한 갈등의 골은 더욱더 깊어지는 양상이었다.

관타나모의 딜레마

관타나모는 쿠바에 위치한 미 해군기지이다. 조지 W. 부시 대통령은 테러와의 전쟁에서 생포한 테러리스트나 테러위험인물을 수용하기 위해 관타나모에 수용소를 설치했다. 여기에서 한 가지 의문이 생긴다. 미국은 왜 자신들과 아무 관계도 없는 쿠바에 수용소를 설치했을까. 그 해답은 '테러와의 전쟁'이라는 표현에서 찾을 수 있다. 미국 입장에서 자신들의 아프가니스탄 침공은 전쟁이었다. 수사적 의미에서가 아

미국의 두 얼굴, 그리고 관타나모 수용소(픽사베이)

니라 진짜 전쟁을 의미했다. 전쟁은 국가비상사태로 전쟁 관련 지휘, 감독의 권한은 군에 있다. 쉽게 이야기하면 실정법보다 군법이 우선 적용될 수 있다. 결국 군이 용이하게 전쟁 상황을 통제하기 위해서는 특수한 장소가 필요했을 것이다. 미국 정부는 고심 끝에 쿠바에 위치한 관타나모 수용소를 활용하기로 했다. 해군 대령이 기지 사령관으로 상주하는 것을 비롯해 관타나모 수용소는 군이 테러리스트를 완전하게 통제할 수 있는 완벽한 여건을 갖추고 있었다.

문제는 전쟁이라는 상황의 해석에 있었다. 테러와의 전쟁이 진짜 '전쟁'을 의미한다면 테러리스트들은 전쟁포로의 지위로 다루어야 한다. 전쟁포로는 군법의 적용을 받으며 교전국은 「국제인도법」, 「제네바협약」 등 국제사회가 합의한 규칙과 법에 따라 전쟁포로를 처리해야 할 국제법적 의무가 있다. 일반적으로 전쟁포로 구금과 관련한 국제조약에는 「제3차 제네바 협약」과 고문 및 학대에 대해서는 「국제연합 고문방지협약」 등이 있다. 특히나 양 조약은 '무기를 버린 전투원 혹은 전투력을 상실한 자'에 대해 인도적 대우를 요구하고 있다. 흔히들 말하는 진술 강요를 위한 학대나 고문과 같은 불법적 수단은 금지된다.

전쟁 상황의 해석과 관련한 또 하나의 쟁점이 있다. 테러와의 전쟁에서 생포한 테러리스트 혹은 테러위험인물과 같은 테러 관련 혐의자를 전쟁포로로 다룰 수 있는지에 대한 문제였다. 테러와의 전쟁이 실질적 '전쟁'의 성격을 갖고 있다고 주장하는 미국의 논리에 따른다면 테러 관련 혐의자 역시 전쟁포로에 준하는 대우를 받아야만 했다. '딜레마 상황'이었다. 미국은 테러와의 전쟁을 통해 문제를 빠르게 해결하고 싶었다.

그러나 테러와의 전쟁이 진행될수록 테러의 실체에 접근하는 것이 쉽지 않은 일임을 깨닫기 시작했다. 네트워크처럼 이어진 테러조직을 완전히 해체하기 위해서는 전쟁 이후 철저한 상황 관리가 필요했다. 전쟁 과정에서 체포한 테러 관련 혐의자에 대한 심문을 통해 조직의 지도부를 공격할 필요가 있었다. 하지만 테러 관련 혐의자가 전쟁포로가 되는 순간 미국의 불법적 심문은 불가능해졌다. 국제법과 국제규칙에 따라 전쟁포로에게 인도적 대우를 해야만 했기 때문이다. 일종의 자가당착自家撞着에 빠진 셈이다.

미국의 법률가들은 새로운 방안을 고민했다. 테러와의 전쟁은 전쟁이라고 부를 수 있어야 했지만 전쟁 과정에서 포획한 테러 관련 혐의자들은 전쟁포로가 아니어야 했다. 그 결과 머리를 쥐어짜서 만든 개념이 불법적 전투원unlawful enemy combatant(이하 적 전투원)이었다. 다시 이야기하면 전쟁은 맞다. 하지만 미국의 교전국은 테러조직이다. 그것도 불법적 조직이었다. 테러와의 전쟁은 국가 대 국가의 전쟁이 아니며, 테러관련 혐의자들은 국가 간 협약에 의해 보호받는 전쟁포로가될 수 없다는 논리였다. 미국은 듣도 보도 못한 새로운 개념인 적 전투원 개념을 만들어 어려운 난제를 해결했다고 자평했다. 물론 미국법률가들의 '기적의 논리'는 향후 법원의 심판으로 무너지고 만다.

테러 관련 혐의자가 적 전투원으로 결정되는 순간 국제사회가 요구했던 '인도적인 조치'를 회피할 수 있었다. 이는 비인도적인 조치가 가능하다는 의미로도 해석되었다. 미국은 테러 관련 혐의자에 대한 무차별적인 고문과 학대, 장기간의 불법 구금을 통하여 진술을 강요했다. 전쟁이라는 비상 상황과 자의적인 법 논리를 통하여 인간은 비판의식 없이 또다시 비윤리적 행위를 저질렀다. 관타나모에서 테러 관련 혐의자에 대한 미국 군인들의 잔인한 행위를 바라보며 한나 아렌트 Hannah Arendt가 주장한 '악의 평범성'을 다시 한번 확인할 수 있었다.

미국의 강력한 대테러전은 서서히 효용성에 의문이 들기 시작했다. 테러와의 전쟁에서 주적이었던 알카에다의 세력은 급격히 약화되었지만 이를 대체할 테러집단들이 계속해서 생겨났기 때문이다. 그들은 더 강력했고 다양한 방법으로 국제사회를 향한 공격을 시도하고 있었다. 또한 테러와의 전쟁 이후, 미국의 비인도적 조치들이 전 세계에 하나둘 알려지자 국내외에서 반발의 목소리가 들리기 시작했다. 특히 미국 사법부의 관타나모 판결을 시작으로 국민과 국제사회의 큰 지지를 받았던 테러와의 전쟁이라는 단일대오 전선에도 서서히 균열이 생겨났다.

12

관타나모와 수감자들

- 테러 관련 혐의자에 대한 인권 논의

테러 관련 혐의자는 적 전투원이었고, 적 전투원은 장기 구금 및 고문 등이 가능했다. 해괴한 논리였지만 미국이 아닌 쿠바 영토에 설치된 관타나모 수용소에서는 가능한 이야기였다. 국제법, 관습법, 심지어 미국법까지 회피할 수 있는 장소가 관타나모 수용소였다. 그런데 이런 비상식적 결정에 문제가 제기된다. 바로 사법부의 판결을 통해서이다. 이번 장에서는 관타나모 수용소를 실질적으로 무력화했던 사법부의 결정적인 판결들을 이야기한다.

Rasul v. Bush 판결(2004)

관타나모 수용소에 수감된 사연은 다양했다. 테러리스트도 존재했지만 테러와 조금이라도 연관된 이들에 대해서도 강제 구금이 가능했다. 일단 관타나모 수용소에 수감되면 변호인을 포함한 외부와의 접촉이 완전히 차단되었다. 영국 국적의 라술Rasul은 미국의 아프가니스탄 전쟁 과정에서 체포되었다. 미국 수사 당국은 라술이 탈레반 지원 활동을 했다고 판단했지만, 라술은 자신의 혐의를 전면 부인했다. 자신은 탈레반에 납치된 것이며 체포 과정에서 소지하고 있던 무기 역시 탈레반으로부터 자신을 지키기 위한 것이라고 주장했다.

라술의 가족은 미국 컬럼비아 지구 연방지방법원에 인신보호 청원을 했다. 장기간 관타나모에 구금 중인 아들의 구속 여부를 다툴 수 있는 기회를 달라고 연방법원에 요청한 것이다. 연방법원은 "관타나모는 미국 영토 밖이지만 미국이 실질적으로 관할권을 행사하는 지역"이라는 판결을 내렸다. 관타나모에 수용된 적 전투원들 역시 「헌법」상 규정된 조항에 따라 인신보호 청원을 청구할 수 있는 권한을 가진다는 의미였다. 역외인 쿠바에 수용소를 설치하여 자국 법원의 관할권과 법률 적용을 배제하려 했던 미국의 첫 번째 책략은 법원의 판결을 통해 무너졌다.

Hamdi v. Rumsfeld 판결(2004)

함디Hamdi 역시 아프가니스탄 전쟁 중 체포되어 관타나모 수용소에 수감되어 있었다. 미국은 함디를 적 전투원으로 분류했다. 하지만 함디는 자신은 이슬람 종교인으로 탈레반의 구조 활동relife work에만 참여했을 뿐 탈레반과는 아무런 연관 관계가 없다고 주장했다.

함디는 군사위원회Military Commission Order의 결정을 통해 적 전투원으로 지정된 후, 관타나모 수용소로 이송돼 범죄 혐의 조사를 받았다. 조사 과정 중 함디가 이중 국적임이 밝혀졌다. 함디의 국적은 미국과 사우디아리비아였다. 함디는 미국 국적을 갖고 있었기 때문에 미국으로 옮겨져 자국 내 구금시설에서 다시 조사받았다. 함디의 아버지는 함디가 미국 내에서 장기 구금을 다툴 수 있도록 기회를 달라는 인신보호 청원을 연방법원에 신청했다.

법원은 먼저 미 행정부가 미국 시민권자를 적 전투원으로 지정한 것은 위법하지 않다고 판단했다. 적 전투원 지정은 국가 안보를 위해 불가피한 조치이자 미 정부의 정당한 권한 행사였기 때문이다. 다만 함디가 미국 시민이기 때문에 공정한 사법적 절차를 받을 권리가 있다고 판단했다. 법원은 함디는 적 전투원의 지위를 심사하는 군사위원회가 아닌 법원과 같은 중립적 기관을 통해 자신의 구금을 다투고 무죄를 주장할 수 있다는 사실을 확인해 주었다.

미국 법원은 라술 vs 부시 판결을 통해 관타나모에 수용된 자들에 대한 인신보호 청원을 사실상 인정했다. 적 전투원 지정은 정부의 정당한 권한이지만 미 행정부가 적 전투원을 다툴 수 있는 사법권 행사까지 침해한다면 이는 삼권분립을 위반하는 권한의 남용으로 판단했다. 실제로 함디는 법원 판결 이후 즉시 석방되어, 미국 시민권을 포기한다는 조건으로 그의 가족이 있는 사우디아라비아로 추방되었다.

Hamdan v. Rumsfeld 판결(2006)

함단Hamdan은 예멘 출신이다. 오사마 빈 라덴의 경호원이었던 그 역시, 다른 적 전투원들과 마찬가지로 미국의 아프가니스탄 침공 때 체포되었다. 함단은 2004년에 테러계획 혐의로 기소되었다. 부시 행정부는 그를 군사위원회 법원에 회부했다. 부시 대통령의 행정명령으로 창설된 군사위원회는 적 전투원 지정과 더불어 테러리스트 범죄를 심사하는 등 사실상 특별법원의 역할을 수행하고 있었다. 함단은 변호인을 구성하여 군사위원회의 위법성을 지적하고, 미국의 연방법원에 자신의 구금을 다툴 수 있는 인신보호 청원을 했다.

함단 vs 럼즈펠드 판결의 쟁점은 크게 두 가지이다. 첫째는 함단을 적 전투원으로 심판했던 군사위원회가 정당한지에 대한 문제였다. 둘째는 「구금자 처우법Detainee Treatment Act」의 소급 적용 여부이다. 미국 정부는 함단 vs 럼즈펠드 판결 이후, 「구금자 처우법」을 통과시켜 적 전투원의 지위를 다툴 수 있는 절차를 마련했다.

「구금자 처우법」은 명시적으로 관타나모에 수감된 수용자에 대해 고문 등 비인도적 조치를 금지하는 것을 주요 내용으로 삼고 있다. 이와 더불어 적 전투원 지위를 다툴 수 있는 전투원지위심사법원 CSRT: Combatant Status Review Tribunal●을 설치하도록 하는 내용을 포함하

● 「구금자 처우법」에 규정된 내용으로 적 전투원이 지정된 후 청문회를 통하여 적 전투원 지정에 대해 다툴 수 있는 절차.

고 있다. 미 행정부 입장에서는 함단 vs 럼즈펠드 판결 이후, 빈번하게 제기되는 인신보호 청원에 대비할 필요가 있었다. 또한 「구금자 처우법」을 소급 적용하여 인신보호 청원을 신청한 적 전투원들의 석방을 막을 필요도 있었다.

　법원은 먼저 군사위원회의 정당성을 인정하지 않았다. 첫째 절차적 문제였다. 군사위원회는 관타나모에서 적 전투원의 지위를 결정하는 등 특별법원의 역할을 수행하고 있었다. 미국 「헌법」에서 법원은 의회 입법을 통해서만 창설될 수 있다고 규정하고 있다. 실질적 법원 역할을 할 수 있는 군사위원회가 부시 대통령의 행정명령으로 창설되었기 때문에 절차적 정당성이 없다고 판단했다. 둘째로 군사위원회는 법관이 아닌 3인의 장교로 구성된 사실상 군사법원의 성격을 띠었다. 군사법원은 군법 위반만을 다룰 수 있다. 함단이 기소된 테러계획은 미국 국내법에 위반되는 사항으로 군사위원회가 미국 국내법 위반까지 다룰 수 있는 권한이 없다고 판단했다. 셋째로 연방대법원은 관타나모에 수용된 적 전투원은 전쟁포로에 준하는 지위를 갖고 있음을 확인했다. 군사위원회가 변호인의 조력 등을 금지하는 것은 구금자의 기본적 권리를 제한하며, 전쟁포로에 대한 공정한 재판을 규정한 「제3차 제네바 협약」(전쟁포로의 대우에 관한 제네바 협약)의 제3조*를 위반한다고 판시했다.

　또한 연방대법원은 이미 연방법원에 계류 중인 함단 사건에 대한 「구금자 처우법」의 소급 적용을 배제했다. 「제3차 제네바 협약」 제5조에 따르면 전쟁포로의 자격이 있는지 의심이 들 경우에는 재판을 체약국의 영토 내에서 발생하는 국제적 성격을 띠지 아니한 무력충돌의 경우에 있어서 당해 충돌의 각 당사국은 적어도 다음 규정의 적용을 받아야 한다.

1. 무기를 버린 전투원 및 질병, 부상, 억류, 기타의 사유로 전투력을 상실한 자를 포함하여 적대행위에 능동적으로 참가하지 아니하는 자는 모든 경우에 있어서 인종, 색, 종교 또는 신앙, 성별, 문벌이나 빈부 또는 기타의 유사한 기준에 근거한 불리한 차별 없이 인도적으로 대우하여야 한다. 이 목적을 위하여, 상기의 자에 대한 다음의 행위는 때와 장소를 불문하고 이를 금지한다.

   가. 성명 및 신체에 대한 폭행, 특히 모든 종류의 살인, 상해, 학대 및 고문

   나. 인질로 잡는 일

   다. 인간의 존엄성에 대한 침해, 특히 모욕적이고 치욕적인 대우

   라. 문명국인이 불가결하다고 인정하는 모든 법적 보장을 부여하는 정상적으로 구성된 법원의 사전 재판에 의하지 아니하는 판결의 언도 및 형의 집행

2. 부상자 및 병자는 수용하여 간호하여야 한다. 국제 적십자 위원회와 같은 공정한 인도적 단체는 그 용역을 충돌 당사국에 제공할 수 있다. 충돌 당사국은 특별한 협정에 의하여, 본 협약의 다른 규정의 전부 또는 일부를 실시하도록 더욱 노력하여야 한다. 전기의 규정의 적용은 충돌 당사국의 법적 지위에 영향을 미치지 아니한다.

받을 때까지 보호를 받을 자격이 있다고 규정하고 있다. 법원은 전투원지위심사법원 이전에 적 전투원 지위를 다툴 수 있었던 군사위원회의 역할을 사실상 부정했기 때문에 군사위원회가 함단에게 지정한 적 전투원 지위는 인정할 수 없다고 판단했다. 함단은 여전히 적 전투원의 지위를 다툴 수 있는 자격이 있었다. 따라서 연방법원의 재판을 통해 제기된 함단의 인신보호 청원은 이유가 있다고 판단했다.

결국 함단 vs 럼즈펠드 판결로 적 전투원을 지정할 수 있었던 군사위원회는 사실상 무력화되었다. 그리고 관타나모 수용소에 강제구금된 경우 이를 다툴 수 있는 실질적 권한이 법원에 있음을 다시 한번 확인했다.

Boumediene v. Bush 판결(2008)

미국은 관타나모 수용소에 집착했다. 네트워크 조직처럼 운영되는 테러단체를 색출하기 위해서는 체포된 테러 관련 혐의자에 대한 강제적 수단을 포기할 수 없었기 때문이다. 법원의 판결과 국제사회의 비난에도 불구하고 미국 의회와 행정부는 관타나모를 지키기 위한 새로운 입법을 추진한다. 「군사위원회법Military Commission Act of 2006」이다.

「군사위원회법」은 함단 vs 럼즈펠드 판결 결과를 충분히 반영했다. 먼저 의회 입법으로 법원을 창설했다. 새롭게 설치된 군사위원회는 군인이 아닌 재판관으로 구성되었다. 관타나모에 수용된 외국인 수감자들은 미국 국내법을 위반할 경우에도 군사위원회의 판단을 받을 수 있다고 법률에 규정했다. 무엇보다 테러범죄에서 군사위원회가 법원을 대신할 수 있었다. 외국 국적을 지닌 관타나모 수감자들의 법원에 대한 인신보호 청원을 무력화하는 결과를 가져왔다.

보스니아 국적의 보메디네Boumediene 외 6인의 관타나모 수감자들은 연방법원에 인신보호 청원을 했다. 제1심 법원과 항소법원은 법률로서 「군사위원회법」이 통과되었기 때문에 연방법원이 관타나모에 구금된 외국인들의 인신보호 청원을 심판할 권한이 없다고 판단했다. 그러나 연방대법원의 판단은 달랐다. 「군사위원회법」은 수감자의 신체의 자유를 실질적으로 박탈하는 법이기 때문에 위헌이라고 판단했다.

연방대법원은 새롭게 제정된 「군사위원회법」이 인신보호 제도가 갖고 있는 본래 목적을 달성하기 힘들게 만든다고 판단했다. 신체의 자유는 「헌법」이 보장하는 인간의 본질적 권리였다. 국가의 폭력으로부터 신체의 자유를 보호하기 위해 만든 「헌법」적 장치가 인신보호 제도였다. 미국 「헌법」 제1조 제9절 제2항에서 인신보호 영장에 관한 특권은 "반란 또는 침략의 경우에 공공의 안전상 요구되는 때를 제외하고는 이를 정지할 수 없다"라고 규정하고 있지만 현재의 테러 정세가 반란과 침략에 준하는 긴급한 상황이라고 볼 수는 없다고 판단했다.

무엇보다 관타나모에 수용된 외국인 수감자들은 장기간 구금된 자들이었다. 행정부와 의회가 입법으로 법원에 정당한 절차를 받지 못하게 만든다면 기본권 침해 정도가 매우 크다고 할 수 있었다. 또한 미국 정부가 대안으로 제시한 「구금자 처우법」의 전투원지위심사법원은 변호인의 조력권이 충분히 보장되지 않는 등 법원의 대체 절차로서 기본권 보호에 충실한 역할을 하지 못한다고 평가했다. 따라서 「군사위원회법」은 '위헌'이라고 결론을 내렸다. 보메디네 vs 부시 판결은 관타나모 수용소의 형해화形骸化를 이끌었다는 평가를 받고 있다. 오바마 정부는 대법원의 입장을 충분히 반영하여 「군사위원회법Military Commission Act of 2009」을 새롭게 제정하기도 했다.

사법부는 판결을 통해 국가의 공권력 행사에 법치주의와 인권보호의 중요성을 확인해 주었다. 판결 이후 9·11 테러로부터 지속되었던 미국의 강력한 대테러전은 서서히 그 효용성에 의문이 제기되기 시작했다. 국가는 신뢰도에 큰 상처를 입었다. 국민의 보호라는 명분이 있었지만 국가가 또 다른 폭력의 주체가 될 수 있음을 확인했다.

테러와의 전쟁 이후 지속되었던 미국의 대테러전이 쉽게 끝나지 않고 비인도적 조치가 전 세계에 알려지면서 미국 내외에서 반발의 목소리가 나타나기 시작했다. 무엇보다 '고문과 학대' 등 비인도적 조치가 반대 세력의 활동에 명분을 주는 결과를 가져왔다는 주장이 나오기도 했다. 관타나모 수용소에서 풀려난 이슬람 극단주의자들은 미국의 반인도적 조처를 폭로했다. 종교적 극단주의자들이 중심이 된 테러단체들은 국제 테러를 통해 아랍 민족의 결집을 촉구했다. 테러 행위가 일정 정도의 정당성을 획득하는 순간 그 행위의 확장 가능성은 높아질 수밖에 없었다.

주목해야 할 점이 하나 더 있다. 국가의 폭력은 테러 관련 혐의자만을 향한 것은 아니었다. 미국사회는 테러와의 전쟁을 이유로 국민의 기본권마저 제한하고 있었다. 다음에서 테러와의 전쟁 이후 폭력집단으로 변모한 국가의 모습과 시민사회의 반격을 살펴보자.

13
스노든과 국가의 위기
– 실패로 끝난 테러와의 전쟁

앨빈 토플러Alvin Toffler는 정보를 가진 자가 권력을 갖는다고 했다. 과학기술 혁명 시대에는 정보가 일종의 권력이 될 수 있다. 2009년 버락 오바마Barack Obama가 미국의 대통령으로 당선되고부터 관타나모 수용소의 역할은 대폭 축소되었다. 표면상 테러와의 전쟁과 전쟁 이후의 비상상황은 마무리 단계에 접어들고 있었다. 그러나 전쟁을 치르면서 비대해진 국가권력은 여전했다. 미국 등 주요 선진국 정보기관들의 테러 예방을 목적으로 한 국내외 정보수집은 계속되고 있었다. 국가권력은 정보를 합법적으로 취득함으로써 국민에 대한 지배력을 강화하고 있었다.

특히 미국 정보기관의 권한 강화는 주목할 만하다. 9·11 테러는 미국사회에 엄청난 충격을 주었다. 사건 발생 후, 미국 정부의 테러에 대한 강력한 응징은 국민 대다수의 지지를 받았다. 국민들은 테러 예방을 위한 국가기관의 강력한 정보수집 권능을 용인하는 법률에 찬성했다. 슬로베니아의 철학자 슬라보예 지젝Slavoj Žižek은 "자신을 감시에 맡긴 법에 환호하는 꼴"이라며 미국 시민의 결정을 비난하기도 했다. 국가권력의 욕망은 끝이 없었다. 지젝의 우려처럼 국가는 테러 관련 혐의자뿐만 아니라 테러와 무관한 자국 국민의 은밀한 정보까지 수집하고 있음이 밝혀졌다. 이 사실은 에드워드 스노든Edward Snowden의 폭로를 통해서 드러난다.

스노든은 국가안보국National Security Agency의 IT 전문가였다. 스노든은 기밀문서를 열람하던 중 프리즘 프로젝트Prism Project를 알게 되었다. 프리즘은 일종의 데이터 마이닝data mining•을 위한 도구였다. 국가안보국은 대테러 활동에 필요하다는 이유로 구글Google, 페이스북Facebook 등 인터넷 서비스 제공자들의 정보를 수집하여 활용했다.

정보기관에 의한 프리즘 프로젝트가 가능했던 이유는 국가 권한을 강화한 법률 덕분이었다. 그중 핵심은 「애국법USA Patrioat Act 2011」이다. 「애국법」은 대테러 활동에 대비하기 위해 정보기관의 권한을 강화하는 내용을 주요 골자로 한다. 「애국법」 내용 중 프리즘 프로젝트와 직접적 관련이 있는 조항은 제215조*이다. 흔히들 '도서관 조항'이

• 광산에서 광석을 캐내는 것에 비유한 것으로, 금광석에 극히 미량으로 포함된 금을 여러 단계를 거쳐 추출하듯이 수많은 데이터에서 가치 있는 유용한 정보를 찾아내는 활동.

라고 부르는 「애국법」 제215조는 테러 예방에 필요한 경우 정보기관이 국민의 유형적 정보tangible material를 무차별적으로 수집하는 것을 가능하게 했다. 특히나 「해외정보감시법Foreign Intelligence Surveillance Act 1978」 제702조를 개정하여, 테러 예방에 필요성이 있는 경우에 국외에서 영역 내 연결망페이스북, 버라이즌, 구글 등으로 교신하는 내용을 조사할 수 있게 했다. 정보기관은 「애국법」 제215조를 통하여 해외정보감시법원FISC: Foreign Intelligence Surveillance Court이 수집한 다양한 정보를 받아볼 수 있게 되었다.

스노든의 프리즘 프로젝트 폭로를 통해, 국가안보국과 미국 중앙정보국이 인터넷 서비스 제공자의 정보를 무차별 수집할 수 있음이 드러났다. 「해외정보감시법」은 그 명칭에서 알 수 있듯이 정보수집 대상을 외국인으로 한정하고 있다. 그러나 이미 세계화된 사회global society에서 이러한 구분은 무의미하다. 예를 들어, 미국인이 외국인 친구들과 이메일을 주고받거나 통화를 할 경우가 있을 것이다. 국가 정보 당국은 테러 예방에 필요하다는 임의적 판단 기준을 바탕으로 해외정보감시법원을 통해 미국 국민의 사적인 대화까지도 수집할 수 있었다.

스노든의 폭로와 미국사회의 반발

미국사회의 반발은 격렬했다. 시민사회를 중심으로 「애국법」 재개정 논의가 진행되었다. 미국 항소법원은 「애국법」 제215조를 통해 미국인들의 통화 기록을 대량 수집·보관하는 행위는 위헌이라는 판결을 내리기도 했다(2015. 5. 7.). 결국 「애국법」은 2015년 6월 1일, 기한만료를 앞두고 정보기관의 정보수집 권한을 제한하는 「자유법USA Freedom act 2015」으로 대체되었다. 「자유법」은 「해외정보감시법」을 통한 내국인에 대한 일체의 정보수집을 금지했다. 정보수집 역시 정보 서비스 제공업체에 정보를 요청할 경우에만 해당 목록을 확인할 수 있도록 제한했다.

스노든의 폭로를 통해 알려진 또 하나의 사실은 미국의 대테러 정책이 외국인에 대한 차별을 유발하고 있다는 점이었다. 「애국법」은 특별등록 제도Special Registaion를 통해 총 25개국의 16세 이상의 남성 비이민자들에게 지문과 구체적 개인정보를 받도록 의무화하고 있었다.

특별등록 제도를 통해 미국 정부는 1만 3천여 명의 외국인을 추방했다. 대부분은 아랍 민족이었다. 미국은 「애국법」을 통해 이슬람교를 믿는 아랍 민족을 잠재적 테러리스트로 규정·관리하고 있었다. 이뿐만 아니라 스노든은 미국의 정보 당국이 아시아 각국은 물론이고 심지어 브뤼셀의 유럽연합 본부와 미국 주재 38개국의 대사관까지 감청했다고 폭로했다. 국제사회는 미국의 과도한 대테러 정보수집 활동에 분노하기 시작했다.

「애국법」을 대신하여 「자유법」이 등장했지만 외국인에 대한 정보수집과 감시 활동은 오히려 강화되었다. 외국인에 대한 출입국 심사는 엄격해졌고 미국 국적 취득도 나날이 까다로워지고 있다. 그뿐만 아니라 대테러 활동을 이유로 외국인에 포괄적인 강제 수사도 가능해졌다. 외국인을 향한 공권력 행사는 갈수록 엄격해졌다. 국가 간 경계가 모호한 시대에 미국의 국가권력은 특정 종교와 국적을 가졌다는 이유로 외국인에 대한 차별 정책을 지속하고 있다. 외국인들의 불만이 고조될 수밖에 없었다.

거창하게 시작했던 미국의 테러와의 전쟁은 1년 만에 끝이 났다. 탈레반의 아프가니스탄, 사담 후세인의 이라크는 미국의 상대가 되지 못했다. 그러나 전쟁은 또다시 아랍 민족에게 분열과 짙은 상처를 남겼다. 미국은 전후 상황을 관리하지 못하고 우왕좌왕했다. 이에 더해 관타나모에서 벌어진 비인도적인 조치가 전 세계에 알려지면서 미국을 향한 중동지역의 반발은 거세져 갔다. 계속되는 국제 테러와 내전 속에서 전쟁은 끝이 났지만 종전을 선언하지는 못하는 아이러니한 상황이 벌어졌다.

미국이 테러와의 전쟁을 마무리하지 못하는 사이에 테러 예방을 위한 정보 당국의 무분별한 정보수집은 수십 년간 계속되고 있었다. 스노든에 의해 국가의 횡포가 밝혀졌고 국민의 반발을 불러왔다. 기본권을 보호해야 할 의무를 지닌 국가 스스로 국민의 기본권을 침해했음이 드러났다. 표현의 자유, 사생활 비밀의 자유, 적법절차의 원리 등 국민의 기본적 권리는 국가의 초법적인 권력 행사에 무력화되었다. 국민은 테러 예방이라는 이름으로 행해지는 국가의 권력 행사를 더 이상 신뢰하지 않았다.

다른 한편으로 스노든의 폭로는 국가권력의 실체를 확인할 수 있는 사건이었다. 국가는 민족 중심의 국민국가 논리에 머물러 있었다. 세계화 시대가 도래했지만 자국 국민과 외국인을 차별하고 있음이 밝혀졌다. 사회 내 만연한 차별과 혐오의 감정은 또 다른 분노를 낳는 요인이다. 종교적 극단주의자들이 중심이 된 뉴테러리즘의 주된 원인에는 아랍 민족이 갖고 있는 무력감과 분노, 그리고 이를 이용한 종교지도자의 선동이 있었다. 테러와의 전쟁, 연이은 강력한 대테러 정책에서 외국인들은 차별받았고 사회에서 소외되었다. 아랍 민족의 문화와 전통은 철저히 무시되었다. 미국 내 거주 외국인들 역시 미국의 차별 정책에 분노했다. ISIS를 중심으로 한 테러단체들은 외국인들이 사회에서 느끼는 무력감과 분노를 적극 활용했다. 온라인을 통한 선전·선동을 통해 이슬람 국가의 이상적인 모습을 보여 주었다. 이슬람 원리주의를 강조하면서 자신이 거주하고 있는 지역에서의 크고 작은 테러를 통해 복수에 나설 것을 주문했다. 사회로부터 소외된 이민자 혹은 외국인이 현대사회의 테러에 가장 큰 위협으로 등장하기 시작했다.

무엇보다 테러와의 전쟁, 그리고 테러 예방을 위한 무조건적인 공권력의 강화라는 수사가 더 이상 국민을 설득할 수 없는 시대가 도래했다. 테러는 척결해야 할 문제임이 분명했다. 그러나 테러와 싸우기 위한 전쟁이라는 수단은 또 다른 분열의 시작이자 테러를 유발하는 요인으로 작용하고 있었다. 또한 수년간 지속된 국가권력의 대국민 감시는 국민의 보호라는 명분이 약화되고 있다. 더군다나 외국인에 대한 차별적 권력 집행은 새로운 테러를 유발하는 단초로 작용하고 있다.

국제사회는 외부 환경의 변화 속에 다시 테러를 논의하기 시작했다. 테러가 상시적으로 발생하는 상황에서, 각국은 국가의 신뢰를 회복하고 테러를 예방할 수 있는 본질적인 방안을 고민하기 시작했다.

14

ISIS의 등장

- 새로운 적의 출현과 테러 양상의 변화

스노든의 폭로 이후, 국가 차원의 대테러전은 휴전에 들어갔다. 물론 시리아 등 테러 분쟁 지역에서는 질긴 싸움이 계속되고 있었지만 이라크, 아프가니스탄과 같은 대규모 전쟁은 자제하는 분위기였다. 전쟁의 명분도 약해졌을 뿐만 아니라 테러와의 전쟁이라는 방법이 테러를 척결하는 효율적인 수단이 아닐지 모른다는 강한 의심이 생겼기 때문이다. 테러와의 전쟁으로 테러집단은 사라졌지만 다른 차원의 테러는 지속적으로 발생하고 있는 상황이었다. 또한 테러와의 전쟁이라는 이유로 지속되는 국가비상사태도 더 이상 국민의 동의를 얻기 힘들었다.

국제사회는 테러를 척결하기 위한 새로운 전략을 고민해야 했다. 때마침 중동의 테러단체에도 변화의 바람이 불고 있었다. 알카에다를 대체할 새로운 테러단체가 하나둘 탄생했다. 그중 가장 대표적인 테러집단은 ISIS Islamic State of Iraq and Syria 혹은 IS Islamic State라고 불리는 이들이다. 그들의 탄생에 관한 이야기를 시작한다.

ISIS의 탄생

ISIS는 이라크 내 종파분쟁에서 시작되었다. 이라크에는 사담 후세인 Saddam Hussein이라는 독재자가 있었다. 부시와 미국 정부 입장에서 후세인은 골칫거리였다. 후세인은 반미 세력의 대표 주자였으며 부시 대통령 개인의 입장에서는 아버지인 조지 허버트 워커 부시George H. W. Bush와 걸프전쟁Gulf War을 벌이는 등 개인적 감정 또한 좋지 못했다. 미국과 부시는 후세인을 제거할 명분을 찾고 있었다. 때마침 이라크 망명자로부터 이라크가 대량살상 무기를 제작하고 있다는 제보가 이어졌다. 수니파 중심의 후세인 정권이 이슬람 극단주의자들과 친밀한 관계가 있다는 사실도 확인되었다. 미국과 영국, 캐나다 등의 동맹국들은 테러와의 전쟁 중이었다. 미국은 테러 세력과 은밀한 관계를 이어 간다고 의심되는 이라크를 공격하기로 결정한다.

강력한 군사력을 보유한 미국에 이라크는 전쟁의 상대가 되지 못했다. 아프가니스탄전과 마찬가지로 전쟁은 싱겁게 끝났다. 2003년 4월 미국과 이라크의 전쟁이 끝난 이후, 이라크는 더 큰 혼란에 빠져든다. 짧은 전쟁 과정에서 이라크 민간인의 피해는 극심했다. 전투원과 민간인에 대한 명확한 구분 없이 무차별 공격을 강행했던 미군을 향한 이라크 국민의 반발심은 커져만 갔다. 전쟁 이후, 이라크의 상황을 안정적으로 관리하려던 미국의 계획 역시 물거품이 되었다. 원흉元兇이라고 할 수 있던 후세인을 제거했지만 이라크의 정치, 경제 상황은 전혀 나아지지 않았다. 미국의 지원 아래 친미 세력이 집권했지만 수니파, 시아파 그리고 쿠르드족 등 다양한 민족으로 구성된 이라크를 하나로 통합하는 데에는 실패했다. 오히려 후세인이라는 강력한 리더십을 가진 독재자가 사라진 후 이라크 정부를 향한 내전과 테러가 끊이지 않고 발생했다.

개미지옥과 같이 끝나지 않는 민족전쟁의 소용돌이 속에서 전후 상황을 관리하던 미군은 지쳐 갔다. 미군의 피해와 재정을 고려했을 때 미국은 더 이상 이라크에 남아 있을 수 없었다. 2012년 12월, 오바마 대통령은 이라크에서 미군의 철군을 결정한다. 갈등의 불씨를 남겨 둔 채 떠나는 미국의 무책임한 결정에 중동지역은 더 큰 혼란에 빠진다.

수많은 이라크 반군 중에 눈에 띄는 집단 하나가 있었다. 후세인의 잔당을 규합하여 만든 이라크 알카에다Al-Qaeda in Iraq(이하 AQI)로 알카에다의 이라크 지부 역할을 담당하고 있었다. AQI는 미군이 철수하고 이라크 내 치안이 약해진 틈을 타 이라크 이슬람 국가Islamic State of Iraq(이하 ISI)로 이름을 변경한다. ISI는 친미 정권이자 시아파와 쿠르드족 중심의 누리 알 말리키Nouri al Maliki 정권에 대한 반정부 활동에 적극 나서면서 존재감을 드러냈다.

ISI가 이라크 내에서 영향력을 확장하고 있을 무렵, 2011년 4월 시리아에서 내전이 발생한다. 2011년 아랍의 봄 이후 시리아의 독재자인 바샤르 알아사드Bashar al-Assad의 퇴진 운동이 거세게 일어나자, 시리아 정부군은 시민들의 민주적 시위를 잔인하게 짓밟았다. 일부 시민과 이슬람 극단주의자들은 함께 반군을 조직하여 정부군과 치열한 전투에 나섰다. 시리아 내 이슬람 극단주의 반군 중 대표적인 단체는 자브하트 알누스라Jabhat al-Nusra로 알카에다의 시리아 지부였다. 이라크 내에서만 활동하고 있던 ISI는 활동 영역을 중동 전체로 넓혔다. 알누스라와 ISI는 알카에다의 지부라는 연관성이 있을 뿐만 아니라 시아파 정부군에 맞선다는 점에서 공통점이 있었다. ISI는 알누스라가 주도하던 시리아 내전에 참여하면서 자신의 영향력을 조금씩 높여 간다.

알카에다와 그들의 이라크 지부에서 출발한 ISI는 이슬람 신정국가 건설이라는 공통 목표를 갖고 있었다. 하지만 ISI는 성장을 거듭하면서 알카에다와는 다른 방식의 발전 방향을 선택한다. 알카에다는 이슬람 종교 내의 이교도와 서구 중심의 가치관을 척결한 후, 수니파 중심의 국가 건설에 목표를 두고 활동하고 있었다. ISI는 알카에다와 달리 영토 전쟁을 통해 이슬람 신정국가를 건설한 후 이교도를 타도하는 전략을 세웠다. ISI는 시리아, 이라크 등 분쟁 지역에 적극 참전하여 해당 지역의 영토를 차지했다. ISI 입장에서는 전쟁 승리를 통해 이슬람 신정국가라는 구체적 결과물을 즉각적으로 얻을 수 있다는 점에서 보다 현실적이고 즉각적인 방법이었다.

2013년 4월, ISI는 일방적으로 알카에다 계열의 알누스라와의 합병을 결정하고 ISIS로 개칭한다. 이후 ISIS는 이라크에서 경제적 수도라고 할 수 있는 모술Mosul을 차지했고 시리아에서는 락까Raqqa를 중심으로 이슬람 국가 건설에 나섰다. ISIS는 수차례 전투에서 승리하면서 2014년 후반에는 시리아 면적의 절반과 이라크 영토의 3분의 1을 차지하기도 했다. 눈에 띄는 성과 때문인지 ISIS에 충성을 맹세하는 이슬람 극단주의자들이 점차 증가했다. 알카에다 세력 중에 ISIS에 충성을 맹세하는 이들도 있었다. 영토 확장을 통한 이슬람 국가 건설이라는 ISIS의 구체적 목표가 큰 성공을 거둔 셈이다. ISIS는 알카에다를 대신하여 이슬람 테러단체의 우두머리로 자리 잡는다.

ISIS의 전략 및 전술

ISIS는 뉴테러리즘의 양상을 다시금 변화시켰다. 9·11 테러에서 우리가 목도한 테러는 '종교적 극단주의자들의 명분 없는 폭력 행위'였다. 공격은 대규모로 이루어졌다. 전문적으로 훈련받은 테러리스트들이기에 가능한 공격이었다. 그런데 미국이 이끈 테러와의 전쟁은 대규모 테러를 계획할 수 있는 조직의 세를 약화했다. 테러단체의 주요 거점은 파괴되었고 수많은 단체가 풀뿌리 조직으로 흩어졌다. 중동 사막 지역에 삼삼오오 모여 상대 진영을 향해 게릴라 공격을 강행했지만 최첨단 무기로 무장한 연합군의 반격에 속절없이 무너질 수밖에 없었다. 테러단체의 대표 세력으로 주목받고 있던 ISIS는 국제 테러를 지속하기 위해 새로운 전략을 모색해야만 했다.

ISIS의 첫 번째 전략은 메시아Messias 전략이었다. 메시아는 유대교·

기독교·이슬람교 등에서 쓰이는 종교 용어로, 흔히 구원자 또는 해방자라는 의미를 갖고 있다. ISIS는 아랍 내 가장 큰 종파를 차지하는 수니파의 맹주를 자처하며 중동 내 구원자로 나섰다. 시리아의 독재자 알아사드 정부군에 맞서는 반군 활동에 참가했고, 정부를 향한 민중의 불만을 적극 활용했다. 정부군과의 싸움에서 수차례 승리하며 민중의 강력한 지지를 얻기도 했다. ISIS의 메시아 전략은 효과적이었다. ISIS는 시리아와 이라크의 주요 거점을 차지하면서 영향력을 키워갔다. 유전지대를 점령하고 석유를 판매했고 인질·마약·문화재 밀거래 등 범죄를 통해 상당한 금전을 확보하기도 했다. 세계 각지에 흩어진 아랍인에게 이슬람 국가의 이상적인 모습을 선전했고 온라인을 통해 외국인 테러 전투원을 모집하기도 했다. ISIS의 메시아 전략으로 시리아 내에 유입된 외국인 테러 전투원의 규모만 5만여 명에 이르기도 했다.

ISIS의 두 번째 전략은 테러의 일상화이다. ISIS는 9·11 테러 이후 높아진 국제사회의 견제와 감시를 피하기 위하여 조금 더 은밀해져야만 했다. 먼저, 대량 폭탄과 총기 등 눈에 띄는 수단을 포기했다. 대신 일상에서 구할 수 있는 무기를 적극 활용했다. 이를테면 자동차, 칼 등도 테러의 도구가 될 수 있다고 판단했고 인명 피해가 크지 않을 폭발물과 기폭장치 등을 활용했다. 이른바 Low-Tech 테러다. 또한 ISIS는 기존 테러단체처럼 훈련과 교육을 통해 테러리스트를 양성하지 않았다. 온라인을 통한 선전·선동만으로 국제사회를 향한 일상화된 테러를 일으킬 수 있다고 판단했다.

세 번째 ISIS의 테러가 보여 준 전략은 현지화였다. 9·11 테러 이후, 테러위험인물의 국가 간 이동은 쉽지 않았다. 아랍권에서 넘어오는 외국인들은 출입국 심사 과정에서 강력한 규제와 통제를 받았다. 이에 ISIS는 유럽사회에 정착한 이민자들과의 접촉을 시도했다. 외국에 거주하는 이민자들과의 물리적인 접촉은 쉬운 일이 아니었기 때문에 극단적 이념을 전파할 도구로 네트워크를 적극 활용했다. 테러리스트 입장에서 네트워크 사회는 자신들의 물리적 한계를 극복하게 만들어 준 위대한 발명품이었다. ISIS는 트위터, 페이스북을 통해 메시지를 전파했다. 메시지를 본 사람들의 대부분이 그들의 메시지를 무시했을 것이다. 그러나 단 한 명이라도 ISIS의 메시지에 반응한다면, 그는 국가를 위협하는 테러리스트가 될 가능성이 있었다.

ISIS로 인해 테러 양상은 변화했다. 테러는 은밀해졌으며 실체에 접근하기 힘들어졌다. 무엇보다 테러리스트들은 우리 삶의 영역 안으로 침투했다. 테러리스트의 메시지에 반응하는 누군가가 있다면 그들은 손쉽게 테러를 저지를 수 있었다. 국가 입장에서는 테러를 방어하는 일이 더욱 어려워졌다. 결국 변화하는 테러를 방지하기 위해서는 테러 타깃에 대한 정밀한 공격보다는 테러 행위에 대한 상시적인 예방 시스템 구축이 중요한 일로 부각되고 있다.

📖 IS는 어떻게 불러야 하나?

IS를 지칭하는 용어로는 ISI(Islamic State of Iraq), ISIL(Islamic State of Iraq and the Levant), ISIS(Islamic State of Iraq and Syria), IS(Islamic State)가 있다.

ISI는 IS의 초기 이름으로 이라크 이슬람 국가의 의미를 담고 있다. 2013년 4월, 시리아 내전에 참여한 이후 ISIL로 개명했다. L은 레반트(르방)를 의미한다. 레반트는 해 뜨는 곳으로 시리아 지역을 말한다. ISIL과 ISIS는 사실상 같은 의미이다. 이후 2014년 6월, 아부 바크르 알바그다디가 최고 지도자로 등극하며 지역명을 빼고 IS Islamic State(이슬람 국가)를 선언했다.

한국 언론에서는 IS라는 용어를 많이 사용한다. 그러나 IS라는 용어의 사용은 우리 스스로 IS의 국가선언을 인정하는 것 같은 뉘앙스를 풍길 수 있다. 외신은 한국 언론과 다르게 ISIL과 ISIS를 주로 사용한다. 학계에서는 ISIL보다 ISIS가 좀 더 정확한 표현이라고 지적하기도 한다. 레반트 지역은 시리아 외 레바논 등 폭넓은 지역을 지칭하고 해 뜨는 곳이라는 레반트의 의미가 아랍 민족에 긍정적인 이미지를 줄 수 있기 때문이다. 이 책에서는 IS 혹은 ISIL이라는 표현 대신 ISIS로 통일해서 사용한다.

제 4 장

테러의 시대

15

9·11 테러부터 최근 테러사건까지
- 현대 테러의 참극

9·11 테러 이후, 테러의 양상은 다양해져 특정한 정형성을 찾기 힘들다. 극단적인 정치적, 종교적 그리고 이념적 신념을 보여 주기 위해 더욱더 악랄해져 갔다. 일종의 악의 진화라고 할 수 있다.

먼저 현대사회 테러의 모태라고 할 수 있는 중동지역을 살펴보자. 9·11 테러 이후, 시아파와 수니파 사이의 종교적 갈등은 물론 국가 간 갈등도 심화되는 양상이었다. 아프가니스탄, 이라크 등 미국 주도의 전쟁이 마무리되어 갈 즈음 중동지역은 친-서방지역과 반-서방지역으로 나뉘었다. 사우디아라비아, 카타르, 이라크, 이스라엘 등이 친-서방 국가였다면 시리아, 이란 등은 반-서방 국가였다. 이들 국가는 서로를 비난했다.

2011년에 시작된 민주주의 열풍은 중동국가 내부의 분열을 촉진한

테러를 프로파일링하다

또 하나의 사건이었다. 서구 언론은 아랍 민족들의 민주주의 혁명을 아랍의 봄*이라고 부르며 긍정적 변화를 기대했다. 튀니지의 재스민 혁명Jasmin Revolution, 이집트의 코샤리 혁명Koshary Revolution 등이 성공을 거두며 민주적 정권 교체가 이루어졌다. 미국의 골칫거리이자 독재의 상징 리비아의 무아마르 카다피Muammar Gaddafi가 축출되는 결과를 가져오기도 했다.

> 📖 **아랍의 봄**
>
> 2010년 중동과 북아프리카에서 시작된 반정부 시위를 말한다. 집권세력의 부패와 청년실업 등 청년층의 분노가 시민들의 봉기로 이어졌다. 아랍권의 민주화 운동이라는 평가를 받고 있다.

그러나 중동지역에 거세게 불어닥친 민주화의 바람은 의도하지 않았던 부작용을 낳기도 했다. 사실 민주주의는 중동지역의 전통적 정서와 어긋나는 측면이 있다. 중동지역은 강력한 리더십을 가진 종교 혹은 부족집단이 타 종족이나 집단을 통제·관리하는 시스템에 익숙했다. 실제로 중동의 중심국가라고 할 수 있는 이란, 사우디아라비아는 강력한 독재자 중심의 통치 방식을 유지하고 있다. 또한 그들에게 종교와 정치는 분리할 수 없는 영역이다. 선거를 통해 지배권력을 교체하는 민주주의 선거 방식은 그들에게 맞지 않는 옷일지도 모른다.

아랍의 봄 이후 발생한 시민 봉기로 리비아의 무아마르 카다피, 이집트의 호스니 무바라크Hosni Mubarak, 튀니지의 벤 알리Ben Ali 등 강력한 독재자들은 하나둘 무너졌다. 하지만 혁명 이후, 중동 시민들은 혁명을 완성할 수 있는 리더십은 갖지 못했다. 일종의 통치권력의 공백 상태가 발생한 것이다. 혼란을 틈타 군부의 지지를 받는 또 다른 강력한 독재자가 등장하기도 했다. 서구 세력에 도움을 받아 정권을 차지한 국가는 이내 알카에다와 같은 이슬람 극단주의자들의 공격에 직면했다. 시민의 힘으로 이룩한 중동의 민주주의 혁명으로 오히려 민족 간 분열과 갈등의 골은 깊어져 가는 양상이었다. 빈번하게 내전이 발생하였고 과도정부를 향한 반대 세력의 테러 공격이 계속되었다.

테러와의 전쟁 그리고 아랍의 봄을 거치면서 중동지역은 내전과 테러의 장으로 변해 갔다. 어니스트 헤밍웨이Ernest Hemingway는 그의 소설 《무기여 잘 있거라Farewell to Arms!》에서 전쟁으로 비극적 상황을 맞이한 주인공 프레드릭 헨리의 삶이 종전 이후에도 크게 달라지지 않았다는 사실을 묘사함으로써 전쟁이 가진 냉혹함을 설명한다. 중동지역도 그의 소설 속 이야기와 크게 다르지 않았다. 테러와의 전쟁은 끝났지만 중동 사람들의 삶은 여전히 비참하고 고달팠다.

무엇보다 끊이지 않고 발생하는 내전 속에서 주변의 소중한 사람들을 하나둘 잃어 갈 수밖에 없었다. 상대 진영을 향한 증오의 감정이 커져만 갔다. 헤밍웨이는 같은 소설에서 전쟁 중 생겨나는 극단의 분노에 대해서 말한다. 분노의 감정은 흐를 수밖에 없으며 적을 향한 증오의 감정은 종국에는 아군과 대한 의심과 자신에 대한 공격으로 이어질 수밖에 없다고 지적한다. 소설 속 이야기처럼 테러와의 전쟁 이후 중동 내 만연했던 서구 집단을 향한 분노는 중동 내부로 옮아가고 있었다. 그리고 맞이한 2014년 ISIS의 국가선언은 중동의 내부 갈등이 최고 정점에 이르렀음을 보여주는 상징적 사건이었다. 대테러센터의 일일 테러보고서에 따르면, 중동지역에서는 서로를 향한 테러가 하루에도 수차례 발생한다. 중동은 내전과 테러의 장으로 변해 가고 있다.

국제 테러의 전개 과정

미국과 유럽을 중심으로 발생한 국제 테러의 전개 과정도 살펴보자. 9·11 테러 이후, 미국과 유럽 국가들은 대테러 활동을 강화하고 테러를 예방하기 위한 국제 공조에 노력해 왔다. 테러와의 전쟁으로 국제 테러의 구심점이라고 할 수 있던 알카에다 세력은 사실상 와해되었다. 미국과 유럽 내에서는 테러단체가 주도면밀하게 계획했던 대형 테러의 모습은 사라졌다. 다만 유럽 내에서는 크고 작은 테러가 끊임없이 발생했다. 이미 유럽사회에 정착한 아랍인을 비롯한 이들을 중심으로 테러와의 전쟁 이후 만연한 무슬림에 대한 차별과 혐오에 대응하기 위해 테러를 적극 활용했다.

2014년 4월 ISIS가 시리아와 이라크 등에서 국가를 선언한 이후, 국제 테러의 양상은 조금씩 변화했다. 석유를 통한 자본력과 리더십을 갖춘 ISIS는 기존의 테러단체와는 달랐다. 좋게 이야기하면 영리했다고 할 수 있다. ISIS는 IT 전문가를 기용했고 소셜 네트워크social network service를 통한 온라인 선전·선동 전략에 적극 나섰다. 이슬람 원리주의와 이슬람 국가에 대한 이상적인 모습을 다양한 언어로 전달하며 세계 각국의 사람들과 소통을 시도했다. ISIS의 선전·선동은 이슬람교를 믿는 이민자에만 한정되지 않았다는 특징이 있다. 양극화를 비롯해 유럽사회의 고질적 문제에 좌절할 수밖에 없는 청년, 주류사회로부터 경제적 혹은 사회적으로 차별받았던 이들 역시 포섭 대상이 되었다. ISIS의 선동 전략은 효과적이었다. ISIS의 등장 이후, 미국과 유럽 등지에서 발생한 테러 건수는 급격하게 증가했다. 2015년 11월 파리 테러를 계기로 ISIS는 알카에다를 대신할 국제 테러단체로 이름을 알린다.

또한 9·11 테러 이후, 국제 테러는 테러 주체가 다양화되었다. 국제사회는 통상 테러 주체를 알카에다, ISIS와 같은 이슬람 극단주의자들로만 판단했다. 테러를 「형법」으로 처벌하기 위해서는 범죄 혐의자가 이슬람교 신자인 경우에만 테러 혐의를 적용하는 경향도 있었다. 하지만 유럽과 미국에서 다양한 이념을 가진 테러집단이 속속 등장하면서 테러의 범위가 넓어지는 추세가 확인된다. 특히나 반-이슬람, 백인 우월주의 등 극우주의 이념을 가진 테러가 이슬람 극단주의 테러 못지않게 발생하고 있다. 마치 폭력의 사회적 전이와도 같았다. 이슬람 극단주의자로부터 시작된 테러라는 폭력은 다시 반-이슬람, 반-이민 등 극우주의 폭력을 유발하는 동인으로 작용하고 있다. 국가 입장에서는 대테러 활동 중 대응해야 할 범위가 점차 넓어지고 있다.

지난 20년간 미국 등 유럽을 겨냥한 국제 테러는 끊이지 않고 있다. 초기에는 미국의 테러와의 전쟁을 비난하며 이에 동조했던 국가의 정책에 반대하는 테러스페인 마드리드, 영국 지하철, 미국 포트후드 테러가 발생했다. 알카에다와 연계된 이민자들이 테러리스트로 등장했다. 2013년 이후에는 ISIS가 주도하는 대형 테러프랑스 파리, 스리랑카 테러와 외로운 늑대형 테러미국 보스턴, 프랑스 니스, 영국가 빈번하게 발생했다. ISIS는 유럽 내에서 포섭한 테러 전투원을 통해 테러를 계획했다. 또한 9·11 테러 이후, 유럽 내 만연한 이슬람 혐오 현상이 백색테러노르웨이, 뉴질랜드 테러의 원인이 될 수 있다는 점을 확인할 수 있었다. 백인 우월주의자와 같은 우익 극단주의 세력이 테러리스트의 주요한 축으로 등장하기도 했다. 이제 주요 테러사건을 분석하여 테러의 원인과 테러리스트의 구체적 특징을 살펴보자.

2004년 스페인 마드리드 열차 폭탄테러

스페인 총선을 앞둔 2004년 3월 11일 오전 7시 30분경, 마드리드 남부 아토차역에 정차되어 있던 4대의 교외선 통근열차에서 폭발물 10개가 연쇄적으로 폭발했다. 이 폭발로 193명이 사망하고 2천 명이 넘는 부상자가 발생했다. 스페인 당국은 국제 테러집단에 의한 테러가 아닌 스페인에 거주하는 시민들에 의해 발생한 자생적 테러라고 결론 내렸다.

마드리드 테러의 원인은 스페인이 미국의 이라크 침공을 지원하고 아프가니스탄에도 군대를 파병했기 때문으로 알려졌다. 주범인 자말 주감Jamal Zougam은 모로코인으로 알카에다 조직원으로 훈련받은 사실이 있었다. 그러나 테러를 실행하는 데 알카에다의 직접적 지시를 받은 사실은 없다고 진술했다. 유럽 내에서 테러단체와 연관된 자생적 테러가 발생했다는 점에서 국제사회는 큰 충격을 받았다. 스페인 마드리드 열차 폭탄테러 이후, 스페인에서는 미국의 이라크 전쟁을 비판하는 목소리가 점차 높아졌다.

2005년 영국 런던 지하철 폭탄테러

2005년 7월, 런던 중심부의 4곳에서 지하철 연쇄 폭탄 폭발사건이 발생하여 56명이 사망하고 700여 명이 부상당했다. 범인은 영국 이민자 2세대로, 파키스탄 출신 3명과 자메이카 출신 1명으로 알려졌다. 테러리스트 4명은 각자 폭탄을 싣고 열차와 버스에 탑승하여 폭탄의 폭발과 함께 사망했다. 유럽 내에서 발생한 자살폭탄테러였다는 점에서 국제사회의 주목을 끌었다.

테러의 원인은 영국이 미국의 이라크와 아프가니스탄 전쟁에 참전한 것에 반대 의사를 표시하기 위한 목적이었다고 알려졌다. 2004년에 발생했던 스페인 마드리드 열차 테러로 스페인이 이라크에서 철군을 결정하는 등 테러리스트 입장에서는 소기의 정치적 성과를 거둔 바 있다. 영국의 테러리스트들 역시 테러를 통해 영국의 대중동 정책에 변화를 이끌어 낼 수 있다고 판단했다. 이 밖에 영국 런던 지하철 테러에서 한 가지 더 주목할 점은 영국사회에서는 테러의 주된 원인으로 잇따라 영국 내부를 지적했다는 것이다.

과거의 테러와 달리 영국 런던 지하철 테러리스트들은 모두 영국 국적을 갖고 있는 이민자들이었다. 조사 과정에서 이들은 영국사회에서 차별과 멸시를 받은 경험이 있었음이 밝혀졌다. 이슬람교를 믿는 자국 내 이민자들에 대한 차별이 테러를 유발하는 주요 원인이 될 수 있음을 확인할 수 있었던 사건이었다.

2009년 미국 포트후드 총기난사

2009년 11월, 미국 텍사스주 포트후드에서 총격사건으로 13명이 사망하고 30여 명이 부상당하는 일이 발생했다. 범인은 팔레스타인 이민자 출신으로 이름은 하산Hasan이었다. 하산은 대학에서 의학을 전공하고 미군 군의관으로 임관하여 2009년 소령으로 진급하기도 했다. 사건 당일 포트후드 해외 파병소에서 범인은 알라후 아크바르Allahe Akbar를 외친 후, 군인들을 향해 권총을 난사하여 수많은 사상자를 양산했다.

범인은 평소 미국의 이라크 및 아프가니스탄 전쟁에 반대한다는 뜻을 강하게 표명한 것으로 알려졌다. 사건 6개월 전에는 폭탄테러범을 신성시하는 글을 온라인 게시판에 올리기도 했다. 알카에다의 수장인 안와르 알아울라키Anwar al-Awlaki와 이메일을 주고받은 사실도 추가로 확인되었다. 다만 미군은 범인의 총기난사를 테러가 아닌 '직장 내 폭력'으로 분류했다. 범인이 육군병원에서 6년간 복무하는 동안 주변 동료들과의 갈등이 심했고 사회적으로 고립되어 있는 등 정신적 스트레스를 받은 것으로 확인되었기 때문이다. 또한 미국 군대 내에서 테러 유형의 사건이 발생한 것이라는 점에서 미군 스스로 범인의 행위를 테러로 인정하기는 쉽지 않았을 것이라는 해석도 있었다.

2011년 노르웨이 연쇄 테러(브레이비크 사건)

2011년 7월, 노르웨이 수도 오슬로의 행정부 건물과 총리 집무실 등에서 폭발사건이 일어나 7명이 사망하고, 이어서 수도로부터 30km 떨어진 우퇴위아섬에서 노동당 청소년 캠프에 대한 무차별 총격으로 76명이 사망하는 등의 연쇄 테러가 발생했다. 범인은 노르웨이 국적의 아네르스 베링 브레이비크Anders Behring Breivik로 백인 우월주의자였다. 경찰 조사에서 브레이비크는 이민자들 때문에 더러워진 유럽을 구하고 순수한 백인 유럽 문화를 만들기 위해 테러를 했다고 진술했다. 특정 집단에 대한 혐오와 극단적인 우익 이념을 가진 자국의 국민역시 테러 주체가 될 수 있다는 점에서 큰 주목을 받았다.

2013년 미국 보스턴 마라톤 테러

2013년 4월, 보스턴 마라톤 결승선 직전에 사제 폭탄 2개가 터져 관중과 참가자 및 일빈 시민 3명이 사망하고 264명이 부상당하는 일이 발생했다. 사건 현장에서 검거된 범인은 러시아 체첸 공화국에서 2001년 미국으로 건너온 이민 가족 출신 타메를란Tamerlan과 조하르 Dzhokhar 형제로 밝혀졌다. 범인들이 체첸 공화국 출신이라는 점에서 이슬람 테러단체의 사주를 받은 것이라는 강한 의심을 받았다. 아울러 범인들 스스로 알카에다 하부 조직이 발행한 온라인 잡지를 탐독하면서 폭발물 제조법을 익혔다고 진술하기도 했다. 그러나 경찰은 범인들이 이슬람 원리주의에 심취한 사실이 있고 테러 실행에 테러단체의 활동이 영향을 미친 것은 사실이지만 테러단체와의 직접적 연관 관계는 발견하지 못했다고 발표했다.

일부에서는 범인들이 테러에 나선 직접적 동기가 미국 내에서 이민 가족으로서 겪어야 했던 불평등과 생활고에 있다는 지적을 하기도 했다. 실제로 범인들은 아버지의 질병과 실직으로 인한 경제난을 겪으면서 이슬람 극단주의 종교에 심취하기 시작했다. 보스턴 마라톤 테러 사건을 계기로 미국의 이민 정책과 이민자들이 겪고 있는 사회적·경제적 불평등 문제가 대테러 정책의 주요 내용으로 다루어졌다. 이와 함께 자국 내에서 발생할 수 있는 외로운 늑대형 테러를 대비하기 위한 논의가 본격적으로 시작된다.

2015년 파리 테러

2015년 11월 13일 밤부터 14일까지 프랑스 파리의 공연장과 축구 경기장 등 총 6곳에서 총기난사와 자살폭탄 등 최악의 동시 다발 테러가 발생했다. 파리 테러로 인한 사망자는 최소 130여 명에 이른 것으로 보도되었다.

파리 테러는 ISIS의 사주를 받은 조직적인 테러라는 점에서 여러모로 9·11 테러와 공통점이 많다. 총 3개 팀이 파리 테러에 연루되었다. 첫 번째 팀은 폭탄이 설치된 조끼를 입고 프랑스와 독일의 A매치 경기가 열리던 스타드 드 프랑스에서 자살폭탄 공격을 벌였다. 두 번째와 세 번째 그룹은 자동소총과 폭탄조끼 등으로 무장하고 각각 파리 중동부의 음식점 등 여러 곳과 바타클랑 극장에서 테러 공격을 감행했다. 9명 이상으로 추정되는 테러 행동대원의 대부분은 프랑스와 벨기에 국적의 이민자 출신으로 모두 20대 남성이었다. 이들 가운데 절반 이상은 일시적으로라도 시리아와 이라크에서 ISIS와 같은 이슬람 극단주의 단체에 가담한 경험이 있는 것으로 알려졌다.

파리 테러는 ISIS가 유럽의 중심국가를 대상으로 한 기획형 테러였다는 점에서 시사하는 바가 매우 크다. 또한 유럽사회에 거주하는 현지 대원을 통해 테러리스트를 포섭했다는 점에서 기존의 테러와는 차이점이 있었다. 파리 테러 이후, 테러의 원인에 대한 분석이 이어졌다. 전문가들은 프랑스 정부가 이슬람교에 보인 반감 때문에 테러가 발생했다고 분석했다.

프랑스는 2015년 1월에 발생한 샤를리 에브도 총기난사사건Charlie Hebdo shooting* 이후, 자국 내 테러리스트를 색출하기 위해 경찰력을 강화했다. 특히 이슬람교 이민자들을 주요 수사 대상으로 삼고 철저히 감시했다. 자국에 거주하는 아랍인에게는 종교와 세속적 삶의 분리를 요구하며 학교 등 공공기관에서 부르카 착용을 금지하기도 했다. 프랑스 내 이슬람교 신자였던 이민자들의 불만이 고조되고 있었다. 또한 프랑스는 시리아와 이라크 등에서 미국이 주도하는 ISIS 격퇴전에 군사적 지원을 아끼지 않았다는 점에서 대외적 안보 상황도 좋지 못했다. 2015년 당시 프랑스는 테러의 위험에 직접적으로 노출되어 있었다.

2016년 프랑스 니스 테러

2016년 7월, 프랑스 남부 휴양지 니스의 해변에서 프랑스 혁명 기념일 축제 행사에 모인 군중을 향해 흰색 트럭 한 대가 시속 60~70km 정도로 돌진했다. 테러리스트는 시민들을 트럭으로 짓밟으면서 차량 안에서 총기공격까지 감행했다. 모두 84명이 사망하고 200여 명의 부상자가 발생했다.

범인은 튀니지계 프랑스 남성으로 이슬람교도였다. 범인은 '알라후 아크바르'를 외치며 축제 현장에서 사람을 사살했다. ISIS는 범행 직후, 니스 테러는 자신들의 소행이라고 주장했다. 하지만 프랑스 당국은 범인이 이슬람 극단주의에 영향을 받은 사실은 있지만 범인과 ISIS와의 직접적 연관성은 찾지 못했다고 발표했다. 다만 범인이 온라인 등을 통해 ISIS에 간접적인 영향을 받았을 가능성이 있고 스스로 극단주의 이념에 빠져들었다는 점에서 프랑스 니스 테러를 외로운 늑대형 테러로 분류했다.

2017년 영국에서 발생한 3건의 테러

2017년 영국에서는 이슬람 극단주의자들에 의한 테러가 연속적으로 3건 발생했다.

① 런던 웨스트민스터 테러

2017년 3월 한 대의 차량이 웨스트민스터 다리의 남쪽에서 인도로 돌진해 시민들을 무차별적으로 공격했다. 이 공격으로 5명이 사망했고 50여 명이 부상을 입었다. 범인은 영국 태생인 50대 평범한 가장으로 알려졌다. 이슬람으로 종교를 개종했으며 범행 전 폭행, 상해 무기 소지 등으로 수차례 기소된 바 있다. 범인이 ISIS로부터 직접적인 지시를 받은 적은 없고 스스로 극단주의 이념에 감화되었다는 점에서 외로운 늑대형 테러로 분류되고 있다. 프랑스 니스 사례와 같이 차량이 테러의 주요 도구로 등장했다는 점을 주목할 만하다.

② 맨체스터 공연장 폭탄테러

2017년 5월 미국의 팝가수 아리아나 그란데의 공연이 끝난 직후, 공연장 바깥에서 폭탄이 터졌다. 폭탄테러로 22명이 숨지고 50여 명이 다쳤다. 범인은 영국 태생의 남성이었다. 그의 부모는 리비아에서 영국으로 이주한 난민 출신으로 이슬람 근본주의 신봉자였다. 범인역시 부모의 영향을 받아 이슬람 극단주의에 빠져 있던 것으로 알려졌다. 시리아 등 중동지역의 내전이 격화되면서 유럽지역으로 난민 신청이 늘고 있는 와중에 난민 관련 테러가 발생했다는 점에서 유럽사회에서 반-난민 정서가 팽배해졌다.

③ 런던 브리지 테러

2017년 6월 런던 브리지에서 승합차 한 대가 인도로 돌진해 보행자들을 덮쳤다. 차에서 내린 범인들이 인근 버러 마켓에 있는 시민들을 흉기로 공격했다. 3명의 범인을 포함해 9명이 사망하고 48명이 부상을 입었다. 범인은 파키스탄 출신 영국인, 리비아·모로코 이중 국적자, 모로코계 이탈리아인 등으로 알려졌다.

연속된 테러사건에서 ISIS는 자신들이 테러를 계획했다고 주장하고 있다. 그러나 영국 수사 당국은 이들 테러리스트들이 ISIS가 온라인을 통해 전파한 극단적 이념에 빠져들었을 가능성은 있지만 ISIS로부터 직접적 지시를 받은 증거는 없다고 밝혔다. 3건 모두 외로운 늑대형 테러였다. 빈번하게 발생하던 외로운 늑대형 테러는 유럽 내 치안·안보에 가장 큰 위협으로 떠올랐다.

2019년 스리랑카 부활절 테러

2019년 4월, 스리랑카의 수도 콜롬보를 비롯한 전국 9곳에서 동시 다발적으로 연쇄 자살폭탄테러가 발생했다. 35개국의 외국인을 비롯해 3명의 경찰관을 포함한 290여 명이 사망하고 500명 이상이 부상당했다. 가톨릭 교회와 외국인이 주로 거주하는 고급 호텔 등이 테러의 대상이 되었고 부활절에 발생했다는 점에서 종교적 목적을 가진 테러로 추정되었다. 사건 발생 이틀 후, ISIS도 선전 매체인 아마크Amaq News Agency를 통하여 자신들이 테러 배후임을 자처하고 나섰다.

체포된 용의자는 총 13명으로 모두 스리랑카 국적으로 밝혀졌다. 이들은 스리랑카 지역에서 활동하는 이슬람 극단주의 조직 NTJ와 JMI 소속이었다. 현재까지 ISIS와 직접적 연관 여부는 확인되지 않고 있다. 다만 스리랑카 국방장관은 국회에서 이번 공격이 2019년 3월, 크라이스트 교회에서 발생한 이슬람교도 공격(뉴질랜드 이슬람 사원 테러사건)에 대한 보복으로 믿고 있다고 이야기했다. 스리랑카 테러를 통해서 테러의 전선이 유럽뿐만 아니라 아시아 지역까지 확장되고 있고 종교적 대리전의 성격을 갖게 되었음을 확인할 수 있다.

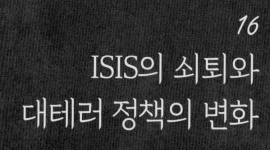

16
ISIS의 쇠퇴와
대테러 정책의 변화

2014년부터 시작된 ISIS의 위세는 대단했다. 한때 시리아와 이라크의 절반이 넘는 지역을 점령하기도 했다. ISIS가 중동에서 강력한 힘을 보여 주자 ISIS에 지지를 표명하는 이슬람 극단주의 단체들이 하나둘 늘어났다. 그러나 2015년 전 세계에 충격을 준 파리 테러는 ISIS 세력에게 정점이자 내리막의 시작이기도 했다. 파리 테러 이후, 국제사회는 ISIS를 향한 본격적인 반격을 시작한다.

반격의 중심에는 미국과 러시아가 있었다. 미국은 시리아 내전에 적극 개입했다. 반군을 물심양면으로 지원하여 시리아의 알아사드 정권을 퇴진시키려고 했다. 알아사드는 시리아의 독재자로, 팔레스타인의 하마스, 레바논의 헤즈볼라와 같이 테러단체를 지원하고 있었고 중동 내의 대표적인 반미주의자였기 때문이다. 하지만 2014년 이후,

ISIS가 시리아 내에서 세력을 확장하고 국제사회를 위협하는 테러단체로 떠오르자 미국은 우선적 공격 대상을 ISIS로 변경했다. 미국은 ISIS의 거점이라고 할 수 있는 이라크와 시리아에 대대적인 공습을 가했다.

러시아는 시리아의 오랜 동맹국이었다. 특히 알아사드 정부는 러시아의 지중해 영향력 확보에 매우 중요한 공군기지와 해군기지를 제공하고 있었다. 시아파 중심의 알아사드 정부군은 급진적 수니파 중심인 ISIS로부터 공격을 받자 러시아에 군사 지원을 요청했다. 러시아는 시리아 정부군에 무기를 조달해 주었고 직접 전투에 참여하기도 했다.

ISIS를 상대로 한 양 강대국의 참전 이유는 각기 달랐다. 그러나 첨단 무기를 앞세운 양국의 공격 앞에서 ISIS의 위세는 한풀 꺾일 수밖에 없었다.

ISIS라는 절대 악의 등장은 분열로 이어져 온 중동을 오랜만에 단합시켰다. 시리아 정부군, 시리아 민주군, 시아파 중심의 이란군, 터키 쿠르드족, 이라크 정부군 등이 ISIS와의 싸움에 참전했다. 참전 이유는 각기 달랐지만 이슬람 내부에서도 ISIS와 같은 수니파 극단주의자들의 비상식적 행동을 더 이상 용납할 수 없다는 공감대가 형성되었다. 메시아를 자처하며 중동지역 내 세력을 확장한 ISIS였지만 이내 자신들의 본색을 드러냈다. 그들 입장에서 배교자라고 할 수 있는 기독교, 시아파는 물론 온건한 수니파들에 대한 잔인한 탄압을 서슴지 않았다.

이라크와 시리아 등에서 치열한 전투가 계속되었다. 결국 2017년 7월 연합군은 ISIS의 경제적 수도라고 할 수 있는 이라크 모술을 탈환했다. 같은 해 11월에 ISIS는 시리아의 락까를 상실했다. 상징적 수도 두 곳을 잃고 이슬람 신정국가 건설을 위한 ISIS의 여정은 사실상 마무리되었다.

2018년 12월 미국의 도널드 트럼프Donald Trump 대통령은 ISIS와의 전쟁 승리를 선언했다. 국제사회는 트럼프의 결정을 한목소리로 비판했다. 자국 이익만을 강조하던 트럼프가 시리아에서 미군을 철수하기 위한 명분 쌓기를 하는 것은 아니냐는 볼멘소리도 나왔다. 현실에서 ISIS는 영토를 잃고 조직적 기반을 상실했을 뿐이었다. 시리아 등지에는 여전히 ISIS 잔당들이 남아 있었다. 불안정한 중동 정세와 시리아 내전이 지속되고 있다는 점을 고려했을 때 ISIS는 언제든 다시 위세를 떨칠 수 있는 환경이었다. 중동지역은 여전히 미국을 중심으로 한 강력한 리더십과 국제사회의 중재 노력이 필요한 상황이었다.

첫 번째 나비효과

멀리 떨어진 대륙에서 생겨난 불씨가 전 세계에 영향을 미치고 있다. 마치 나비효과처럼 말이다. ISIS라는 존재의 등장은 국내외 대테러 정책에 크고 작은 변화를 가져왔다. 2014년 ISIS의 일시적인 성공은 전세계 각지에 퍼진 이슬람 단체들이 ISIS에 충성하는 계기를 마련했다. 이집트, 소말리아, 아프가니스탄뿐만 아니라 필리핀, 인도네시아, 말레이시아와 같은 동아시아지역에서도 ISIS의 이념과 가치에 동조하는 단체가 늘어나고 있었다. ISIS는 중동지역뿐만 아니라 전 세계를 위협하는 세력으로 떠올랐다.

석유를 확보한 ISIS는 막대한 자본을 바탕으로 온라인 미디어를 이용한 선전·선동에 나섰다. 특히나 서구사회에 제대로 정착하지 못한 이민 2세대들은 ISIS의 메시지 타깃이 되었다. 그들 중 일부는 ISIS의 잘못된 세계관에 스스로 빠져들어 자국 내에서 극단적 행동에 나서기도 했다. ISIS는 현지화·일상화된 테러 전략을 구사하며 테러의 틀을 바꿔 놓았다. 대테러 정책의 방향 역시 테러에 대한 강력한 응징과 처벌보다는 일상화된 테러를 예방하기 위한 종합적인 대책을 모색하는 방향으로 변화할 필요가 있었다.

국제사회는 상시적으로 발생하는 테러를 예방하기 위한 대안을 고민했다. 테러와의 전쟁 이후, 10년 넘게 지속되어 온 강력한 국가의 권한만으로는 테러를 완전히 제거하지 못했기 때문이다. 더구나 ISIS의 등장 이후, 빈번하게 발생하는 외로운 늑대형 테러에 대응하기 위한 새로운 계획도 필요했다. 외로운 늑대형 테러는 '테러단체와 직접적 연계는 없지만 테러단체의 급진주의 노선에 동의하면서 독자적으로 테러를 계획·수행하는' 것을 말한다. 정보기관의 권한을 강화하고 정보수집 능력을 증대하는 일로만 외로운 늑대형 테러를 완전하게 예방하기에는 한계가 있었다. 외로운 늑대형 테러리스트들은 테러단체와의 직접적 연관성을 쉽게 발견하기 힘들 뿐 아니라 온라인을 통해 스스로 극단주의 이념에 빠져든 경우도 많다. 특히나 치밀한 계획 없이 즉흥적으로 벌이는 외로운 늑대들의 다양한 종류의 테러 공격을 사전에 파악하는 것은 쉬운 일이 아니다.

외로운 늑대들에 의해 범국가적으로 발생하는 다양한 테러 유형에 대응하기 위해서는 테러의 근본 원인root causes을 제거하는 노력이 필요했다. 테러에 대한 직접적 대응을 강화하기보다는 자국 내에서 퍼질 수 있는 폭력적 극단주의 행동을 예방하기 위한 노력이 요구된다. 특히 사회·경제적 요인과 불평등, 외국인에 대한 차별, 심각한 인권침해가 폭력적 극단주의 행동의 주요 원인이라는 점을 감안했을 때 차별과 불평등을 유발하는 제도와 환경을 개선하는 내용에 대한 본격적인 논의가 요구되었다.

두 번째 나비효과

2017년 이후, ISIS는 영토를 상실했다. ISIS 세력 약화는 국제사회에 또 다른 나비효과를 불러일으켰다. 시리아 내전 중 ISIS 전투원으로 참여한 외국인 수는 상당한 것으로 알려졌다. 보수적으로 평가한 국제연합 보고서조차도 2014년 80개국에 1만 5천 명이 참전했다고 밝혔다. 미국 FBI는 2015년 9월 현재 외국인 테러 전투원이 3만 명가량 된다고 판단했다. 외국인 테러 전투원의 국적도 튀니지, 러시아, 프랑스, 영국, 독일 등 다양했다. 외국인 테러 전투원의 정확한 인원은 파악할 수 없지만 상당수 외국인이 ISIS와 직간접적으로 연관되어 있다는 사실만은 확인되었다. 그리고 그들 중 다수가 ISIS가 주요 거점을 상실하면서 본국으로의 귀환을 시도했다.

아랍의 봄 이후, 중동지역에서도 내전이 빈번하게 발생했다. ISIS가 거점을 잃은 후 중동을 떠돌던 극단주의자들과 존재감을 잃어 가던 알카에다 잔당들은 중동지역의 내전에 참여하며 존재감을 과시했다. 그중에서도 예멘 내전은 매우 심각했다. 34년간 독재정치를 펼친 알리 압둘라 살레Ali Abdullah Saleh가 시민들에 의해 물러나고 수니파 출신의 압드라보 만수르 하디Abd Rabbuh Mansur Hadi 대통령이 임시 취임했지만 이내 시아파 중심의 반군에 반발을 샀다. 하디 대통령은 신변에 위협을 느끼고 사우디아라비아에 지원을 요청했다.

중동 내 수니파 수장을 자처하던 사우디아라비아는 수니파 정부군을 지원하는 군대를 파견하여 시아파 반군에 맞서 싸웠다. 사우디아라비아를 도와 미국, 영국, 프랑스, 이집트 등이 참전했으며, 러시아와 레바논 그리고 헤즈볼라는 시아파 중심의 반군을 지원하고 있다. 여기에 수니파 극단주의자 알카에다, ISIS 등이 예멘으로 자리를 옮겨 내전에 참여했다. 예멘은 기득권을 잡기 위한 수니파, 시아파, 이슬람 극단주의 단체들이 복잡하게 얽히면서 내전과 국제전이 계속되었다. 2015년부터 지속되고 있는 예멘 내전으로 2019년 현재 9만여 명이 사망하고 국내외 난민 360만여 명이 발생했다. 예멘인들은 삶을 위해 정든 고향땅을 떠나 전 세계로 향할 수밖에 없었다.

중동의 끊이지 않는 혼란 상황으로부터 야기된 난민 문제와 외국인

테러를 프로파일링하다

테러 전투원의 귀환은 국제사회에 일종의 딜레마를 안겼다. 국제사회는 외로운 늑대형 테러를 방지하기 위해 폭력적 극단주의를 예방할 수 있는 환경을 적극 조성하고 있었다. 자국 내에서 발생할 수 있는 인종, 종교에 따르는 차별을 없애려는 노력을 지속했다.

그런데 국내로 유입되는 외국인 테러 전투원과 난민 이슈는 정책적 의사결정을 어렵게 만들었다. 진보적 시민사회를 중심으로 타인, 특히 이슬람교를 믿는 외국인에 대한 존중과 관용의 문화를 확산하려는 운동이 전개되었지만 일부 극우단체는 잠재적 테러리스트가 될 가능성이 높은 난민을 수용해서는 안 된다는 집회를 벌이기도 했다. 반-난민정책과 민족주의를 강조하는 정당이 유럽 내에서 집권하는 일도 발생했다. 급기야는 정치적 반대의사를 표현하기 위해 특정 종교나 인종을 가진 사람을 대상으로 한 테러까지 벌이고 있다.

대테러 정책 방향 또한 자국으로 유입되는 외국인 테러 전투원과 난민을 어떻게 처리할 것인지가 주요 이슈로 떠올랐다. 국제 공조를 강화하며 외국인 테러 전투원의 국가 간 이동을 엄격히 규제할 필요가 생겼다. 난민의 이력 등을 철저히 검사하여 국민적 반발을 줄여 나갈 필요가 있었다. 이와 더불어 난민 혹은 외국인에 대한 인도적 지원을 강화하여 외국인이 느낄 수 있는 차별과 혐오의 감정을 최소화하는 데 초점을 맞춰야 했다.

ISIS의 기세가 한풀 꺾였음에도 테러의 빈도는 지속적으로 늘어나고, 테러 예방의 필요성은 갈수록 높아지고 있다. ISIS의 등장으로 테러의 양상이 바뀌자 테러에 대한 강력한 응징보다는 상시적인 테러 예방의 중요성이 부각되고 있다. 뉴테러리즘, ISIS 등에서 살펴본 바와 같이 앞으로도 권력 투쟁이라는 본질을 내재한 테러는 새로운 전략과 변화를 거듭하며 국제사회를 꾸준히 위협할 것이 분명하다. 테러를 사라지게 만들 근본적인 정책 방향을 고민해야 할 시기이다. 이와 관련하여 2019년 3월에 발생한 뉴질랜드 이슬람 사원 테러사건과 대응 방식은 대테러 활동에 많은 시사점을 준다.

제 5 장

테러에 맞서다

17
뉴질랜드 이슬람 사원 테러
– 테러 피해자 인권의 대두

2019년 3월, 뉴질랜드의 이슬람 사원에서 두 차례 총기난사가 발생했다. 첫 번째 모스크에서는 41명, 두 번째 모스크에서는 7명이 즉사했고 50여 명이 인근 병원에서 입원 치료 중이라고 밝혔다. 폭발은 없었으나 용의자의 차에서 **급조폭발물**IED: Improvised Explosive Device*이 발견되었다. 전형적인 테러사건이었다.

> 📖 **급조폭발물**
>
> 개인이나 집단이 제작할 수 있는 사제 폭탄을 말한다. 급조폭발물이라는 표현 때문에 성능이 떨어질 것이라고 생각하기 쉽지만 일상생활에서 흔히 볼 수 있는 물품으로 쉽게 제작이 가능하고 폭발력 또한 적지 않다는 점에서 현대사회이 테러 중 가장 큰 위협수단으로 자리 잡았다.

두 가지 충격적인 사실이 있었다. 하나는 범인이 호주 국적이었다는 점이다. 오세아시아는 상대적으로 테러로부터 안전하다는 인식이 있었는데, 단일 사건으로 50여 명의 사망자가 발생한 뉴질랜드 이슬람 사원 테러에 전 세계는 큰 충격을 받았다. 다른 하나는 백인 우월주의자가 단독으로 기획한 테러였다는 점이다. 자신의 테러 행위를 온라인을 통해 실시간 중계했다. 무고한 시민을 향해 총기를 난사하기도 했다. 살상 행위의 잔혹성은 이슬람 극단주의자 테러범죄에 못지않았다.

2019년에 발생한 뉴질랜드 이슬람 사원 테러는 2011년 노르웨이에서 발생한 브레이비크의 사건과 여러모로 비교가 된다. 두 사건의 범인들은 범행 전 온라인을 통해 자신의 정치적 견해를 밝혔다. 범인들은 무슬림을 혐오했고 국가에 강력한 반-이민 정책을 요청하는 백인 우월주의자들이었다. 무슬림을 직접 겨냥한 뉴질랜드 이슬람 사원 테러와 정치적 반대 세력을 향해 무차별로 총기를 난사한 브레이비크의 노르웨이 총기테러는 대상에는 차이가 있지만 무고한 시민을 향해 무차별적으로 총기를 난사했다는 점에서 그 행위 유형이 비슷하다. 마지막으로 그들이 테러 이전에 별다른 전과가 없었다는 점에서도 공통점이 있다. 이들은 단지 그릇된 신념에 빠져 끔찍한 범죄를 저질렀고 범행 이후에도 타인의 고통에 공감하지 못하는 소시오패스sociopath적 성향을 갖고 있었다.

그러나 노르웨이 테러사건이 발생하고 8년이 지난 지금, 테러를 대하는 국가의 태도는 크게 달라졌다. 특히 뉴질랜드 총리인 저신다 아던Jacinda Ardern 총리의 대응은 매우 특별했다. 8년 전 노르웨이 테러사건은 '브레이비크 사건'으로 불렸다. 유수의 언론은 브레이비크의 말과 행동에 주목했다. 범행 전 브레이비크가 남긴 엽기적인 사진들이 뉴스를 통해 지속적으로 노출되었다. 하지만 뉴질랜드 이슬람 사원 테러사건에서 테러리스트의 이름은 더 이상 주목받지 못했다. 바로 아던 총리의 리더십 때문이었다. 아던 총리는 테러사건으로 가해자가 주목받는 것을 원치 않았다. 그는 미디어에서 끔찍한 테러사건을 언급할 때 가해자의 이름을 부르지 않았다. 언론에도 가해자보다 피해자에 주목하라는 메시지를 재차 남겼다.

아던 총리의 대응 방식은 테러의 속성을 정확히 이해하고 있었기 때문에 가능했다. 테러의 주된 목적은 자신들이 정당하다고 생각하는 사상 혹은 내용을 세상에 알리는 것에 있다. 만약 뉴스나 정부 브리핑 등에서 테러리스트의 이야기가 집중된다면 테러의 메시지 역시 노출 빈도가 높아질 수밖에 없다. 이는 의도하든 의도하지 않았든 간에 테러리스트의 목적을 달성해 주는 결과를 야기한다. 테러리스트를 응징하고 테러에 단호히 대응하기 위해서는 테러리스트에 대한 이야기는 최소한에 그칠 필요가 있었다.

아던 총리는 테러리스트 이야기 대신 테러 피해자들에 주목했다. 테러사건 다음 날, 히잡hijab과 검은색 옷차림을 한 채로 희생자 유족을 찾아갔다. 뉴질랜드 이슬람 사원 테러는 자칫 종교 간 분쟁 혹은 또 다른 테러로 번질 수 있는 사안이었다. 그런데 히잡을 쓴 총리의 모습이 비치자 뉴질랜드에 거주하던 많은 아랍 민족들은 아던 총리의 화해와 위로의 메시지에 주목했다. 아던 총리는 의회 연설에서도 테러리스트보다 테러로 목숨을 잃은 이들을 주목해야 한다고 재차 강조했다. 그리고 연설 말미에는 아랍어로 '여러분에게 평화를' 의미하는 앗살라무 알라이쿰As-salaam Alaikum을 언급하기도 했다. 아던 총리의 행보 때문인지 기관 소식지를 통해 크리스트교를 향한 복수를 다짐했던 ISIS의 목소리는 상대적으로 주목받지 못했다.

아던 총리의 대응에서 두 번째로 주목할 점은 테러를 정의하는 방식이다. 앞서 언급한 바 있지만 테러는 하나의 통용된 개념을 갖기 힘들었다. 각 나라의 정치, 문화적 사정에 따라 테러를 정의하는 방식에 차이가 있었기 때문이다. 다시 이야기하면 같은 사건이어도 어느 나라에서는 테러로 규정되고, 다른 나라에서는 테러로 규정되지 않을 수 있었다.

다시 8년 전 노르웨이에서 일어난 브레이비크 사건으로 돌아가 보자. 사건 직후, 노르웨이 수사 당국은 테러라는 표현을 사용하지 않았다. 범인은 자국 국민이었고 이슬람 극단주의 단체와의 연관성을 찾을 수 없었다. 9·11 테러 이후, 유럽사회에서 테러를 판단하는 암묵적 기준은 범인의 종교와 이슬람 단체와의 연관성 여부였다. 하지만 이슬람 테러단체와 직접적 관련이 없는 외로운 늑대형 테러가 지속적으로 늘어나면서 테러를 판단하는 기준은 더욱더 모호해지고 있다.

특히 ISIS 등장 이후, ISIS는 모든 테러에 자신들이 관여했다고 주장하고 있다. 우스갯소리로 수사 당국 입장에서는 범인이 알라후 아크바르신은 위대하다를 외치는 것이 테러 혐의를 적용하는 데 더 쉬운 일이었을 것이다.

테러를 정의하는 데 각 나라가 가진 정치적 특수성과 개별 법률과의 관계를 고려할 수 있을 것이다. 그러나 테러를 판단하는 데 특정 종교나 국적이 절대적 기준은 될 수 없다. 노르웨이 테러사건은 극단적 인종차별주의자가 벌인 명백한 테러범죄였다. 테러를 처벌하는 것이 목적이라면 테러를 빠르게 규정하고 대응에 나설 필요가 있었다. 미국의 철학자이자 언어학자인 놈 촘스키Noam Chomsky는 이슬람 종교와 문화의 폭력성을 지적하면서, "2011년 노르웨이 극우주의자 아네르스 브레이비크가 테러를 저질렀을 때에는 왜 기독교와 그 문화의 폭력성에 대해 말하지 않았는가"라고 말하며 테러 예방과 대응에 있어 서구사회가 갖고 있던 위선적 시선을 비판하기도 했다.

아던 총리의 대응은 8년 전 브레이비크의 노르웨이 테러사건과는 사뭇 달랐다. 뉴질랜드 이슬람 사원 총기난사가 발생한 직후, 이를 테러로 규정했다. 범인이 백인 우월주의라는 극단적 이념을 갖고 있었고 무고한 사람들을 향해 총기를 난사하는 등 전형적인 테러 유형의 사건에 해당했기 때문이었다. 뉴질랜드 정부는 이슬람 사원 총기난사를 테러로 규정하는 데 테러리스트의 국적과 정치적 내용에 대한 고려가 없었다. 테러라는 야만적 행위를 예방하기 위한 법과 원칙만 있었

뉴질랜드 이슬람 사원 테러 이후 시민들과 아던 총리의 추모 장면(위키피디아)

을 뿐이다.

　빠르게 테러로 규정하는 순간 대응은 달라질 수밖에 없다. 먼저 테러가 갖고 있는 선전 목적을 즉각적으로 차단할 수 있다. 테러 가해자의 언론 노출 빈도를 줄이고 테러 피해자들의 이야기에 주목함으로써 테러리스트의 악행을 사회에 알릴 수 있다. 또한 테러집단에 단호한 메시지를 보낼 수 있을 것이다. 아던 총리는 뉴질랜드에서 테러리스트가 설 자리는 없으며 테러리스트에 굴복하지 않고 지속적으로 포용성과 자애 그리고 동정심을 베풀어 인도적으로 난민을 수용할 것임을 선언했다. 테러집단에 대한 응징이나 복수를 말하기보다 테러리스트들이 만들고자 했던 분열과 갈등을 이겨 낼 수 있다는 자신감을 보였다.

　또한 테러사건을 계기로 뉴질랜드 내에서 테러를 유발하는 요인이 되는 시스템을 발 빠르게 개선해 나갔다. 자칫 정쟁의 수단이 될 수 있는 총기규제 법안 개정도 약속했다. 종교적 갈등을 최소화하기 위한 노력을 멈추지 않았다. 분향소에 방문하여 "우리는 하나이다. 그들은 우리이다."라는 메시지를 통해 사회 통합을 재차 강조하기도 했다. 아던 총리의 테러 대응 방식은 전 세계적으로 찬사를 받고 있다.

뉴질랜드 이슬람 사원 테러는 대테러 활동에 시사하는 바가 크다. 이슬람 극단주의자들뿐만 아니라 다양한 유형의 테러를 대비할 필요성이 높아졌음을 확인할 수 있었다. 더군다나 백인 우월주의자나 극단적 이념을 가진 이들의 테러도 대테러 활동 안에서 다루어야 할 내용임이 분명해졌다. 결국은 9·11 테러 이후, 우리가 갖고 있던 테러의 이미지에 대한 인식을 전환할 시기에 도달한 것이다. 테러를 어느 범위까지 정의하고 이를 규정할지에 대한 새로운 논의가 필요해졌다. 정부 입장에서도 특정 사건을 빠르게 테러로 규정할 수 있다면 테러의 확산을 막고 신속하게 대책을 마련할 수 있을 것이다. 그렇다면 다시 테러를 어떻게 규정할 것인가에 대한 문제를 고민할 필요가 있다.

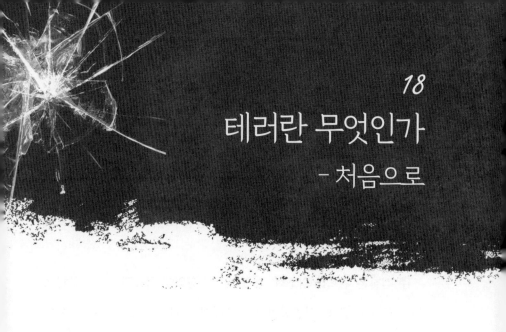

18
테러란 무엇인가
- 처음으로

로베스피에르부터 뉴질랜드 이슬람 사원 테러까지 짧게나마 테러의 역사를 알아보았다. 테러는 항상 같지 않았으며 역사에 따라 달리 해석될 수 있었다. 뉴테러리즘, ISIS 등에서 살펴보았듯이 테러는 새로운 전략과 변화를 거듭하며 국제사회를 꾸준히 위협해 왔다.

　그렇다면 지금 이 시점에서 우리는 우리 스스로 테러를 규정할 수 있을까. 정치적 논란을 벗어나 테러를 신속하게 규정할 수 있다면 테러 발생 후 적절한 조치를 취할 수 있을 것이다. 미국, 캐나다 그리고 한국에서 발생한 최근의 테러사건을 중심으로 테러를 정의할 수 있는 몇 가지 사례를 소개한다.

1. 찰스턴 교회에서 발생한 총기난사사건(2015)

2015년 6월 미국 사우스캐롤라이나 찰스턴에 있는 감리교회에서 총기난사사건이 발생했다. 백인 청년인 딜런 루프Dylann Roof는 성경 공부를 하고 있던 흑인 10명에게 총을 쏴 9명을 살해했다. 루프는 경찰 심문에서 인종전쟁을 시작할 목적으로 총을 쏘았다고 진술한 것으로 알려졌다.

주 검찰은 루프를 의도적·계획적 살인혐의에 적용되는 1급 살인죄 murder로 기소했다. 연방법원은 루프에게 총기난사mass shooting와 혐오범죄hate crime 혐의를 추가했다. 여기에서 주목해야 할 점은 루프에게 혐오범죄가 적용되었다는 점이다. 혐오범죄는 혐의자의 인종, 종교, 신체적 장애, 성적 성향, 민족적 배경으로 인한 편견에 의해 행해진 범죄를 말한다. 혐오범죄는 따로 처벌을 받는 것이 아니라 이미 살인이나 폭행으로 기소된 범인에 양형을 가중한다.

루프는 1심에서 사형이 선고되었으나 최종심에서 무기징역으로 최종 확정된다. 이에 대해 FBI 국장은 루프의 범죄를 테러로 판단하기에는 정치적 동기가 부족하다고 설명했다. 그러나 법원과 수사 당국의 판단에 비판적 의견들이 나왔다. 루프의 행동은 인종차별이라는 사회에서 용인할 수 없는 정치적 동기에 기인한 행동임이 분명했기 때문이다. 예배를 보고 있는 흑인을 대상으로 총기를 난사했다는 점에서 대중은 충격과 공포를 느꼈다. 보도에 따르면 무엇보다 한 명의 생존자를 남겨 둔 이유 역시 총기난사의 동기를 전달하려는 목적이 있었다는 것이다. 극단적 이념을 목적으로 테러 유형의 범죄를 저질렀다는 점에서 충분히 테러로 판단될 수 있는 사안이었다.

찰스턴 교회 총기난사사건에서 미국 수사 당국과 법원의 테러에 대한 판단 기준을 엿볼 수 있다. 내국인이 테러 유형의 범죄를 저질렀을 경우, 테러의 범위를 상당히 좁게 해석하는 특징이 있다. 미국 연방법은 인종과 관련된 혐오범죄와 총기난사를 처벌하는 규정이 있다. 또한 국내 테러 혐의에 대한 개념도 규정하고 있지만 특별한 처벌 내용을 두고 있지 않다. 단지 「형법」상 혐의를 준용하고 양형을 가중할 뿐이다. 수사 당국 입장에서도 테러리즘 혐의 입증은 보통 범죄보다 훨씬 더 힘들 것이다. 테러리스트의 테러 행위에 대한 심리적인 요소와 동기를 배심원에게 이해시키는 것은 쉬운 일이 아니다. 따라서 수사 당국은 보다 입증이 쉬운 살인죄로 기소하거나 좀 더 기준이 명확한 혐오범죄를 적용하는 경향이 있다.

미국 내에서는 인종과 관련한 테러 유형의 범죄가 지속적으로 증가하는 추세이다. 정치적 동기가 부족하다는 수사 당국의 임의적 판단 기준으로 테러를 판단해서는 안 된다. 물론 일부에서 주장하는 바와 같이 혐오범죄와 테러범죄는 구체적 목적에서 차이가 있을 수 있다. 테러는 정부나 정책에 영향을 주려 한다면 혐오범죄는 개인이나 특정 집단을 대상으로 하기 때문이다. 하지만 그러한 분류가 꼭 옳지만은 않다. 특정 인종에 대한 테러 행위는 정치권에도 직간접적인 압박 수단이 될 수 있다. 더군다나 트럼프 대통령 등장 이후, 정치적 양극화가 심화되는 양상이다. 혐오범죄와 테러가 점점 더 복잡하게 얽히고 있다. 찰스턴 총기사건 이후 미국 내 비판 여론을 수용하여 백인 우월주의 공격에 대한 수사 당국의 태도는 조금씩 변화하는 모습을 보인다.

2. 버지니아 샬러츠빌 차량 공격 (2017)

2017년 8월 미국 버지니아주 샬러츠빌에서 남부연합의 총사령관이었던 로버트 E. 리 장군의 동상 철거를 반대하는 백인 우월주의자와 네오나치즘neo-Nazism 추종자들의 폭동이 발생했다. 백인 우월주의자인 제임스 알렉스 필즈James Alex Fields Jr.는 리 장군의 동상 철거를 지지하는 집회 현장을 찾아 차량으로 시위대를 향해 돌진했다. 차량 공격으로 사망자 1명과 부상자 28명이 발생했다.

제임스 알렉스 필즈는 미국인이었다. 그는 네오나치즘과 백인 우월주의에 심취해 있었다. 배심원단과 법원은 그에게 1급 살인 혐의, 혐오범죄 등을 이유로 종신형을 선고했다. 샬러츠빌 사건은 정치적 반대 세력을 향한 공격 행위였다. 남부연합의 상징인 리 장군의 동상 철거를 반대하는 백인 우월주의 집단의 범죄라는 점에서 정치적 목적 또한 뚜렷하다. 샬러츠빌 사건에서 테러의 수단으로 쓰였던 차량은 현대사회의 테러에서 흔히 사용된다. 대표적으로 2016년 니스 테러와 2017년 런던 브리지 테러에서도 차량이 쓰였다. 샬러츠빌은 논란의 여지가 없는 국내 테러domestic terrorism 범죄였다.

FBI 역시 이번에는 한발 물러섰다. FBI 수장은 샬러츠빌 차량 공격은 국내 테러 요건을 충족한다고 언론에 발표했다. FBI가 제시한 국내 테러 요건은 ① 연방법, 각 주의 법을 위반하여 개인이나 다수의 목숨에 위해를 가하고 ② 민간인이나 정부를 위협하는 사건이 ③ 미국 영토 내에서 벌어진 경우이다. 물론 국내 테러를 정의하는 방식에는 정보기관마다 조금씩 차이가 있을 수 있다. 그러나 이번 샬러츠빌 테러의 경우에는 모든 기관이 한목소리로 테러사건으로 판단했다. 샬러츠빌 시장은 샬러츠빌 차량 공격을 국내 테러로 규정하면서 백인 우월주의자들의 범죄를 규탄하기도 했다.

문제는 검사의 기소와 별도로 FBI가 샬러츠빌 사건을 국내 테러로 규정하고 테러범죄에 준하는 실질적 조사에 나설 수 있느냐에 있었다. 실제로 백인 우월주의자 집단인 KKKKu Klux Klan는 미국에서 상당한 정치적 영향력을 발휘하고 있다. 그럼에도 극우적인 이념을 가진 정치단체들은 별개 조직이거나 중앙집권화한 체계를 갖추고 있지 않다. 실체는 분명하지만 외형이 불분명한 정치단체를 테러조직이나 단체로 규정하는 것은 정치적 논란을 낳을 수 있다.

또한 미국「형법」은 국내 테러행위를 처벌하는 규정만 있을 뿐 국내 테러단체를 지정하는 내용은 없다. 무엇보다 미국「수정헌법」제1조표현의 자유의 상징적 의미를 고려했을 때, 정치적 성격을 가진 특정 집단을 테러단체로 지정한다고 하더라도 그 단체를 테러 예방이라는 미명 아래 감시하고 조사하는 것은 사실상 불가능하다. 결국 극단적 이념의 대립과 테러와 같은 폭력적 행동을 예방하기 위해서는 처벌과

감시를 강화하는 법률보다 포용적인 정치적 리더십을 바탕으로 다양한 의견을 수용할 수 있는 사회적 공론장을 형성하는 것이 더욱더 중요하다.

3. 라스베이거스 총기난사사건(2017)

2017년 10월 라스베이거스 유명 관광지 만델레이 베이 호텔 카지노 거리에서 총기난사사건이 발생했다. 범인은 만델레이 베이 호텔 32층에서 콘서트를 구경하고 있던 관중을 향해 총기를 난사하여 58명의 사망자와 851명의 부상자를 양산했다. 미국 역사상 최악의 총기난사사건으로 기록되었다.

　범인은 스티븐 패덕Stephen Paddock으로 64세의 미국 시민권자였다. 경찰이 호텔방 안으로 침입했을 때 그는 이미 사망한 상태였다. 미국 내에서는 라스베이거스 총기난사사건을 어떻게 규정해야 하는지를 두고 논란이 벌어졌다. 이른바 '묻지 마 범죄'를 테러의 한 유형으로 볼 수 있느냐에 대한 것이 주요 내용이었다. 외형적 측면에서 라스베이거스 총기난사사건은 무고한 사람을 대상으로 대량살상을 계획했다는 점에서 테러 유형의 공격과 유사하다고 할 수 있다. 하지만 묻지 마 범죄의 경우, 범행 동기가 불명확하다. 만약 범인의 개인 정신 질환mental illness에 의한 우발적 행동이었다면 그의 행동에는 구체적인 목적이 부재할 가능성이 크다. FBI 역시 정신 질환으로 인한 총기난사의 경우에는 테러에 해당하지 않는다고 판단했다.

여기에서 묻지 마 범죄의 원인을 개인의 정신 이상으로만 돌리는 수사 당국의 태도에 비판이 제기되고 있다. 개인의 잘못된 신념이나 사회에 대한 막연한 불만 역시 묻지 마 범죄의 주요 원인이 될 수 있기 때문이다. 더군다나 국내외에서 묻지 마 범죄 유형은 꾸준히 증가하는 추세이다. 그 피해 또한 테러범죄 못지않다. 따라서 묻지 마 범죄를 예방하기 위해서는 범죄의 동기와 폭력적 행동에 영향을 미치는 사회적 요인 등에 대한 심도 있는 연구가 필요해 보인다. 테러 행위와 묻지 마 범죄를 구분할 수 있는 적절한 판단 기준을 마련하여 묻지 마 범죄의 일부 영역도 대테러 활동의 영역에서 다루어야 할 필요성이 있다.

4. 엘패소와 데이턴 총격사건(2019)

2019년 8월 미국에서 두 차례 총격사건이 발생했다. 먼저 텍사스주 엘패소El Paso의 대형 쇼핑몰 주차장에서 쇼핑몰 방문객을 향한 총기난사가 있었다. 22명이 사망했고 24명이 부상을 입었다. 사망자 중 8명, 부상자 중 7명은 멕시코 국적으로 밝혀졌다. 엘패소 총격이 발생한 지 정확히 13시간 후, 오하이오주 데이턴 시내 술집에서 출입을 거부당한 한 남성이 군중을 향해 총기를 난사했다. 총격으로 10명이 사망했으며 27명이 부상당했다. 사망자 중에는 범인의 동생도 포함되어 있었으며 범인은 경찰에 의해 현장에서 사살당했다.

엘패소 총격사건의 범인은 21세의 미국 청년으로 밝혀졌다. 그는 범행 27분 전에 '불편한 진실'이라는 제목의 백인 우월주의 매니페스

토manifesto● 선언문을 작성한 것으로 밝혀졌다. 수사 과정에서도 가급적 많은 멕시코인을 죽이고 싶다고 진술했다. 13시간 후 발생한 데이턴Dayton 총격사건의 범인 역시 24세 미국인이었다. 그는 트위터에 자신을 좌파로 묘사하며 트럼프의 정책에 반대하는 민주당의 열렬한 지지자임을 밝혔다. 또한 만화와 헤비메탈을 즐겨 듣는 것으로 알려졌다.

미국 수사 당국은 엘패소의 총기사건을 국내 테러와 혐오범죄로 판단하고 조사를 진행했다. 경찰은 범인이 백인 우월주의와 반-이민 선언문 등을 온라인상에 다수 게재했으며 게시 내용 중 뉴질랜드 이슬람 사원 테러사건에 깊은 영감을 받았고 백인 대학살 음모론 관련 내용이 있음을 확인했다. 이에 반해 경찰은 데이턴 총격사건 범인의 경우에는 정치적 혹은 인종적 목적을 찾지 못했다고 밝혔다. 단지 그의 집에서 범인이 사람을 죽이는 것에 흥미를 느낀다는 문서 등을 다수 발견했다. 일종의 개인적 정신 질환에 의한 범죄라고 판단했다.

엘패소 총격사건과 같이 범인이 명확한 정치적 동기를 갖고 있다면 국내 테러로 규정하는 일은 어렵지 않다. 반면 데이턴 총격사건과 같이 행위의 동기가 명확하지 않은 경우 국내 테러 혐의를 적용하기는 쉽지 않다. 미국 내에서도 빈번하게 발생하는 총기사건을 어떻게 처리할지에 대한 논의가 계속 진행 중이다. 총기난사범의 배후 동기를

● 개인이나 단체가 자신의 정치적 의도와 견해를 밝히는 성명서.

밝혀내는 것이 점점 더 어려워지고 있기 때문이다. 최근 발생한 총기난사사건의 범인들은 특정 이념이나 사명을 가진 조직의 일부가 아닌 경우가 많았으며, 아무런 지휘 체계 없이 스스로 극단적 이념에 빠져 범죄를 저지르기도 했다. 종교적 목적이 없을 뿐 외형상 외로운 늑대형 테러와 상당한 유사성을 갖고 있었다. 미국 시민사회는 총기규제와 더불어 폭력적 행동을 예방하기 위한 사회시스템 전반에 대한 개선을 요구하고 있다.

5. 토론토 승합차 돌진사건(2018)

2018년 4월 캐나다 토론토에서 차량 한 대가 인도로 진입해 보행자를 향해 돌진했다. 승합차 운전자는 게임을 하듯이 사람들을 공격했으며 이 사건으로 10명의 사망자와 15명의 부상자가 발생했다. 범인은 알렉 미나시안Alek Minassian으로 캐나다 사람이었다. 그는 비자발적 독신자involuntary celibate, 즉 인셀*로 알려졌다. 그는 1급 살인 혐의로 기소되어 현재 재판이 진행 중이다.

캐나다 수사 당국은 토론토 승합차 돌진사건은 테러에 해당하지 않는다고 결론 내렸다. 캐나다 「형법」상 테러가 성립되기 위해서는 정치적·이념적·종교적 목적이 수반되어야 한다. 그러나 모든 정치적·이념적·종교적 목적의 행위가 테러가 될 수는 없다고 판단했다. 즉,

---

* 여성과 성적 관계를 맺고 싶어 하지만 그러지 못하는 남성을 일컫는 용어.

테러로 간주되기 위해서는 ① 일관된 아이디어와 ② 리더십 목표를 가져야만 한다. 온라인상의 하위문화나 의심스러운 이론을 바탕으로 한 정치적 동기는 테러의 목적으로 삼기에는 부족하다고 판단했다. 즉, 토론토 승합차 돌진사건은 여성과 관계 단절로 인한 일종의 혐오 표출이었고 인셀이라는 하위문화를 바탕으로 한 행동이었기 때문에 테러의 목적으로 인정되지 않았다.

캐나다는 테러의 범위를 협소하게 해석한다. 따지고 보면 국내 테러 범위의 확장은 수사기관 권력의 비대화를 불러올 가능성이 있다. 결국 국내 테러를 어떻게 규정하는가는 하나의 정답이 있는 문제는 아니다. 그 범위에 대한 사회적 합의가 필요하다. 문제는 명확한 판단 기준이 존재하지 않을 때다. 법적 판단 이전에 테러가 일종의 정쟁 수단이 될 수 있다. 특히 북한이라는 존재가 있는 한국은 더욱 그렇다. 행여나 테러의 판단 기준에 정치 논리가 개입한다면 테러에 대한 신속한 대응은 더욱 어려워진다. 「테러방지법」 시행 이전, 테러의 정의와 관련한 한국의 사례를 살펴보자.

6. 주한 미국 대사 피습사건(2015)

한국에서도 테러 유형의 사건이 발생했다. 2015년 주한 미국 대사 피습사건이 대표적이다. 2015년 3월 민족화해협력범국민협의회 조찬 행사에서 한미연합사령부 해체를 주장하는 우리마당통일문화연구소 소속의 범인이 미국 대사를 피습했다.

미국 대사와 같은 특정 요인要人에 대한 공격이라는 점에서 전통적 유형의 테러라고 할 수 있다. 우리마당통일문화연구소는 정치적 단체였고, 한미연합사령부 해체라는 정치적 목적을 갖고 있었다. 특정인에게 상해를 가했다는 점에서 테러 유형의 범죄에 해당한다. 그런데 검찰의 공소장에는 '테러'라는 표현이 없었다. 살인미수와 「국가보안법」 위반 혐의로 기소했다. 법원은 살인미수, 외국사절 폭행, 공무집행 방해 혐의 등을 이유로 12년을 선고했다. 「국가보안법」 위반 혐의 부분은 대법원에서 무죄로 판결 났다.

2016년 3월 「테러방지법」 제정 이전에 발생한 범죄이기 때문에 법적으로 테러로 적용하지 못한 사정도 있을 것이다. 또한 주한 미국대사 피습사건은 조직 차원의 범죄가 아니라 개인의 우발적 범죄 성격이 강했다. 하지만 다른 한편으로는 우리 수사 당국이 테러사건을 테러라고 판단할 수 있는 그 나름의 기준을 갖고 있었는지에 대한 의문도 있다. 미국 대사가 대한민국에서 한국 국민에 의해 테러를 당했다는 사실이 국제사회에 알려진다면 국가의 대외신뢰도에 영향을 미칠 수 있는 중대한 사안이었기 때문이다. 테러에 대한 명확한 판단 기준이 없다면 테러의 정의 역시 정치적 판단에 의해 좌지우지될 수 있다.

진짜 문제는 「테러방지법」 이후일 것이다. 「테러방지법」은 제2조에서 테러의 개념을 규정하고 있지만 일반적 내용만을 열거한 현재의 「테러방지법」상 개념을 가지고 테러를 명확하고 빠르게 규정하기란 쉽지 않다. 무엇보다 우리는 북한이라는 대외 변수가 있다. 북한의 명백한 공격을 두고도 다양한 설說이 나오는 국가이기도 하다. 테러사건 이후, 테러 주체 및 테러 대상에 따라 정치적 고려가 「형법」적 판단보다 우선될 가능성이 있다. 자칫 테러 대응에 심각한 문제가 발생할 수 있다.

캐나다와 미국의 사례에서 봤듯이 국내 테러를 정의하는 데 모범 답안은 있을 수 없다. 테러의 범위는 일반 국민이 인지하고 납득할 수 있는 수준이어야 한다. 지금이라도 테러에 대한 판단 기준을 세우고 테러를 규정하려는 노력이 필요하다. 뉴질랜드 이슬람 사원 테러사건에서 봤듯이 테러를 빠르게 규정하는 것은 대테러 활동의 시작이자 테러 예방을 위한 기초 작업이기 때문이다.

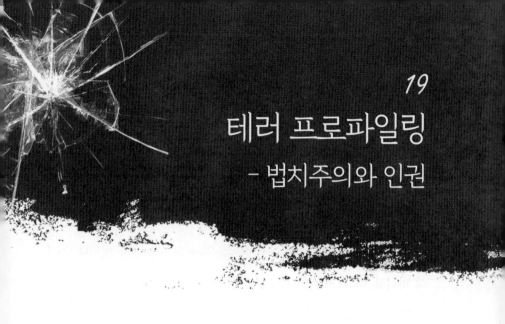

19
테러 프로파일링
- 법치주의와 인권

테러와의 싸움은 실패했다. 전쟁도 치렀고, 테러를 막기 위해 비합법적인 수단까지 동원했다. 강력한 국가권력으로 국민을 통제하기도 했다. 결론적으로 테러를 막기 위한 모든 조치는 헛수고였다. 테러는 지금 이 순간에도 세계 각지에서 벌어지고 있다. 아니 오히려 과거보다 빈번히 발생하고 있다. 결과만 놓고 보면 인류는 테러와의 싸움에서 패배한 것이 분명하다.

그렇다면 이런 질문을 할 수 있다. 우리는 왜 테러와의 싸움에서 패배한 것일까. 테러 프로파일링 프로젝트를 시작한 계기가 바로 여기에 있다. 어쩌면 우리는 처음부터 이길 수 없는 싸움을 하고 있었는지도 모른다. 인간이 존재하는 한 테러는 사라질 수 없는 일이었다. 테러는 인간의 본성, 즉 우리와 관련된 문제이기 때문이다.

지난 제2장에서 제4장까지 소개한 테러의 역사는 테러의 속성을 찾기 위한 기나긴 과정이었다. 로베스피에르는 테러라는 표현을 처음 사용했다. 테러라는 용어가 쓰인 출발점이었다. 폭력을 수반한 테러는 대중에게 공포감을 주었다. 그 공포감은 자신도 테러의 피해자가 될지 모른다는 막연한 두려움이었다. 두려움은 대중을 동요하게 만드는 효과적 선동 수단이었다. 사람들은 테러의 공포에서 벗어나기 위해 테러리스트의 목적이 무엇인지에 주목하게 되었다.

테러의 메시지는 때로 정당했다. 로베스피에르가 실행한 공포 정치의 목적은 민중이 피땀 흘려 일군 혁명의 완성에 있었다. 국민국가 시절, 소외된 국민의 정당한 정치적 요구를 담기도 했다. 제국주의 국가들의 무자비한 폭력에 대항하기 위한 민족자결권의 행사였다. 하지만 목적이 정당하다고 해서 수단의 위법성을 정당화하지는 못한다. 더군다나 테러는 무고한 희생자를 양산할 수 있다는 점에서 인류에 미치는 해악의 정도가 매우 컸다. 테러가 역사적으로 부정적인 평가를 받을 수밖에 없었던 결정적인 이유이다.

테러의 목적 이전에 우리가 놓치지 말아야 할 점이 있다. 바로 권력이다. 테러는 늘 권력을 추구했다. 좀 더 정확히 이야기하면 권력이 있어야만 테러는 존립이 가능했다. 역사적으로도 테러 주체, 즉 테러리스트들은 모두 권력을 원했다. 로베스피에르는 강력한 국가권력을 갈구했다. 민족주의자들은 민족 중심의 국가를 원했다. 국민국가 시절 국민에서 소외된 비−국민은 국가를 대신할 새로운 권력 주체의 탄생을 바라며 스스로 권력 집단이 되었다. 식민지 국가 그리고 최근의 ISIS 역시 강력한 패권에 대항할 수 있는 권력을 추구하고 있다. 테러 주체는 테러라는 충격적이고 폭력적인 수단을 통해서까지 권력을 쟁취하고 싶어 했다. 즉, 테러는 권력을 얻기 위한 수단이었다.

그렇다면 권력이란 무엇일까. 권력은 '남을 복종시키거나 지배할 수 있는 힘'을 의미한다. 일반적으로 권력은 국가기관이 국민에게 행사할 수 있는 강제력으로 이해된다. 그러나 권력은 단순히 국가와 개인 간의 문제만은 아니다. 사무실 내에서 과장과 사원도 권력관계에 있다. 사장님과 아르바이트생도 마찬가지이다. 심지어 아내와 남편, 딸과 아빠 사이에도 권력관계는 존재한다. 권력은 인간 사이에 늘 존재해 왔다. 평범한 인간이라면 권력자의 위치에 서고 싶어 한다. 권력을 차지하려는 욕구는 인간이라면 누구나 갖고 있는 원초적 본능이다.

테러는 권력을 추구하는 인간의 본능과 맞닿아 있다. 우리가 테러와의 싸움에서 실패할 수밖에 없었던 가장 큰 이유는 권력을 추구하는 주체에 대한 이해가 부족했기 때문이다. 다시 말해, 테러가 권력의 문제이고 권력이 주체의 욕망에 기인한다면, 대테러 활동은 권력 주체의 욕망을 통제할 수 있는 방법이 무엇인지 고민했어야 했다. 단순히 테러를 척결하기 위한 테러단체에 대한 무차별적 공격은 그 해답이 아닐 수도 있다. 테러단체에 대한 공격은 권력과 권력의 충돌이며, 또다른 권력 투쟁을 불러올 수 있다.

실제로 미국은 이라크와 아프가니스탄과의 전쟁을 통해 알카에다 세력의 상당 부분을 소탕했다. 그랬더니 알카에다를 대체할 또 다른 권력 집단인 ISIS가 탄생했다. ISIS는 전 세계를 상대로 테러전을 벌이면서 자신의 존재감을 과시했다. 파리 테러 이후, ISIS 척결을 위한 전쟁이 시작되었고 ISIS는 사실상 소멸 단계에 접어들었다. 그렇지만 테러는 여전히 계속되고 있다. 밖으로는 알카에다가 부활했고 ISIS는 중동, 아프리카 등 전 세계에 분포한 프랜차이즈franchise 조직과 지휘복종 관계를 유지하며 서방국을 향한 공격을 독려하고 있다. 안으로는 ISIS로부터 귀환한 외국인 테러 전투원과 반-이슬람 정서에 기반한 극우테러 위협 및 아시아계 이민자 등을 대상으로 한 혐오범죄가 증가하고 있다. 테러단체와의 전투에서는 지속적으로 승리를 거두고 있지만 우리가 진정 척결하고자 했던 테러는 사라지지 않고 있다. 테러와의 전쟁은 끝나지 않았다.

테러단체에 대한 공격만으로 테러를 해결할 수 없다면 권력을 추구하는 주체를 규제하는 방안을 생각해 볼 필요가 있다. 테러를 예방하기 위한 테러 프로파일링의 시작도 바로 이 지점에 있었다. 권력이 주체의 욕망에 기인한다면 통제 가능한 주체의 욕망을 먼저 제어하는 것이 현실적인 해결책일 것이다. 대테러전에서 우리 스스로가 조정할 수 있는 권력 주체는 바로 국가이다. 합법적이고 정당한 국가권력의 행사로 끊임없이 지속되는 권력 투쟁을 예방할 수 있다.

그렇다면 테러 대응에서 국가권력을 통제할 수 있는 방법은 무엇일까. 첫 번째 해답은 법치주의이다. 법치주의는 욕망을 통제하는 효과적인 수단이었다. 영국의 철학자 토머스 홉스Thomas Hobbes는 인간은 자연에서 '만인의 만인에 대한 투쟁 상태'라고 언급했다. 끊임없는 권력 투쟁과 무질서의 사슬 속에서 인간을 구원한 건 법치주의였다. 국가가 마련한 일련의 규칙은 권력을 향한 인간의 욕망을 통제했다. 법에 따르는 국가권력의 통제 속에서 인간 사이의 권력 투쟁은 현저하게 줄어들었다.

법률상 국가는 법적인 인격을 갖는 주체이다. 국가도 하나의 법률상 통제 가능한 주체라는 이야기이다. 그렇다면 국가도 권력을 행사할 때 법률의 제약을 받을 수 있다. 특히나 테러단체에 대한 공격은 물론 대테러 활동을 수행할 때도 법치주의의 지배를 받을 필요가 있다. 국가를 통제하는 법률은 「헌법」을 비롯해 국제사회가 합의한 포괄적 규칙 모두를 포함해야 할 것이다. 자칫 국가가 국민안전과 공공영역을 보호한다는 명분 아래 국가권력을 남용할 경우 이는 또 다른 권력 투쟁의 빌미가 될 수 있다는 사실을 명심해야 한다. 외부 위협에 대한 국가의 권력 행사 역시 법치주의 원칙을 엄격히 적용해야 한다. 이것이 테러를 예방하기 위한 첫 번째 방법이다.

두 번째 해답은 인권존중의 자세이다. 인권의 강조는 뻔한 해결책처럼 들릴 수 있다. 그러나 전쟁이 사라지고 국가 간 극단적 행동이 줄어들었던 가장 큰 이유 중 하나는 전 세계가 인권이라는 가치에 공감했기 때문이다. 인권존중은 상호신뢰의 문제이기도 하다. 일부에서는 ISIS와 같은 비윤리적인 폭력집단에 인권존중의 자세를 견지할 필요성이 있는지에 대해 의문을 제기할 수도 있다. 국가가 성직자도 아닌데 자국민에게 공격을 가한 원수를 사랑으로 대할 수만은 없지 않느냐라는 항변을 할 수 있다. 하지만 잊지 말아야 할 것이 있다. 우리가 궁극적으로 싸워서 이겨야 할 대상은 ISIS와 같은 테러단체가 아니다. 역사상 우리를 끊임없이 괴롭혔던 '테러' 그 자체이다.

테러단체를 대화의 상대방으로 인정하는 것은 쉬운 일이 아니다. 다만 국가가 테러단체 혹은 테러위험인물을 대하는 데 순간적이고 즉흥적인 감정적 대응은 자제할 필요가 있다. 상대를 억압하기보다는 당장의 극단적 폭력을 예방하기 위해 선을 지키려는 노력이 필요하다. 칸 영화제와 아카데미 영화제에서 작품상을 수상한 영화 〈기생충〉에서 선을 넘지 말아야 할 주체는 자본주의 사회의 피지배계층만은 아니었다. 지배계층 역시 피지배계층을 대할 때 지켜야 할 선이 있었다. 그리고 누군가 그 선을 넘는다면 상대를 향한 폭력성이 발현될 수 있음을 확인했다. 국가 또한 마찬가지로 테러단체를 대할 때 강압적이고 공격적인 태도보다는 차분한 마음으로 선을 지키는 자세가 필요하다. 그들을 악으로 규정하면서 무조건적인 응징과 복수를 이야기하기보다는 테러단체가 왜 무모하고 극단적인 행동에 나설 수밖에 없는지를 살펴볼 필요가 있다.

더 나아가 국가가 테러단체에 먼저 인권보호 조치를 취할 수 있다면 극단적 행동을 유발했던 테러의 정당성 또는 명분은 약해질 수밖에 없다. 또한 테러단체들이 조금이나마 인권존중의 가치에 공감할 수 있다면 테러라는 폭력적 수단을 포기할 가능성도 남아 있다. 물론 지금 당장은 이상적인 이야기로 들릴지 모른다. 그러나 여성 투표권, 동성애 인정 등 불가능했던 것을 가능하게 한 것이 인권의 역사이다. 국가가 대테러 활동과 정책에 인권존중의 자세를 견지할 수 있다면 테러단체 역시 마음을 열 가능성이 전혀 없지는 않다. 그 적지 않은 가능성이 테러와의 기나긴 싸움에서 승리할 수 있는 방법이다.

테러 프로파일링에서 강조하고 싶은 것은 국가가 권한을 행사할 때, 인권을 존중하고 법치주의 원칙을 지켜야 한다는 것이다. 쉽지 않은 싸움이다. 그러나 인권과 법치주의는 ISIS가 아닌 테러와의 진짜 싸움에서 승리할 수 있는 현실적인 방안이다. 이제 「테러방지법」 등 국내 대테러 정책을 법치주의와 인권보호의 관점에서 검토한다.

제6장

테러 프로파일링과
「테러방지법」

20
「테러방지법」은 필요한가
- 국내 테러 프로파일링의 시작

테러 예방을 위한 테러 프로파일링의 기준은 법치주의와 인권보호에 있다. 대테러 정책의 평가 기준도 역시 법치주의와 인권보호에 있다. 그렇다면 대한민국의 대테러 정책은 어떠할까. 흔히 테러 청정지대라고 불리는 대한민국의 대테러 정책을 냉정하게 평가해 볼 필요가 있다.

대테러 정책을 「국민보호와 공공안전을 위한 테러방지법」의 시행 이후를 중심으로 평가한다. 「국민보호와 공공안전을 위한 테러방지법」은 흔히 줄여서 「테러방지법」이라고 부른다. 2016년 3월, 「테러방지법」 제정 당시 여야의 다툼은 치열했다. 특히 「테러방지법」 제정에 반대하는 입장이었던 야당은 「테러방지법」이 통과되면 사생활 비밀의 자유 등 국민의 기본권에 대한 심각한 침해가 발생할 것이라고 우려를 표했다. 야당은 무려 172시간의 필리버스터를 통해 법안 통과를 지연

했다.

「테러방지법」에 대한 평가는 다를 수 있다. 「테러방지법」에 관한 여야 양당의 주장과 그에 대한 평가는 이후에 검토하겠다. 여기에서 는 먼저 여당과 야당이 그나마 합의할 가능성이 있는 「테러방지법」의 필요성에 대해 논한다. 물론 「테러방지법」의 존재 자체를 극단적으로 반대하는 주장이 없었다는 말은 아니다. 일부에서는 테러는 딴 세계 의 이야기이며 우리나라에서 테러를 특별히 취급하는 법이 필요 없다 는 취지의 주장을 펼치기도 했다. 실제로 「테러방지법」이 통과된 그 해에 폐지 법안(2016. 12, 윤종오 전 의원 등)이 발의되기도 했다. 하지만 「테 러방지법」의 세부 내용은 다툼이 있었지만 법안의 필요성만은 여야가 공히 인정하는 분위기였다.

그렇다면 테러 가능성이 낮다고 평가되는 대한민국의 현실에서 「테 러방지법」이 필요한 이유는 무엇일까. 크게 세 가지를 들 수 있다. 첫 째로 국제 테러의 위협이다. 테러는 국제사회의 가장 큰 위협으로 등 장했다. 9·11 테러 이후, 유럽 등지에서는 크고 작은 테러가 꾸준히 발생하고 있었다. 특히 2015년에 발생한 파리 테러는 전 세계에 충격 을 주었다. 파리 테러를 통하여 ISIS는 이슬람 국가를 선언한 후 자신 의 세력이 전 세계로 확장하고 있음을 확인해 주었다. 이런 상황에서 국내에도 국내외에서 우리 국민을 대상으로 발생할 수 있는 테러를 예방하기 위한 법률이 필요했다.

2019년 금융위원회의 분석 자료에서는 대한민국의 테러 위험성이 적지 않은 것으로 보고되었다. 2018년 현재 한국 체류 경험을 가진 외국인 테러 전투원foreign terrorist fighter은 총 16명으로 알려졌다. 시리아, 이라크와 같은 테러위험지역 국적의 국내 체류자는 5,846명(2017년)이었다. 국내에서 보이스피싱을 통한 테러자금 조달 가능성도 적지 않은 것으로 분석되었다. 2019년 1월, ISIS·알카에다 관련 국제연합 보고서에 따르면 우즈베키스탄 출신 알카에다 전투원들이 터키를 거쳐 한국으로의 입국을 원하고 있으며, 한국 내 우즈베키스탄 노동자 중 일부는 이슬람 극단주의자들에게 자금을 지원하고 있다는 사실이 드러나기도 했다. 국내외에서도 국제 테러의 발생 가능성이 적지 않다는 사정을 고려할 때 테러 예방을 위한 「테러방지법」 제정은 불가피한 측면이 있었다.

둘째로 국가대테러활동지침*의 한계였다. 「테러방지법」 이전에도 국가기관 사이에 테러에 대비하기 위한 일종의 행정지침이 존재했다. 서울 올림픽, 아시안게임, 월드컵 등 국제 행사를 개최하면서 테러를 예방하기 위한 일종의 가이드라인이 필요했기 때문이다. 이 지침으로 테러에 대응할 때 행정기관 사이의 역할을 조정했다. 하지만 지침은

📖 **「국가대테러활동지침」**

「국가대테러활동지침」은 대통령 훈령으로, 국가의 대테러 업무수행을 위하여 필요한 사항을 규정함을 목적으로 한다. 제2조에는 테러 등을 정의하는 규정을 담고 있고 제3조에 이하에서는 관계기관의 대테러 업무 및 대응규정을 담고 있다.

테러를 프로파일링하다

대테러 활동에서 정부기관의 역할을 규정하는 대내적 효력만이 있었을 뿐이다. 테러리스트 혹은 국민과 같은 제삼자에 미치는 대외적 효력은 없었다. 예컨대 지침만으로는 테러위험인물을 조사하고 형사 처벌하는 내용을 담을 수 없다.

예를 들어 보자. 2015년 소위 '김 군' 사건이 발생했다. 고등학생인 김 군은 2013년부터 트위터 계정을 통해 수니파 무자헤딘 가입을 희망하는 메시지를 남겼다. 알라를 찬양하는 글도 지속적으로 올렸다. 그리고 2015년 1월 터키로 출국해 ISIS에 가입한 사실이 확인되었다. 국가정보원이 「테러방지법」 이전에도 김 군의 온라인 활동을 실시간 추적하고 있었는지는 확인할 수 없다. 하지만 「테러방지법」 이전에 국가정보원이 김 군의 활동을 추적했다면 이 정보 활동은 적법성에서 문제가 될 수 있었다. 「테러방지법」 이전에는 대테러 조사와 사이버 추적에 관한 법률적 근거가 없었기 때문이다. 또한 정보기관이 김 군과 ISIS 대원과의 접촉 사실을 인지했다고 하더라도 김 군의 출국을 사전에 금지할 수 있는 법률 규정이 존재하지 않았다. 일종의 치안공백 상태를 야기할 수 있는 상황이었다. 김 군과 같은 외로운 늑대형 테러를 예방하고 테러범죄를 처벌하기 위한 법률이 필요했다.

하나 더 살펴보자. 인도네시아 국적의 A씨는 2007년 비전문취업 체류자격E-9으로 국내에 입국한 뒤 출입국관리소의 관리로부터 무단 이탈했다. 그는 중개인을 통해 위조 신분증을 만들고 국내에 거주하던 중 2015년 12월 검찰에 구속 기소되었다. 그의 페이스북에는 한국

「테러방지법」 제17조는 처벌규정을 담고 있다. 먼저 「테러방지법」 제17조 제1항은 '테러단체를 구성하거나 구성원으로 가입한 사람'을 처벌한다. 이를 세분화하여 테러단체 수괴의 경우에는 '사형·무기 또는 10년 이상의 징역', 테러를 기획, 지휘하는 등 중요한 역할을 수행하는 자에게는 '무기 또는 7년 이상의 징역', 타국의 외국인 테러 전투원으로 가입한 사람은 '5년 이상의 징역', 그 밖의 사람은 '3년 이상의 징역'에 처한다. 「테러방지법」 제17조 제2항은 '테러자금임을 알면서도 자금을 조달·알선·보관하거나 그 취득 및 발생원인에 관한 사실을 가장하는 등 테러단체를 지원한 사람에게는 10년 이하의 징역과 1억원 이하의 벌금형'에 처한다. 제17조 제1항과 제2항은 미수범을 처벌하며, 예비·음모죄의 경우에도 3년 이하의 징역에 처하게 하고 있다(제17조 제5항). 마지막으로 제17조 제3항은 테러단체 가입을 지원하거나 타인에게 가입을 권유 또는 선동한 사람을 처벌하며 5년 이하의 법정형을 정하고 있다. 제17조 제3항은 테러단체 신규인원을 모집하는 행위를 처벌할 수 있는 것에 초점을 맞추었다.

의 주요 관광지인 북한산, 경복궁 등지에서 수니파 극단주의 세력인 알누스라 깃발을 흔드는 사진이 담겨 있었다. 계좌를 개설하여 지하드의 자금 모금책으로 의심되는 자에게 총 11차례에 걸쳐 총 200만 원의 자금을 송금한 사실도 추가로 확인했다.

법원은 2016년 3월 인도네시아인 A씨에게 「출입국관리법」 위반 및 위조사문서 행사죄 등으로 징역 8개월, 집행유예 2년을 선고했다. 물론 정확한 사실관계는 조금 더 따져 볼 필요가 있겠지만 인도네시아인 A씨에게 「테러방지법」이 적용되었다면 테러선동죄 및 테러자금조달죄* 등으로 3년 이상의 중형이 선고되었을 가능성이 높다.

셋째로 「테러방지법」을 입법하라는 국제사회의 요구와 국내법적 필요성이 있다. 당시 야당이었던 더불어민주당은 「테러방지법」이 당시 여당이었던 새누리당오늘날의 미래통합당의 일방적인 밀어붙이기로 시작된 법이라고 주장한다. 「테러방지법」 제정 과정을 따져 보면 더불어민주당의 주장이 틀린 것만은 아니다. 국회의장은 '국가비상사태'라는 이유로 「테러방지법」 법안을 직권상정*했다. 2016년 2월 「테러방지법」 제정 논의 당시, 국회의장이 직권상정을 할 수 있는 요건에 해당하는 전시, 사변에 준하는 상황이었는지에 대한 논란은 있을 수 있다. 또한 직권상정이라는 특수한 절차를 거쳤다는 점에서 당시 야당이었던 더불어민주당, 정의당 등과의 합의를 무시한 측면이 없지 않다.

그러나 정확한 사실을 이야기하면「테러방지법」에 대한 입법 요구는 국제사회로부터 시작되었다. 2001년 9·11 테러 발생 직후, 국제연합 안전보장이사회는 전 세계적 테러 대응을 위해 결의안 1373 Resolution 1373을 통과시켰다. 국제 테러에 대응하기 위해 대테러위원회 Counter Terrorims Committe(이하 CTC)를 설치했고 실무그룹인 대테러사무국 Counter-Terrorism Committee Executive Directorate(이하 CTED)을 만들었다. CTC는 국제연합 회원국을 상대로 대테러 관련 입법을 촉구하는 역할을 담당했다. 이에 2001년 11월 28일, 정부는 국제연합 안전보장이사회 결의안의 내용에 따라「테러방지법」안을 제출하기도 했다.

2016년「테러방지법」입법 과정도 마찬가지였다. 파리 테러 발생 직후, 국제연합 안전보장이사회는 또 한 차례 결의안 2249Resolution 2249를 통과시켰다. ISIS라는 테러단체의 척결을 위한 국제사회의 동참을 다시 한번 촉구했다. 보수 정부를 자처했던 박근혜 정부는 국제사회의 테러 관련 법률 제정 요구를 적극적으로 수용했다. 당시 국가정보원이 국내 테러 가능성을 부풀렸다는 비판도 있지만「테러방지법」제정은 국제사회의 요구*에서 시작되었다.

또한「테러방지법」은 국내법적 근거도 갖고 있었다.「테러방지법」은 국민의 생명과 안전을 보호해야 할 국가의 의무와 역할을 규정한 법이다. 국가의 역할에 관한 법률적 내용은「헌법」조문에서 확인할 수 있다.「헌법」제10조 후문은 "국가는 개인이 가지는 불가침의 기본적 인권을 확인하고 이를 보장할 의무를 진다"라고 규정한다. 즉, 국

국제연합 안보리 결의안 제2178호와 제2249호

「테러방지법」 제정에 영향을 미친 주요 안보리 결의안은 제2178호와 제2249호이다. 안보리 결의안 제2178호는 ISIS에 가담하기 위해 시리아, 이라크로 떠나는 외국인 전투원 차단, 테러리즘에 대한 자금 유입을 예방·단절하는 것을 주요 내용으로 다루고 있다. ISIS에 가담한 김 군 사태 이후, 「테러방지법」 입법에 결정적 영향을 미친 결의안이기도 하다. 파리 테러 이후 발의된 안보리 결의안 제2249호는 ISIS 등 폭력적 극단주의 세력에 대처하기 위한 대테러 국제 공조와 이를 예방하기 위한 각국의 대테러 입법을 촉구하고 있다.

가는 테러와 같은 위협으로부터 국민의 생명권과 같은 기본권을 보호해야 할 주체이다.

더 나아가 테러와 같은 대내외적 위협으로부터 안전하게 살아갈 권리를 구체적 기본권으로 인정할 수 있는지에 대한 「헌법」적 논의가 진행된 적이 있다. 이른바 '평화적 생존권'에 대한 논쟁이다. 먼저 헌법재판소는 용산기지의 평택 이전의 위헌확인 심판(각하)에서 평화적 생존권을 기본권으로 인정해야 한다고 결정했다. 헌법재판소는 "오늘날 전쟁과 테러 혹은 무력 행위로부터 자유로워야 하는 것은 인간의 존엄과 가치를 실현하고 행복을 추구하기 위한 기본 전제가 되는 것이므로 「헌법」 제10조와 「헌법」 제37조 제1항으로부터 평화적 생존권이라는 이름으로 이를 보호하는 것이 필요하며, 그 기본 내용은 침략전쟁에 강제되지 않고 평화적 생존을 할 수 있도록 국가에 요청할 수 있는 권리라고 볼 수 있다"(헌법재판소 2006. 2. 23. 선고 2005헌마268)라고 판단했다.

그러나 2009년 전시증원연습 등 위헌확인 결정에서 평화적 생존권을 부정하면서 용산기지 평택 이전 헌법재판소 결정 내용을 변경한다. 헌법재판소는 이 결정문에서 "평화적 생존권이란 이름으로 주장하고 있는 평화란 「헌법」의 이념 내지 목적으로서 추상적인 개념에 지나지 아니하고, 평화적 생존권은 이를 「헌법」에 열거되지 아니한 기본권으로서 특별히 새롭게 인정할 필요성이 있다거나 그 권리내용이 비교적 명확하여 구체적 권리로서의 실질에 부합한다고 보기 어려워 헌법상 보장된 기본권이라고 할 수 없다"(헌법재판소 2009. 5. 28. 선고 2007헌마369)라고 판단했다. 군사훈련을 저지하기 위한 국가에 대한 권리를 평화적 생존권으로 인정할 수 없다는 취지였다.

명시적으로 평화적 생존권을 부정하는 헌법재판소의 판례 변경이 있었지만 평화적 생존권의 인정 여부에 대한 논란은 계속되고 있다. 하지만 평화적 생존권을 부정했던 헌법재판소 결정에서도 우리 「헌법」이 침략전쟁을 부인하고 평화를 중요한 이념을 삼고 있다는 사실을 재차 강조하고 있다. 즉, 국가는 국민이 전쟁과 테러 등 무력 행위로부터 자유로운 평화 속에서 생활을 영위하면서 인간의 존엄과 가치를 지키고 「헌법」상 보장된 기본권을 누릴 수 있도록 해야 할 책무가 있는 주체임을 확인하고 있는 것이다. 「헌법」 조문과 헌법재판소 결정을 통해 국가는 테러와 같은 무력 행위로부터 국민을 보호해야 할 의무가 있으며 테러로부터 국민을 보호하는 입법 목적을 가진 「테러방지법」은 「헌법」적 근거를 갖고 있는 법이라고 할 수 있다.

「테러방지법」은 국내외 테러 위협을 대비하고「국가대테러활동지침」의 한계를 극복을 위해 필요했다. 또한 평화라는「헌법」적 가치를 수호하기 위한 국가의 의무를 다하기 위한 법률이기도 하다. 물론「테러방지법」의 개별 내용에 대한 의견은 다를 수 있다. 다음에서 법치주의와 인권보호 측면에서「테러방지법」내용의 문제점을 검토한다.

제6장 테러 프로파일링과「테러방지법」

21

「테러방지법」은 좋은 법인가
- 법치주의와 인권보호 관점에서

「테러방지법」은 필요했다. 반대하는 입장이 없는 것은 아니었지만 필요성에 대해서는 대체로 공감하고 있었다. 그렇다면 「테러방지법」은 좋은 법인가. 당시 야당이었던 현 더불어민주당의 반대 논리를 중심으로 그 내용을 곱씹어 볼 필요가 있다.

　더불어민주당이 「테러방지법」을 반대한 이유는 다양했지만 전체적 취지는 하나로 수렴된다. 바로 정보기관의 권력 비대화이다. 특히 국가정보원, 정보경찰 등이 테러 예방을 이유로 국민의 사생활을 침해할 수 있다는 이야기였다. 조지 오웰George Orwell의 소설 《1984》에서 말한 빅브라더Big Brother* 사회에 대한 우려이다. 마침 스노든 사건이

* 정보의 독점으로 사회를 통제하는 관리 권력, 혹은 그러한 사회체계를 일컫는 표현.

외신을 통해 국내에 보도되고 있었다. 대테러 활동을 이유로 국가가 자국민을 향해 무차별적인 정보수집이 가능하다는 내용이 알려지면서 「테러방지법」의 입법과 관련하여 국내외 여론이 악화된 상황이었다.

정치권의 주장에는 다소 과장이 있다. 모든 주장을 곧이곧대로 믿을 필요는 없겠지만 야당이 가졌던 문제의식은 주목할 만하다. 국내에서 국가기관, 특히 정보기관에 대한 국민의 신뢰는 매우 낮았다. 이명박·박근혜 정부에서 민간인 사찰이나 블랙리스트 등 정보기관의 권한을 넘는 행위를 지속적으로 목격해 왔다. 야당 입장에서 「테러방지법」은 현 정부와 여당에 또 하나의 무기를 주는 행위였을 것이다. 테러 예방의 필요성은 부정할 수 없었지만 정보기관에 새로운 권한을 부여한다는 사실만으로도 「테러방지법」은 야당과 일부 국민의 저항을 받을 수밖에 없었다.

실제로 「테러방지법」은 테러 피해 지원, 조직 간 역할 분담 등을 규정하고 있지만 국가정보원의 테러 정보수집을 용이하게 하는 내용을 다수 포함하고 있다. 대표적으로 테러위험인물에 대한 정보수집 방법으로 소개된 대테러 조사와 추적을 들 수 있다. 정보기관 입장에서는 대테러 활동을 명분으로 정보수집 수단을 하나 더 부여받은 셈이다. 민주사회를 위한 변호사모임은 「테러방지법」에 명시된 테러위험인물에 대한 조사가 사생활의 비밀과 자유, 통신의 비밀, 일반적 행동의 자유, 정치적 표현 및 집회·결사의 자유 등을 침해한다는 이유로 헌법소원심판청구*를 제기하기도 했다.

📖 **헌법재판소 2018. 8. 30 자 2016헌마442 결정 [「국민보호와 공공안전을 위한 테러방지법」 제2조 제1호 가목 등 위헌확인] - 각하**

「테러방지법」에서 사용하는 "테러", "테러위험인물"의 개념에 관하여 정의하고, 이 사건 정보수집 등 조항은 테러위험인물을 대상으로 국가정보원장이 취할 수 있는 여러 조치에 관하여 규정하고 있을 뿐이므로, 심판대상조항이 청구인들을 직접적인 상대방으로 하고 있다고 볼 수 없다. 또한 테러위험인물에 해당하지 않아 제3자에 불과한 청구인들의 기본권을 심판대상조항이 직접적이고 법적으로 침해하고 있다고 볼 만한 예외적 사정 역시 인정되지 아니한다(자기관련성이 없다).

청구인들은 그동안 제주 강정해군기지 건설반대, 용산참사 진상규명 및 관련자 처벌 요구 등 다양한 사회적 활동을 해 왔는데, 그동안 자신들이 행한 활동이 반정부적 활동으로 분류되어 테러위험인물로 지정될 가능성이 있고, 심판대상조항은 광범위한 민간인 사찰 도구로 악용될 수 있다고 주장한다. 그러나 청구인들의 위와 같은 사회적 활동이 이 사건 정의조항에서 규정하고 있는 테러의 개념에 해당하지 않는다는 점은 문언상 명백하다. 청구인들의 위 주장은 막연한 권리침해의 가능성 내지 우려를 표명한 것에 불과하다.

여론과 정치적 논란과는 별개로, 대테러 업무에 종사하는 공무원 입장에서 「테러방지법」은 업무를 수행하는 데 미흡한 내용을 담고 있는 법이다. 직설적으로 이야기하면 「테러방지법」은 내용 측면에서 '좋은 법'이라고 할 수 없다. 정보를 수집하는 국가정보원의 관점에서 본다면 「테러방지법」은 테러로부터 국민을 보호한다는 목적을 갖고 있지만 이를 예방할 결정적 수단이 부족해 보인다. 몇몇 규정을 제외하고는 테러리스트 혹은 테러위험인물에 대한 처벌은 여전히 「형법」 규정을 준용하고 있다. 형사특별법으로 가치가 없다는 이야기이다. 테러위험인물에 대한 정보수집이나 대응 방법에서 기존의 법률과 다른 특별한 절차도 찾아볼 수 없다. 인권 측면에서도 「테러방지법」을 비판할 수 있다. 「테러방지법」은 테러, 테러위험인물, 대테러 조사 등 법률 해석상 모호한 규정을 나열했다. 국가정보원의 임의 판단으로 정보수집 대상 범위가 무한정 확장될 가능성이 남아 있다. 만에 하나 국가정보원의 일탈이 있다면 국민의 기본권이 침해받을 가능성도 있다. 결론적으로 이야기하면 「테러방지법」은 정보기관과 인권단체 모두를 만족시킬 수 없는 법이다. 다음에서 「테러방지법」의 구체적 문제점을 살펴본다.

첫째로 「테러방지법」상 테러단체는 국제연합의 위원회가 지정한 단체만을 의미한다. 국제연합의 위원회는 알카에다나 ISIS 연계 세력만을 테러단체로 지정하고 있다. 국내외 상황을 고려하여 우리 치안과 안보에 관련된 테러단체를 지정할 수 없다는 문제점이 있다. 테러단체 지정을 국제연합의 위원회에 위임한 것은 정치적 논란을 최소화하기 위한 장치였다. 정보기관이 일부 정치권의 우려대로 정치적 반대 목적의 집회를 테러 활동의 일환으로 판단한다면, 그 단체 혹은 결사는 테러단체로 간주될 수 있고 정보기관은 대테러 조사와 추적 등을 통해 관련 정보를 수집하여 정치적으로 악용할 가능성이 있기 때문이었다.

그럼에도 불구하고 우리 스스로 테러단체를 지정하지 못한다는 것은 현실에 맞지 않는 일이다. 우리나라에서는 이슬람 극단주의 세력 외 다양한 테러단체가 주도하는 테러가 발생할 가능성이 존재한다.

특히 우리나라에는 남북한 대립 상황이 남아 있지 않은가. 북한 추종 혹은 그 연계 세력은 언제든 국내외 테러를 일으킬 수 있다. 또한 이슬람 극단주의 단체만이 테러단체가 될 수 있는 것은 아니다. 2004년 태국의 반−한단체Anti Korea Interest Agency(이하 AKIA)로부터 대한민국 대사관이 테러 협박을 받는 사건이 발생하기도 했다. 현행 「테러방지법」에 따르면 AKIA는 테러단체로 분류할 수 없다. 테러와 국내 치안 문제를 예방하기에 미흡하다.

결국 테러 예방이 목적이라면 우리 스스로 신속하게 테러단체를 지정할 필요가 있다. 테러단체 지정에 정치적으로 악용될 수 있는 내용은 예외 조항을 마련하여 엄격하게 금지하고 테러단체 지정 절차를 투명하게 공개하면 된다. 「테러방지법」 내에 국가공무원의 정치적 중립 의무 위반에 대한 처벌 규정도 신설해야 한다. 국민적 합의를 전제로 「테러방지법」 개정 시 우리 스스로 테러단체를 지정하는 문제를 심도 있게 논의할 필요가 있다.

둘째로 테러를 예방하기 위한 특별한 수단이 없다는 문제점이 있다. 물론 「테러방지법」은 대테러 활동이라는 목적하에 금융·통신·위치정보 등 다양한 내용의 수집이 가능하다. 보기에 따라서는 대테러 활동의 정보 취득 범위가 굉장히 확장되었다고 생각할 수 있다. 여기서 강조하고 싶은 것은 '특별한'이다. 「테러방지법」에는 대테러 정보 수집만을 위한 특별한 절차가 마련되어 있지 않다.

특별한 절차가 없다는 것은 두 가지 측면에서 비판이 가능하다. 하나는「테러방지법」이 왜 필요한가라는 질문을 할 수 있다. 기존의 법적 절차를 그대로 준수한다면「테러방지법」의 존재 이유는 약화될 수밖에 없다. 다른 하나는 국민보호와 공공안전이라는「테러방지법」의 입법 목적을 달성할 수 있느냐는 본질적인 의문이다. 테러는 그 행위의 잔혹성과 국민이 입는 피해의 상당성을 고려했을 때 기존의 범죄 대응과는 분명 차이가 있어야 했다. 무엇보다 테러는 되돌릴 수 없는 결과를 가져온다는 점에서 사전 예방이 대단히 중요하다.「테러방지법」내에 테러라는 특수한 범죄를 예방하기 위한 특별한 수단이 부재하다면 이 법의 입법취지는 미흡할 수밖에 없다. 따라서 국민보호와 공공안전이라는「테러방지법」목적 달성을 위해 국가에 필요한 권한이 무엇인지 검토해야 한다. 공권력에 법치주의적 통제와 국민의 동의를 전제로 테러 수사를 위해 필요한 몇몇 권한을 추가할 필요가 있다.

정보기관 입장에서 테러 수사에 반드시 필요한 것은 테러위험인물에 대한 휴대폰 감청과 사이버 테러 예방 관련 내용이다. 현행법상 통신 회사에 감청장비 설치를 의무화하는 규정이 없다. 휴대폰 장비 등으로 각종 정보를 얻고 전 세계로 향하는 노마드 테러nomad terror를 예방하기 위해서는 대테러 활동에 한하여 휴대폰 감청을 허용할 필요가 있다.

또한 사이버 테러는 디도스 공격을 시작으로, 그 주체가 북한으로 의심되는 2011년 농협 전산망 해킹사건, 중앙선거관리위원회 사건 등 현존하는 위험이다. 국제연합 안전보장이사회 산하 대북제재위원회는 지난 2019년 8월 안보리에 제출한 보고서에서 한국을 북한 사이버 테러의 최대 피해국으로 꼽았으며 총 10건의 피해 사례가 있다고 밝혔다. 북한을 「테러방지법」상에서 어떻게 다룰 것인지에 대한 문제는 차치하더라도 테러라는 범주 안에서 사이버 테러를 어떻게 규정하고 예방할 것인지에 대한 내용은 「테러방지법」 안에 담을 필요가 있다.

휴대폰 감청과 사이버 테러 관련 내용은 인권침해 가능성이 매우 크다. 그러나 법률상 설치된 위원회를 통한 철저한 감시가 병행된다면 대테러 활동 중 발생할 수 있는 인권침해 우려를 불식할 수 있다. 문제는 현재의 「테러방지법」은 테러 수사에 필요한 필수적 내용도 빠져 있을 뿐만 아니라 이를 예방할 통제 수단마저 부재하다는 점이다. 해석상 모호한 정의 조항을 나열함으로써 모든 것을 국가정보원 등 정보기관의 임의적 판단에 맡기고 있다.

개념의 모호함은 「테러방지법」 제2조에 규정된 테러의 정의에서부터 시작된다. 「테러방지법」에서는 정치적 논란을 최소화한 포괄적 개념만을 나열하고 있다. 「테러방지법」상 테러는 "국가·지방자치단체 또는 외국 정부의 권한행사를 방해하거나 의무 없는 일을 하게 할 목적 또는 공중을 협박할 목적으로" 테러 유형의 범죄를 저질렀을 때 성립한다. 유럽연합에서 합의한 테러에 관한 정의를 개념 안에 포함해 놓았다. 국민이 일반적으로 생각하는 종교적·이념적 또는 정치적 목적 등의 테러 행위와는 차이가 있다. 또한 우리가 현실에서 체감할 수 있는 북한에 의한 국가 주도 테러, 국내에서 발생할 수 있는 외로운 늑대형 테러에 관한 내용은 빠져 있다는 문제점이 있다. 법적으로 불명확한 테러 판단 기준은 정치권, 수사기관의 임의적 판단을 가능하게 하는 요인이 된다. 또한 테러로 결론 내리는 데 상당한 시간이 걸릴 수밖에 없어, 신속한 테러 대응에서도 문제가 발생할 수 있다.

둘째로 테러위험인물의 개념도 모호하다. 테러위험인물은 "테러단체의 조직원이거나 테러단체 선전, 테러자금 모금·기부, 그 밖에 테러 예비·음모·선전·선동을 하였거나 하였다고 의심할 상당한 이유가 있는 사람"으로 그 범위를 제한하고 있다. 여기서 '상당한 이유'는 학설이나 판례에서도 해석상 논란의 여지가 많은 이른바 '불확정 개념'이다.

물론 법 조항에 '상당한 이유'가 들어갔다고 해서 그 자체가 위헌이라고 단정할 수 없다. 다만 테러위험인물로 지정된 개인에 대해 국가정보원장은 민감정보●를 포함하여 개인정보, 위치정보, 출입국기록, 금융거래정보 및 통신이용기록 등 상당량의 정보를 취득할 수 있다. 또한 대테러 활동에 필요한 정보수집을 위한 대테러 조사와 추적까지 가능하다. 기본권 제한의 정도가 작다고 할 수 없다. 따라서 국민의 기본권에 영향을 미치는 정도를 고려할 때, 테러위험인물의 범위를 명확한 용어로 규정할 필요가 있다.

● 「개인정보 보호법」상 민감정보란, 사상·신념, 노동조합·정당의 가입·탈퇴, 정치적 견해, 건강, 성생활 등에 관한 정보, 그 밖에 정보주체의 사생활을 현저하게 침해할 우려가 있는 개인정보를 말한다.

📖 **「테러방지법」 제9조 제4항(국가정보원장의 대테러 조사와 추적 권한)**

국가정보원장은 대테러활동에 필요한 정보나 자료를 수집하기 위하여 대테러조사 및 테러위험인물에 대한 추적을 할 수 있다. 이 경우 사전 또는 사후에 대책위원회 위원장에게 보고하여야 한다.

📖 **「테러방지법」 제2조 제8호(대테러 조사의 정의)**

"대테러조사"란 대테러활동에 필요한 정보나 자료를 수집하기 위하여 현장조사·문서열람·시료채취 등을 하거나 조사대상자에게 자료제출 및 진술을 요구하는 활동을 말한다.

셋째로 「테러방지법」에서 가장 모호한 내용은 대테러 조사와 추적★이다. 앞서 언급했듯이 테러위험인물에 대한 정보 활동 내용 중 통신·금융·출입국정보는 개별 법률의 절차와 심사를 거칠 수 있다는 점에서 인권침해 가능성이 상대적으로 적다. 하지만 대테러 조사와 추적★은 국가정보원에 의해 가능하다는 내용만 있을 뿐 구체적인 내용이 빠져 있다. 「테러방지법」에서 대테러 조사를 정의하고 있지만 조사와 추적의 성격이 무엇인지, 구체적인 절차가 어떻게 진행되는지에 대한 내용은 없다. 분명한 것은 대테러 조사와 추적 과정에서 테러리스트 혹은 테러위험인물에 대해 강제성을 수반할 수 있다는 점이다. 재판 과정에서 변호인은 정보수집 과정에서 채득한 증거의 적법성 문제를 제기할 수 있다. 또한 대테러 조사와 추적의 범위 역시 국가정보원의 임의적 해석에 따라 확장될 수 있다는 우려가 있다.

2016년 3월, 「테러방지법」이 통과되었다. 4년이 지난 지금 사람들의 관심은 크지 않지만 「테러방지법」에 대한 논란은 여전히 진행 중이다. 여야 정치권의 입장에 따라 언제든 정치적 쟁점이 될 수 있다. 여야의 다툼은 차치하더라도 국민안전과 테러 예방을 위해서 「테러방지법」의 개정은 필요하다. 현재의 「테러방지법」은 법치주의와 인권보호의 관점에서 매우 미흡하다.

다른 한편으로는 정보 수사기관을 위한 측면도 있다. 정치권은 모호한 법 조항을 던져 놓고 사찰이라는 오명으로 국가공무원에게만 책임을 묻는 경우가 종종 있다. 물론 정보기관이 조금 지나쳤거나 일부 직원의 일탈도 있었을 것이다. 그러나 입법 과정에서 명확한 법 규정을 만들지 못한 국회에 가장 큰 책임이 있다. 「테러방지법」은 대테러 정책의 기본이다. 법치주의와 인권보호가 테러 예방의 원칙이라면 「테러방지법」 역시 법치주의와 인권보호의 관점에서 재검토할 필요가 있다.

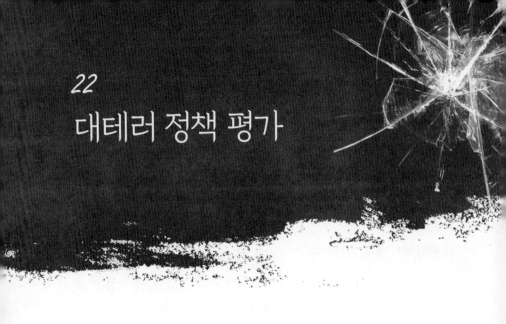

22
대테러 정책 평가

인권보호와 법치주의 관점에서 대테러 정책을 평가할 필요가 있다. 여기에서 대테러 정책의 시작은 「테러방지법」 이후일 것이다. 물론 「테러방지법」 시행 이전에도 국가정보원은 국제 테러 등을 예방하기 위한 방첩(해외 첩보)업무를 담당해 왔다. 국제행사를 앞두고 테러에 대비하는 정부 차원의 대응 매뉴얼도 있었을 것이다.

2016년 3월, 「테러방지법」 통과 이후 대테러 정책의 컨트롤 타워라고 할 수 있는 국가테러대책위원회*가 발족했다. 위원장인 국무총리를 중심으로 20개의 대테러 관계기관이 정기적으로 모여 회의를 진행한다. 정부기관뿐만 아니라 공공기관까지 참여하여 국가 차원의 테러 종합대책을 함께 논의하고 있다. 대테러 정책의 본격적 시작이라고 할 수 있는 「테러방지법」 시행 이후의 상황을 중심으로 국내 대테러

테러를 프로파일링하다

① 대테러활동에 관한 정책의 중요사항을 심의 · 의결하기 위하여 국가테러대책위원회를 둔다.

② 대책위원회는 국무총리 및 관계기관의 장 중 대통령령으로 정하는 사람으로 구성하고 위원장은 국무총리로 한다.

③ 대책위원회는 다음 각 호의 사항을 심의 · 의결한다.

1. 대테러활동에 관한 국가의 정책 수립 및 평가

2. 국가 대테러 기본계획 등 중요 중장기 대책 추진사항

3. 관계기관의 대테러활동 역할 분담 · 조정이 필요한 사항

4. 그 밖에 위원장 또는 위원이 대책위원회에서 심의 · 의결할 필요가 있다고 제의하는 사항

정책을 평가해 본다.

「테러방지법」을 검토한 결과, 「테러방지법」은 개정이 필요한 '아직은 부족한 법'이라는 결론을 내릴 수 있었다. 그렇다면 법률의 내용을 보고 선험적先驗的으로 판단했던 문제점이 현실적으로 어떻게 발현되었는가에 대한 검증이 필요하다. 먼저 2016년부터 2020년까지 국내 테러 관련 이슈를 중심으로 대테러 정책의 문제점을 검토한다.

지난 4년간 국내에서 테러라고 불릴 만한 사건은 발생하지 않았다. 국제행사였던 평창 동계 올림픽, 광주 세계수영선수권대회 등도 성공적으로 마쳤다. 트럼프 대통령 방한 등 국제 테러의 표적이 될 수 있는 이벤트도 무리 없이 진행했다. 제정 당시 우려했던 테러 수사 수단의 부재 및 테러단체 지정 관련 문제점은 발생하지 않았다. 하지만 지난

4년간 테러 유형의 사건이 발생하지 않았다는 사실만으로 수사 수단의 적정성을 평가하기에는 기간이 지나치게 짧다는 점을 고려할 때, 테러 예방을 위한 수단의 부재 등에 관한 평가는 유보할 필요가 있다.

「테러방지법」의 제정 과정에 지적된 두 번째 문제점은 국민의 기본권 침해 가능성이다. 앞서 언급한 바와 같이 「테러방지법」상 "테러", "테러단체", "테러위험인물" 등의 개념은 추상적이었다. 그리고 테러위험인물 등의 법률상 개념을 국가정보원에서 임의로 확장 해석할 수 있다는 점에서 인권침해 가능성이 있다고 지적했다. 지난 4년간 대테러 활동 중 발생한 인권침해 사실을 확인할 수 있는 기관은 '대테러 인권보호관'이다. 대테러 인권보호관은 「테러방지법」 제7조 제1항*에 규정한 기관으로 대테러 활동 중 발생할 수 있는 기본권 침해를 방지하는 역할을 수행하고 있다. 쉽게 이야기하면 대테러 인권보호관은 관계기관의 대테러 활동과 관련하여 피해를 입은 국민의 민원을 접수하는 창구이다.

2016년 7월에 설치된 대테러 인권보호관 지원반의 통계 자료에 따르면, 지난 4년간 접수된 기본권 침해 사례는 없었다. 그러나 표면적

📖 **「테러방지법」 제7조 제1항(대테러 인권보호관)**
관계기관의 대테러 활동으로 인한 국민의 기본권 침해 방지를 위하여 대책위원회 소속으로 대테러 인권보호관 1명을 둔다.

통계만을 갖고 「테러방지법」 시행 이후 국민의 기본권 침해가 없었다고 단정할 수는 없다. 대테러 인권보호관에 기본권 침해 사례가 없었던 가장 큰 이유는 대테러 인권보호관의 부진한 업무 실적과 정보기관을 견제할 법률적 조사 수단이 부족했기 때문이다. 구체적으로 대테러 인권보호관 제도에 대한 홍보가 효과적으로 이루어지지 않았다. 일반 국민은 물론 대테러 관계기관도 대테러 인권보호관의 존재를 모르는 경우가 많았다. 둘째로 테러위험인물에 대한 정보기관의 대테러 조사나 추적은 암행으로 이루어지는 경우가 많다. 조사대상자가 정보수집 사실을 인지하고 대테러 인권보호관에 민원을 제기할 가능성이 낮았다. 셋째로 대테러 인권보호관은 행정기관이나 민원인에 대하여 구체적 자료를 요구할 수 있는 조사권이 존재하지 않는다. 대테러 인권침해 예방 활동에 그 역할이 제한적일 수밖에 없었다. 넷째로 지난 4년간 국가정보원의 정보수집 대상은 주로 외국인이었다. 기본권 보호에서 외국인은 내국인에 비하여 취약한 상황에 놓여 있다. 국내 정보기관의 조사 과정에서 외국인이 대테러 인권보호관을 통하여 민원을 제기하기란 현실적으로 쉬운 일이 아니다.

정리하면 「테러방지법」의 시행 이후에도 대테러 활동 중 발생한 인권침해 사실을 검증할 만한 자료 확보에 어려움이 있었다. 암행으로 이루어지는 수사 관행과 대테러 인권보호관의 조사 권한 부재는 「테러방지법」이 갖고 있는 인권침해적 내용을 검증하기 어렵게 만들었다. 향후 법 개정을 통해 대테러 인권보호관의 제도 개선과 조사대상

대테러 인권보호관 홍보 자료(대테러센터 홈페이지)

자에 대한 통지 규정을 마련할 필요가 있다. 대테러 인권보호관이 정보기관으로부터 객관적 자료를 확보하고 제대로 된 검증절차를 거칠 수 있다면 대테러 활동 중 발생할 수 있는 인권침해를 실질적으로 예방할 수 있을 것이다.

세 번째로 대테러 정책에 대한 평가는 국가테러대책위원회의 업무실적 등을 통해서도 판단할 수 있다. 「테러방지법」 시행 이후 대테러 관계기관의 구체적 업무내용은 국가테러대책위원회의 주무 부처라고 할 수 있는 대테러센터를 통해 확인할 수 있다. 대테러센터는 국가의 대테러 정책을 결정하는 국가테러대책위원회를 주관하고 동 위원회에서 의결된 내용을 실무적으로 수행하는 일을 맡고 있다.

한국의 대테러 체계(대테러센터 홈페이지)

2016년 7월 1일 제1회 국가테러대책위원회를 시작으로 2020년 1월 30일 제10차 국가테러대책위원회까지 지난 4년간 총 10차례 국가테러대책위원회가 개최되었다. 테러 신고 등에 대한 포상금, 테러 피해자의 피해 지원금·특별 위로금 지급 운영지침 등을 정한 제2차 국가테러대책위원회와 런던 피해자 지원금 이의 신청에 대한 기각 결정을 내렸던 제6차 국가테러대책위원회만 서면으로 진행되었을 뿐, 나머지 8차례의 국가테러대책위원회는 정부서울청사 내의 회의실에서 개최되었다. 국가테러대책위원회는 국무총리 주재로 「테러방지법」상 관계부처 장관, 대테러 인권보호관 등이 함께 모여 회의를 진행한다. 초기에는 테러 발령 규정 및 테러 전담조직 정비에 관한 법률적 내용 구성이 주를 이루었고, 후반기에는 평창 올림픽 등 국내외 행사 안전 계획과 드론 등 신종 테러 예방을 위한 법률 개정의 내용을 다루었다.

국가테러대책위원회의 운영과 관련해서 제기될 수 있는 첫 번째 문제점은 상정될 안건을 조정하고 실무적 역할을 담당해야 할 대테러센터의 역할이 미비하다는 점에 있다. 대테러 활동의 주요 업무는 국가정보원, 경찰청, 군이 담당한다. 국가정보원은 대테러 관련 정보수집 업무를 담당하고 있다. 주로 북한·해외 범죄조직의 동향 분석을 통해 국제 테러 예방에 중점을 두고 있다. 경찰은 정보국을 중심으로 국내 정보 활동을 진행한다. 범죄첩보, 강력사범·경제사범·중요범죄 정보 등 국내 테러와 연관된 다양한 첩보를 수집한다. 군은 북한 관련 첩보나 테러 업무를 전담하고 있다. 업무 범위가 다르다 보니, 국가정보원, 경찰, 군은 테러에 대한 인식*과 대응 방식에도 차이가 있다.

국제 테러단체가 주도하는 전쟁에 준하는 테러, 국내 치안 영역에서 발생할 수 있는 외로운 늑대형 테러 등 다양한 유형의 테러에 대비하기 위해서는 각 기관의 이해관계를 조정할 수 있는 종합적 컨트롤 타워가 필요했다. 「테러방지법」은 테러 담당 기구로 대테러센터를 두고 있다. 테러대책실무위원회의장을 대테러센터장으로 임명하는 등 대러센터에 국내 테러 대응의 중심적 역할을 부여하고 있다.

　그러나 현재의 대테러센터는 각 정보·수사기관 혹은 관계기관의 개별 대책을 취합하는 수동적인 역할에 머물러 있다. 대테러센터는 기획총괄부, 협력조정부, 안전관리부, 대테러종합상황실 등 총 4개 부로 구성된다. 대테러센터를 구성하는 공무원은 국가정보원, 행정안전부, 국무조정실, 소방청 등에서 파견된 직원으로, 테러 관련 전문성이 부족할 뿐만 아니라 업무를 담당하는 공무원 대부분이 한시적인 파견 근무 형태로 일하고 있다는 점에서 장기적인 테러 대책을 마련하기 힘든 구조이다. 현실적으로 대테러센터는 국가정보원 등 테러 실무부처에서 마련한 대테러 대응방안을 모으고 합치는 역할에 머물러 있다. 또한 대테러센터는 테러 주무기관들의 이해관계를 조정하기 힘든 구조로 이루어졌다. 대테러센터의 주요 보직은 국가정보원 직원이 맡고 있다. 대테러센터장을 보좌하는 정책기획관, 테러정보통합센터의 관리 역시 국가정보원이 전담한다. 국가정보원이 대테러센터 내에서 주도적 역할을 담당하고 있는 구조에서 대테러 관계기관 사이의 수평적인 정보공유 활동이 가능할지 의문이다.

국가테러대책위원회 운영에서 두 번째 문제점은 국가테러대책위원회의 의제 선정에 있다. 지난 10차례의 국가테러대책위원회는 테러 예방을 위한 실질적 내용을 다루기보다는 정치적 논란을 최소화한 의제만을 다루었다는 점에서 아쉬움이 남는다. 이러한 의제 선정은 국내에서 테러가 현실화될 가능성이 떨어진다는 판단과 「테러방지법」 등 테러 현안에 대한 국민의 관심이 높지 않다는 이유일 것이다. 즉, 정치적으로 민감한 주제를 다루어 긁어 부스럼을 만들 필요가 없다는 행정적 판단의 결과이다. 따라서 국가테러대책위원회에서 주요 의제로 다룰 수 있는 북한 관련 테러 이슈, 「테러방지법」 개정, 사이버 테러 예방 대책 등 민감한 내용은 빠져 있다. 결국 국가테러대책위원회는 국무총리가 주관하고 관계 장관이 참여하는 국가 주요 회의임에도 불구하고 연초 각 관계기관의 테러 예방을 위한 업무계획을 보고하고 (제3차, 제5차), 국제기구 요청에 따르는 필수적 의제만을 다루는(제6차, 제7차) 수동적 회의에 머물러 있다는 비판이 가능하다.

네 번째로 「테러방지법」의 주요 기관이라고 할 수 있는 국가정보원의 활동에 대한 평가이다. 「테러방지법」 제9조는 국가정보원은 국내 체류 외국인 중 테러 가능성 높은 이들을 테러위험인물로 지정하고 대테러 조사와 추적 활동을 할 수 있다고 규정하고 있다. 이에 따라 국가정보원은 지난 4년간 파키스탄, 우즈베키스탄 등의 국적을 가진 일부 외국인을 테러위험인물로 지정했고 이들에 대한 금융·통신정보를 수집했다. 또한 「출입국관리법」에 따라 수십여 명에 대해 강제퇴거 조치를 내렸다. 「테러방지법」 이후 「테러방지법」 위반으로 형사처벌 받은 사례는 1건뿐이다. 국가정보원은 2년간의 추적 끝에, 인천지방 경찰청 국제범죄수사대와 공조하여 시리아인 A씨(33세)를 구속했다. 2018년 12월 6일 1심 재판부는 A씨를 테러단체 가입 권유 및 선동한 혐의로 징역 3년을 선고했지만, 2019년 7월 12일 2심에서는 전부 무죄가 선고되었다. 향후 대법원 선고 결과에 귀추가 주목된다. 만약 상고심의 무죄 판결이 확정된다면 국가정보원의 테러위험인물 지정과 정보수집 과정의 문제점과 검찰의 무리한 기소 등 인권침해 측면에서의 문제점이 불거질 수 있다.

「테러방지법」 제정 이후 국가정보원의 대테러 정보수집 과정 중에 제기된 기본권 혹은 인권침해 관련 이슈는 없었다. 그렇지만 앞서 언급했듯이, 그 대상이 주로 외국인이었고, 이들이 어떠한 혐의로 정보수집 대상이 되었고, 강제퇴거를 당했는지에 대한 구체적 내용을 확인할 수 없다는 제도적 한계가 있었다. 행여 있을지 모를 내국인 인권침해 우려를 불식하기 위해서라도 테러위험인물 지정 절차를 투명하게 공개할 필요가 있다. 또한 테러위험인물이 누구이고 정보수집 절차에 문제점이 없는지에 대한 검증도 필요해 보인다. 만약 국가안보를 이유로 즉각적인 내용의 공개가 곤란하다면 중립적 기관을 설치하여 사후에라도 정보수집 과정 중 정보기관의 권한 남용이 없었는지 검토해야 한다.

대한민국은 테러 청정지대라는 표현은 식상하기도 하지만, 현시점에서 맞지 않는 측면이 있다. 국내에서도 언제든 테러가 발생할 가능성이 있다. 다만 상대적으로 다른 나라에 비해 확률이 낮을 뿐이다. 테러 활동에 대비하는 실무자들은 최악의 상황을 상정하고 테러를 대비할 필요가 있다. 「테러방지법」의 시행 이후 이렇다 할 테러 유형의 사건은 발생하지 않았다. 우리의 대테러 활동이 완벽했기 때문에 테러가 일어나지 않았다고 생각하지 않는다. 대외 상황 그리고 국내 치안 상황이 복합적으로 영향을 미쳤을 것이다. 그러나 테러 유형의 사건은 지금 이 순간에도 발생할 수 있다. 그리고 우려했던 법률적·제도적 문제점은 사건 발생 이후 도드라질 수 있다. 인권보호와 법치주의를 바탕으로 대테러 정책을 다시 한번 점검할 필요가 있다.

제7장

한국 테러 문제의 현주소

23

연세대 사제 폭발물 사건
-「테러방지법」이후 국내 테러사건

테러 관련 업무에 종사하면서 놀란 순간이 있었다. 2017년 6월, 연세대에서 사제 폭탄이 폭발했다는 뉴스가 보도되었다. 대학가에서 폭탄이 폭발했다는 사실 자체가 충격적이었다. 「테러방지법」시행 이후 테러 유형의 사건이 처음 발생했다는 점에서 대테러 관계기관의 주목을 끌었다.

피고인은 대학원에 재학 중이었다. 피해자인 지도교수로부터 연구실적과 관련해서 잦은 질책을 당했고, 이 과정에서 피고인은 심한 모욕감과 모멸감을 느꼈다고 진술했다. 결국 피고인은 피해자에 대한 감정이 악화되어 급기야는 피해자에게 해를 가하겠다고 마음먹었다. 피고인은 평소 알고 있던 과학적 지식을 적극 활용하여, 텀블러 안에 화약을 넣고 일정한 조건하에 폭발하도록 하는 물건(이하 텀블러 화약)을 만들어 피해자를 공격하기로 결심했다.

　피고인은 텀블러 화약을 종이가방에 넣어 피해자의 연구실 문 앞에 놓아두었다. 사건 당일 연구실로 출근한 피해자는 종이가방을 발견하고 연구실 안으로 가져갔다. 그리고 내용물을 확인하기 위해 종이가방을 개봉하자 텀블러 화약이 폭발했다. 피해자는 머리, 목 부위에 2도 화상을 입었다.

　폭발물 관련 테러 유형의 사건이었기에 대테러센터에 사건이 접수되었다. 사건 상황을 전달받은 후, 국가정보원과 경찰이 중심이 된 대테러특공대가 출동했다. 먼저 피고인을 검거한 후 조사에 착수했다. 대학에서 발생한 테러 유형의 사건이었기 때문에 피고인이 ISIS 등 이슬람 극단주의 단체와 연관되어 있는지 확인했다. 피고인의 SNS와 온라인 검색 내역 등을 조사한 결과 피고인은 이슬람교를 믿고 있지 않았고 극단주의 테러단체와의 접점도 찾을 수 없었다.

　이후 경찰특공대가 출동하여 텀블러 화약의 내용을 분석했다. 피고인이 제작한 텀블러 화약, 경찰특공대가 자체 제작한 텀블러 화약 등을 상이한 조건하에서 검증했다. 그리고 피고인의 텀블러 화약이 폭발물로 판단될 수 있다고 결론 내렸다. 경찰특공대의 폭발물 검증 결과 피고인의 텀블러 화약은 여러 가지 조건을 충족할 경우 상당한 폭발력을 갖는 위험한 물건으로 인정할 수 있었다. 경찰은 피고인을 「형법」 제119조(폭발물사용) 제1항*위반 혐의로 검찰에 송치했다. 만약 텀블러 화약이 경찰의 주장대로 폭발물로 판정된다면, 피고인은 7년 이상의 중형을 면하기 어려웠다.

검찰은 텀블러 화약을 국립과학수사연구원에 감정을 의뢰했다. 그
리고 텀블러 화약을 폭발물이 아닌 폭발성 물건으로 결론 내렸다. 국
립과학수사연구원의 검증 결과도 있었지만 텀블러 화약이 폭발물인지
폭발성 물건인지에 대한 법률적 판단이 우선 고려되었다. 폭발물사용
죄의 법정형은 사형, 무기 또는 7년 이상의 징역으로 규정되어 있다.
이는 생명, 신체 또는 재산을 해하는 경우에 성립하는 살인죄, 상해
죄, 재물손괴죄 등의 범죄와 비교했을 때 양형이 무겁게 설정된 편이
다. 양형 측면을 고려했을 때, 폭발물사용죄에서 말하는 폭발물이 되
기 위해서는 폭발 작용의 위력이 사람의 생명, 신체, 재산 및 공공의
안전이나 평온에 직접적이고 구체적인 위험을 초래할 수 있는 정도의
강한 파괴력을 지녀야 한다(대법원 2012. 4. 26, 선고 2011도17254, 판결 참조).

검찰은 텀블러 화약은 점화장치를 활용해 폭발 작용을 일으킨 사실
은 있지만 폭발 작용 자체의 위력이 공안을 문란하게 할 수 있는 정도
로 고도의 폭발 성능을 갖고 있지 않았고 범행 동기 역시 피고인이 평
소 갖고 있던 피해자 교수를 향한 불만 때문에 발생한 개인적 보복 차

원의 범죄로 판단했다. 검찰은 피고인을 「형법」 제172조(폭발성물건파열) 제1항* 위반 혐의로 기소했다. 폭발성물건파열치상죄의 법정형은 1년 이상의 유기징역이다.

공판에서 피고인의 변호인은 피고인의 텀블러 화약은 「형법」 제172조 제1항의 소정의 '폭발성 있는 물건'에 해당되지 않는다고 주장했다. 피해자의 상해 정도와 실제 발생한 폭발력을 고려했을 때, 텀블러 화약을 폭발성 물건으로 볼 수 없다는 의견이었다. 변호인은 피고인의 범죄 혐의가 「형법」상의 단순상해죄(「형법」 제257조 제1항)에 그친다고 주장했다. 기소 단계에서 텀블러 화약이 폭발물인지 폭발성 물건인지가 쟁점이었다면 공판에서는 텀블러 화약이 폭발성 있는 물건에 해당하는지가 문제가 되었다. 폭발성 물건을 판단하는 기준에 대해 법원은 다음과 같이 제시하고 있다.

법원은 「형법」 제172조 제1항의 폭발성 물건이 되기 위해서는 "폭발성 물건이 파열되어 사람의 생명, 신체 또는 재산에 대하여 위험을 발생시킬 경우에 성립하는 구체적 위험을 초래할 때 성립한다"라고 보고 있다. 즉, 해당 물건이 그 폭발 작용 자체에 의하여 공공의 안전을 문란하게 하거나 생명, 신체 또는 재산을 해할 정도의 성능이 없거나, 사람의 신체 또는 재산을 경미하게 손상시키는 정도에 그쳐 사회의 안전과 평온에 부족한 정도의 파괴력과 위험성을 가진 물건이라고 하더라도, "사람의 생명, 신체 또는 재산에 대한 구체적인 위험을" 발생시킬 수 있는 것이라면 「형법」 제172조 제1항에 있는 폭발성 물건에 해당된다고 보아야 할 것이라고 판단했다(대법원 2012.4.26, 선고 2011도 17254 판결 참조).

피해자는 2주 정도의 경미한 상해를 입었다. 그러나 재판부는 텀블러 화약이 사람의 생명, 신체에 구체적인 위험을 충분히 발생시킬 수 있다고 판단했다. 피고인은 텀블러 안에 폭죽에서 추출한 화약과 철수세미와 건전지 4개를 이용하여 기폭장치를 만들었고 뚜껑과 용기를 접착시켜 압력을 높여 강한 폭발력을 발생시켰을 가능성이 있었다. 다만 사건 당시 텀블러 화약의 폭발 위력이 약했던 것은 고온 등 외부 요인에 기인한 측면이 있었다. 법원은 피고인의 텀블러 화약을 폭발성 물건으로 결론 내렸다.

또한 법원은 피고인이 치밀하게 범죄를 계획했다는 점, 피해자에게 경각심을 낮추기 위해 '감사합니다'라고 쓴 메모지를 종이상자에 부착하여 피해자가 그 상자를 자신의 제자가 주는 선물로 생각하고 의심을 하지 않도록 계획했다는 점에서 그 죄질이 불량하다고 판단했다. 재판부는 피고인에게 징역 2년을 선고했다. 피고인의 2심 상소 역시 기각되었다.

연세대 사제 폭발물 사건은 국내 테러 대응에 시사하는 바가 크다. 대테러합동조사팀에서 테러를 판단하는 첫 번째 기준은 피고인인 ISIS 등 이슬람 극단주의 세력과 관련성이 있는지 여부였다. 언론보도에 따르면 경찰은 피고인의 출입국기록과 페이스북과 같은 소셜 네트워크 접속 내용을 확인했다. 만약 피고인이 이슬람 국가를 방문했거나 ISIS와 연관된 내용을 페이스북이나 트위터 등에 올려놓았다면 그의 구체적 행위 동기와는 별개로 외로운 늑대형 테러로 명명되었을 가능성이 높다.

테러를 판단하는 두 번째 기준은 피고인의 행위 동기이다. 피고인은 폭발성 무기 또는 장치를 제작했다. 「테러방지법」 제2조 제1항 라목에 기재된 테러 유형에 해당한다. 물론 법원의 판단과 판례에서 살펴봤듯이, 피고인이 제작한 텀블러 화약은 개인의 생명, 신체에 대한 구체적인 위험을 유발하는 폭발성 물건에 해당한다. 폭발물사용죄는 「형법」 제6장 폭발물에 관한 죄에 규정되어 있고 폭발성물건파열치상죄는 「형법」 제13장 방화와 실화의 죄에 포함되어 성격에 차이가 있다. 다만 「테러방지법」상 규정된 테러 행위를 판단할 때는 폭발물과 폭발성 물건을 따로 구분하지 않는다. 현대사회의 테러는 급조폭발물 IED 같은 조악한 폭발성 물건도 테러 수단으로 이용하기 때문이다.

테러 유형의 행위라고 해서 테러로 단정할 수는 없다. 테러로 규정되기 위해서는 피고인이 범행을 계획한 동기를 따져 봐야 한다. 이 사건에서 피고인은 개인적인 사유로 범행을 저질렀다. 쉽게 이야기하면 자기를 멸시했던 교수에 대한 복수심이 범행의 목적이었다. 테러의 일반적 목적이라고 할 수 있는 정치적·이념적·종교적 내용은 찾아볼 수 없었다. 또한 피고인이 범행을 치밀하게 계획했지만 특정 단체의 조직적 지원은 없었다. 한 개인의 돌발 행동이었다. 결론적으로 피고인의 피해자의 사상을 목적으로 한 폭발성 물건 제작 및 공격 행위는 테러 유형에 해당할 수 있다. 다만 그 동기가 개인적인 것에 그치고 범행이 단독으로 이루어졌다는 점을 고려할 때 테러라고 명명할 수는 없다고 재판부는 판단했다.

24

대테러 정책의 비판적 접근
- 「테러방지법」 위반 첫 사건

2018년 7월, 「테러방지법」 위반 혐의로 국내에서 한 시리아인이 구속되었다. 공안사건이다 보니 보안이 필요했지만 경찰 수사 과정에서 시리아인을 구속한 사실이 언론에 알려졌다. 구체적 혐의는 테러단체 가입 권유 및 선동이었다. 일부 언론은 시리아인의 차량에서 폭발성 물건 등이 발견되었다고 보도했으나 이는 사실이 아닌 것으로 확인되었다. 경찰은 구속 10일 만에 시리아인을 기소 의견으로 검찰에 송치했다.

테러사건을 통해 본 국내 대테러 활동에 대한 비판적 접근

공개된 자료가 부족하기 때문에 정확한 사실관계를 파악하기에는 한계가 있다. 다만 정보수집 및 수사 과정에서 몇 가지 문제점을 제기할 수 있다. 첫째로 국가정보원과 경찰 간의 수사 공조 문제이다. 재판에서 일정 정도의 정보공개는 피할 수 없다. 재판은 공개재판을 원칙으로 하며 예외적으로 비공개로 전환되더라도 비보도를 전제로 재판 진행 사항에 대한 질의응답 시간을 가질 수 있다. 하지만 테러와 같은 공안사건의 경우, 적어도 피내사자 혹은 피의자 신분일 경우에는 사건에 대한 보안이 굉장히 중요하다. 국가정보원에서 2년 가까이 조사한 「테러방지법」 위반 사건이 왜 경찰 구속단계에서 언론에 공개되었는지 경찰의 해명이 필요해 보인다. 국민 입장에서는 경찰과 국가정보원 업무 공조에 문제점이 있는 것은 아닌지 의심할 수 있는 사안이다.

둘째로 대테러 관계기관 간 협력의 문제이다. 「테러방지법」은 기본적으로 테러를 예방하는 법률로 테러위험인물에 대한 정보수집 강화와 더불어 국무조정실, 국가정보원, 경찰청, 관세청, 국방부 등 대테러 관계기관 공무원들을 파견한 대테러센터를 설치함으로써 부처 간 정보공유를 강화하는 내용을 포함하고 있다. 복잡다양한 현대사회의 테러에 대응하기 위해서는 정보·수사기관뿐만 아니라 각 행정부처의 협력과 종합적인 대응이 필요하다. 그런데 이번 「테러방지법」 위반 사건의 경우, 테러 실무담당자 대부분이 뉴스보도를 통해 사건을 접했다고 전해진다. 만약 테러사건 관련 정보를 공유하지 않은 것이 국가정보원 등 정보기관의 독단적 판단이라면 「테러방지법」의 입법 취지에 어긋나는 결정이다. 무엇보다 정보기관이 기존의 폐쇄적인 수사관행을 지속한다면 테러 활동에 대한 종합적인 대응이 어려울 뿐 아니라 조사대상자의 인권침해 문제도 제기될 수 있다.

셋째로 시리아인 테러사건을 보도하는 언론의 태도 문제이다. 국내 언론은 자극적인 보도를 즐긴다. 정확한 사실관계 확인 없이 페이퍼뷰paper view를 늘릴 수 있는 문구만을 찾는 경향이 있다. 이번 「테러방지법」 위반 사건도 마찬가지였다. 차량 안에서 폭발물이 발견되었다는 등 확인되지 않은 내용을 사실처럼 보도했다. 언론의 기본이라고 할 수 있는 팩트체크fact check의 문제이다. 이와 유사한 사례는 최근에도 있었다. 2019년 7월, 예비역 병장이 ISIS에 가입을 시도했다는 내용이 공중파 뉴스를 통해 보도되었다. '단독'이라는 문구를 사용하기도 했다. 해당 보도는 검찰의 정식 수사 이전에 확정되지 않은 일방의 주장만을 담았다. 기본적 사실관계에 오류가 많았음에도 피의자(피내사자)는 언론의 일방적 주장에 의해 이미 ISIS 요원으로 결론 지어졌다.

더 큰 문제점은 우리 언론에는 테러사건에 대한 보도지침 혹은 가이드라인guide line이 보이지 않는다는 점에 있다. 테러사건은 일반 범죄와 다르다. 테러는 대중의 공포감을 이용한다. 테러리스트는 테러를 통해 자신들의 존재감을 드러내기를 원한다. 그래야만 테러가 가진 의미와 메시지를 대중에게 전달할 수 있기 때문이다. 예컨대 해외 테러사건이 발생했을 때, ISIS가 아무런 맥락 없이 매번 자신들의 개입을 주장하는 것도 언론을 통해 자신의 존재감을 과시하고 종교적 메시지를 전달하려는 의도이다.

따라서 언론은 테러사건을 일반 사건과는 다른 관점에서 보도할 필요가 있다. 당연히 객관적 사실을 기반으로 보도해야 한다. 대테러센터나 국가정보원의 확인이 있기 전까지는 테러라는 단정적 표현은 자제할 필요가 있다. 테러사건에서도 신속한 보도로 의혹 수준의 내용을 전달한다면 언론이 테러가 원하는 선전·선동을 도와주는 의도하지 않은 결과를 가져올 수 있다. 지금이라도 외국의 사례를 참고하여 테러라는 용어 사용에 대한 일정한 기준을 마련하고 자극적 내용보다는 객관적 내용을 담으려는 노력이 필요해 보인다.

「테러방지법」 1호 사건

본격적으로 시리아인 사건을 살펴보자. 시리아인은 경찰 구속 10일 만에 인천지방검찰청 공안부로 송치된다. 검사는 두 차례 구속 기간(20일)을 연장한 후 시리아인을 「테러방지법」 위반 혐의로 법원에 기소했다. 2018년 8월, 법원에서 첫 번째 공판이 열렸다. 시리아인은 자신의 혐의를 전면 부인했다.

먼저, 검찰에 기소된 시리아인(이하 피고인)에 대해 알아보자. 피고인은 시리아 다마스쿠스Damascus의 알쿠마시아Alqumasiya에서 출생했다. 피고인은 다마스쿠스의 자동차 부품 판매점에서 일하던 중, 판매점 사장의 주선으로 2007년 9월 한국에 입국했다. 국내에서 중고차를 해체하여 그중 사용 가치가 있는 부품을 시리아에 보내는 업무를 담당했다. 2011년 시리아 내전이 발생하고 시리아에 위치한 자동차 부품 판매점의 사업이 어려워지자 한국인 사장이 운영하는 폐차장에서 중고차를 분해하는 일을 시작했다.

피고인은 폐차장에서 일하면서, 한국과 시리아를 총 21차례 왕래했다고 알려졌다. 2010년 7월, 시리아로 입국해 다마스쿠스에서 시리아 여성과 결혼식을 올리기도 했다. 피고인은 2013년 9월에 서울출입국관리사무소에서 난민 인정 신청G-1을 했지만, 2014년 7월 2일에 법무부로부터 난민 인정이 불허되었다. 그러나 법무부는 당시 시리아가 내전을 겪고 있고 동포 간의 전쟁을 혐오하고 고국인 시리아에 살 수 없는 피고인의 종합적인 사정을 고려하여 인도적 체류허가G-1-6를 승인했다.

피고인은 수니파 이슬람교도로, 시아파를 지지하는 시리아의 알아사드 정부에 반감을 갖고 있었다. 난민 인정 신청 당시 피고인의 진술서에 따르면, 피고인은 정부군에 맞서는 민병대에 참여한 사실이 있었다. 또한 2014년 7월, 시리아 정부군의 폭격으로 다마스쿠스에 위치한 자신의 신혼집이 소실되자 시리아 정부군과 싸우는 ISIS에 상당한 호감을 보였던 것으로 알려졌다.

피고인의 공소장에 기재된 구체적 범죄 사실은 크게 두 가지였다. 첫 번째는 페이스북 등을 통해 테러단체 가입을 선동했다는 점이다. 두 번째는 이라크인을 상대로 테러단체 가입을 권유했다는 것이다. 두 가지 범죄 행위는 「테러방지법」 제17조 제3항*에 해당한다. 테러단체 가입 선동은 불특정 다수를 대상으로 하고, 공개된 익명의 온라인 인터넷 공간에 적합할 수 있다는 점에서 실질적인 대면접촉이 필요한 테

러단체 가입의 권유와 행위 태양이 구분된다고 할 수 있다. 따라서 검
사는 피고인의 행동을 별개로 판단하여 하나의 조항에서 두 가지 죄를
구성했다.

제1심 법원의 판단

① 테러 가입 선동 부분(유죄)

1심 재판부는 피고인이 페이스북에 ISIS 관련 게시물을 올린 행위
가 「테러방지법」상 테러단체 가입·선동 행위에 해당하기 때문에 유
죄라고 판단했다. 「테러방지법」상의 테러단체 가입·선동은 다수의
심리상태에 영향을 주는 방법으로 피선동자로 하여금 테러단체에 가
입하도록 자극하거나 부추기는 행위를 말한다. 테러단체 가입은 어떠
한 정형을 요구하거나 특별한 절차가 필요하지 않은 특성이 있다. 예
를 들어, 온라인을 통해 ISIS에 스스로 포섭되거나 자생적으로 '글로
벌 지하디스트'라는 명분에 동의하고, 테러 활동을 수행하는 것만으로
도 가입의 징표로 판단할 수 있다. 따라서 피고인의 테러단체 가입·

선동에 대한 진의를 판단하기 위해서는 페이스북을 통해 올린 게시물의 내용과 방식, 피고인의 개인적 배경, 그리고 피선동자가 테러단체 가입으로 이어질 경우 발생할 수 있는 실질적 위험성을 중심으로 살펴봐야 한다고 판단했다.

첫째로 피고인이 페이스북을 통하여 게시물을 올리는 행위는 ISIS의 선동 방식과 유사하다고 보았다. ISIS는 소셜 네트워크를 선동 수단으로 적극적으로 활용한다. 전 세계 사람들이 누구나 손쉽게 접할 수 있고 자신들의 급진적 이데올로기를 쉽게 전달할 수 있기 때문이다. 또한 피고인이 게시물을 올리는 방법 또한 ISIS와 유사한 점이 많았다. ISIS는 대중적 파급력이 높은 영상과 슬로건으로 호감도를 높인 후에 자신의 선동에 반응하는 사람들과 텔레그램Telegram을 통해 직접적으로 지지자를 포섭하는 활동을 하고 있다. 피고인은 ISIS를 찬양하는 다수의 글과 ISIS 대화가 가능한 텔레그램 링크를 자신의 페이스북에 게재했다. 이는 ISIS의 선동 방식과 일치한다.

둘째로 피고인의 개인적 배경이다. 피고인이 직접적으로 ISIS에 가입한 사실은 확인되지 않는다. 다만 시리아 정부군과 전투 중인 ISIS 활동에 상당한 호감을 갖고 있었다. 피고인의 스마트폰 등에서 ISIS 추종자를 위한 10계명(2015.7.19. 저장)이 발견된 사실도 있다.

셋째로 피고인의 선동으로 피선동자들이 실질적 행동으로 나아갈 가능성에 대한 판단이다. 피고인이 페이스북에 올린 영상과 슬로건 자체는 보통 사람이라면 별다른 호응이나 감화를 느끼지 않고 오히려 반감을 품을 수 있는 내용이라는 점에 대해서는 법원도 인정했다. 다만 내전과 곤궁에 시달리며 세계 각지에 뿔뿔이 흩어져 있는 수니파 종교를 가진 일부 시리아인에게는 피고인의 페이스북 게시물이 남다른 의미로 다가올 가능성도 있다. 실제로 국내에 거주하는 피고인의 동료들은 피고인이 페이스북에 ISIS 관련 게시물을 올린 사실을 알고 우려를 표명하기도 했다. 피고인은 물론 주변 사람들은 ISIS 관련 게시물의 실질적 위험성과 선동 가능성을 충분히 인지할 수 있었다.

② 이라크인에 대한 테러단체 가입 권유 부분(무죄)

피고인의 이라크인에 대한 테러단체 가입 권유 부분에 대해서는 무죄를 선고했다. 이라크인의 주장이 신빙성이 떨어진다는 이유였다.

첫째, 이라크인은 ISIS 대원 제의나 포섭 대상에 적합하지 않은 유형에 속했다. 해당 이라크인은 쿠르드족 출신으로 ISIS에 반감을 가진 민족이었기 때문에 피고인이 이라크인이라고 해서 포섭 대상으로 삼았을 가능성은 희박하다.

둘째, 이라크인의 진술 또한 일관되지 못했다. 이라크인은 피고인이 자신을 ISIS 대원이라 밝혔다고 주장했다. 그러나 피고인의 주변 동료들은 피고인이 스스로 ISIS 대원이라고 말한 사실은 없다고 진술했으며 피고인이 ISIS 대원이라는 의심을 받자 강하게 반발한 사실이 있다고 증언했다.

셋째, 자신의 페이스북에 ISIS 게시물을 자유롭게 올렸던 피고인이

유독 이라크인에게만 테러단체 권유를 했다는 점은 개연성이 떨어진
다고 법원은 판단했다.

1심 법원은 일부 유죄, 일부 무죄로 시리아인에게 징역 3년을 선고
했다. 비공개로 진행된 재판이어서 정확한 사실관계 확인에는 한계가
있지만 1심 판결문을 통해서 한국의 대테러 정책과 활동을 비판적으
로 검토할 수 있다. 다음에서 1심 판결의 판단기준과 문제점을 분석
한다.

25
테러사건으로 본 대테러 정책
-「테러방지법」위반 사건에 대한 소고

「테러방지법」 시행 이후, 아직까지 대테러 활동으로 국민의 기본권이 침해된 사례는 없었다. 대테러 관계기관에서 인권친화적으로 법을 집행한 덕분이라고는 할 수 없다. 「테러방지법」상 국가정보원이 테러 예방을 위한 개인정보를 수집하더라도 조사대상자는 이를 인지할 수 있는 절차와 방법이 없다는 현실적인 문제점이 있기 때문이다. 또한 지난 3년간 정보수집 대상의 대부분이 이슬람교 신자인 외국인이었다. 상대적으로 국내에 거주하는 외국인은 인권보호에 취약할 수밖에 없다. 결국 대테러 활동의 적법성은 재판 과정을 통해 사후적으로 검증할 수밖에 없는 구조이다.

테러를 프로파일링하다

「테러방지법」이후, 「테러방지법」이 적용되어 검찰에 기소되고 법원의 판결이 나온 유일한 사례가 바로 '시리아인' 사건(이하 테러범죄 판결)이었다. 이 판결은 대테러 활동을 사후적으로 검증할 수 있다는 점에서 의미가 있다. 아쉽게도 법원은 ISIS 관련 사건이 재판 중인 사실이 국내외에 알려질 경우, 국민안전과 선량한 풍속을 해칠 위협이 있다는 이유로 재판을 비공개로 전환했다. 피고인의 변호인이 아닌, 재판절차에 참여하지 못한 제삼자가 국가정보원 등 대테러 관계기관의 활동을 사후 검증하는 것에는 한계가 있다. 그럼에도 불구하고 1심에서 징역 3년이 선고된 테러범죄 판결을 분석함으로써 테러범죄에 대한 재판부의 평균적인 인식을 살펴볼 수 있다. 또한 「테러방지법」을 위반한 최초의 사례라는 점에서 법원의 테러사건에 대한 판단 기준을 비판적으로 검토할 수 있다.

① 찬양과 선동의 구분

변호인은 피고인이 페이스북에 ISIS를 포함한 시리아 반군 세력의 영상을 게시한 것은 단순한 '찬양' 행위에 불과하다고 주장했다. 혐의 전부를 부인하고 무죄를 주장하는 변호인의 입장에서 피고인의 행위를 찬양이라고 주장한 것은 꽤 합리적인 변론이었다. 현재 「테러방지법」은 테러단체 가입을 선동한 자만을 처벌할 수 있는데 선동과 찬양은 법률적 구분이 모호한 측면이 있기 때문이다.

먼저, 선동은 누군가를 부채질하여 특정인 혹은 단체가 원하는 어떤 행동에 이르도록 하는 것을 뜻한다. 찬양은 특정 대상을 칭찬하거나 기리는 행위를 의미한다. 선동죄는 「형법」에 처벌 규정을 둔 경우가 많다. 내란선동(「형법」 제90조), 외환선동(「형법」 제101조), 폭발물사용선동(「형법」 제120조) 등이 있다. 일단 처벌받는 선동이 되기 위해서는 특정한 범죄의 실행을 결의하게 하는 등 선동 행위가 어느 정도의 구체성을 띠어야 한다. 이에 반해 찬양은 특정 대상을 칭찬하거나 기리는 행위로, 표현의 자유 영역에 해당하기 때문에 원칙상 처벌되지 않는다. 다만 「국가보안법」 제7조(찬양·고무 등) 제1항*과 같이 "국가의 존립·안전이나 자유민주주의적 기본질서를 위태롭게 하는" 예외적인 경우에만 처벌 규정이 존재한다.

> 📖 **「국가보안법」 제7조(찬양·고무 등) 제1항**
> 국가의 존립·안전이나 자유민주적 기본질서를 위태롭게 한다는 정을 알면서 반국가단체나 그 구성원 또는 그 지령을 받은 자의 활동을 찬양·고무·선전 또는 이에 동조하거나 국가변란을 선전·선동한 자는 7년 이하의 징역에 처한다.

그렇다면 본 테러범죄 판결의 첫 번째 쟁점은 페이스북에 ISIS 관련 사진이나 동영상을 올린 피고인의 행위가 「테러방지법」 처벌 대상인 테러단체 가입·선동 행위가 될 수 있느냐는 것이다. 법원은 테러단체 가입·선동에 대한 판단 근거로 피고인이 페이스북에 올린 게시물의 내용과 방식이 ISIS 선전과 유사하다는 점, 피고인의 개인적인 배경, 그리고 피선동자들이 실질적 행동을 취하는 방향으로 나아갔을 경우에 일어날 수 있는 위험성을 중심으로 판단했다.

1심 법원은 테러단체 가입·선동 행위를 넓게 해석하고 있다. 첫째로 이유는 테러라는 범죄 행위가 갖는 위험성 때문이다. 테러는 국내외에 미치는 영향이 막대하고 이슬람 극단주의자들의 테러를 엄중하게 다뤄야 할 필요성이 있었다. 둘째로 페이스북을 통한 온라인 선동 행위를 문서, 도화 등을 통한 「형법」상의 선동 행위와 동일한 잣대로 평가할 수는 없다. 온라인 매체는 무한배포성을 갖고 있고 범죄 행위자 자신도 예상하지 못한 심각한 문제를 야기할 수 있다는 점에서 위험성이 크다고 할 수 있다. 1심 판결에서 법원은 테러단체 가입·선동 행위에 조금은 완화된 기준을 바탕으로 선동 행위를 폭넓게 적용했다.

그럼에도 불구하고 테러범죄 판결에서 선동 행위에 대한 근거를 좀 더 명확하게 제시할 필요가 있었다. 특히 문제가 있는 부분은 법원이 제시한 '실질적 위험성'에 대한 판단이다. 피고인의 행동이 갖고 있는 실질적 위험성에 대한 판단은 테러단체에 주위 사람들을 가입시키려는 피고인의 행위들이 얼마나 객관적이고 진지한 것인가를 중심으로 판단했어야 한다. 그리고 그 기준은 피고인이 올린 게시물의 내용과 피선동자의 반응이 되어야 할 것이다.

사건기록 등에 따르면 피고인은 ISIS 대원이 아니며 ISIS와 직접적으로 접촉한 사실도 없었다. 또한 피고인이 ISIS를 찬양하는 게시물을 올리고 테러단체 가입을 부추기는 듯한 모습을 보이지만, 페이스북 게시 내용 중 실제로 ISIS 가입을 권유하거나 지시하는 내용은 존재하지 않았다. 즉, 피고인의 행동이 테러단체 가입을 선동했다고 말하기에는 게시물의 내용이 구체적이지 못한 점이 있었다.

실질적 위험성을 판단하는 또 다른 기준은 피선동자가 피고인의 가입 선동 행위로부터 받은 인상이 어떠했는지를 조사했어야 한다. 구체적으로 피고인의 가입 선동 행위가 구체적이고 진지한 인상을 주었는지에 대한 피선동자의 진술이 필요했다. 기본적으로 온라인을 통한 선동은 불특정 다수를 대상으로 하기 때문에 피선동자를 특정하기 어려운 문제점이 있다.

반면 이번 사건의 경우는 보통의 선동사건과는 차이가 있다. 피고인의 선동 행위가 페이스북과 같은 폐쇄형 SNS를 통해 이루어졌고, 게시물을 접하는 동료들이 누구인지 쉽게 파악할 수 있었다. 피고인의 행위에 대한 피선동자들의 인식을 통해 피고인이 테러단체 가입 선동에 진지한 의사가 있었는지를 충분히 확인할 수 있었다. 그럼에도 불구하고 테러범죄 판결은 피선동자가 받은 선동자에 대한 객관적이고 진지한 인상 부분에 대한 진술 내용이나 판단은 빠져 있다.

② 테러사건 심판에서의 절차적 문제점

형사재판에서 주요한 원칙 중 하나는 증거재판주의이다. 증거재판주의란 반드시 증거에 의해서만 사실 인정을 허용해야 한다는 「형사소송법」상의 주요 원칙이다. 즉, 객관적 사실 인정을 위한 증거는 증거능력이 있어야 하고 적법한 증거조사를 거친 후에만 증거로서의 효력을 갖는다. 테러사건에서 증거재판주의 원칙의 중요성은 더욱 크다. 국가정보원, 경찰 등 정보·수사기관이 수집한 증거자료의 적법성을 검증할 수 있는 유일한 절차이기 때문이다.

「테러방지법」은 많은 사람들의 우려에도 불구하고, 국가정보원에 테러위험인물에 대한 정보수집 권한을 부여했다. 대테러 활동에 필요할 경우, 통신·금융··출입국정보 등과 같은 개인정보를 관련 법의 절차에 따라 수집할 수 있고, 대테러 조사와 추적이라는 불명확한 성격 규정을 통해 테러위험인물에 대한 광범위한 정보수집이 가능해졌다. 예를 들어, 국가정보원은 대테러 조사 명목으로 피고인의 휴대폰을 제출받을 수 있다. 이후 피고인의 휴대폰이 경찰·검찰의 수사 및 기소의 증거로 사용되었다면 대테러 조사 과정이 어떻게 이루어졌는지에 따라 휴대폰의 증거능력이 달라질 수 있다. 즉, 대테러 조사를 통한 휴대폰 제출이 피고인의 의사에 의한 임의제출이라면 증거능력에 문제가 없을 것이다. 다만 정보기관의 강제력이 동원되고 실질적인 수사 수단으로 활용되었다면 피고인으로부터 압수한 휴대폰은 영장주의를 위배하여 수집된 위법한 증거로서 법정에서 증거능력을 인정받을 수 없다.

현행 「테러방지법」에는 대테러 조사와 추적에 대한 조사대상자의 이의신청권이나 절차를 다룰 수 있는 규정이 마련되어 있지 않다. 결국 피고인이 자신의 범죄 혐의에 대한 증거 효력을 다룰 수 있는 유일한 수단은 재판이다. 재판을 통해 법원이 국가정보원의 대테러 조사와 추적의 성격과 그 절차를 규명해 준다면 국민이 우려하는 「테러방지법」상의 인권침해적 요소를 상당 부분 제거할 수 있다.

아쉽게도 테러범죄 판결에는 대테러 활동 중 수집한 증거들이 증거능력을 갖고 있는지에 대한 판단은 나와 있지 않다. 판결문의 결과만을 갖고 정확한 사실관계를 파악하기에는 한계가 있지만 증거와 증거능력에 관한 논의가 없었던 이유는 몇 가지로 추측해 볼 수 있다. 첫째로 국가정보원의 정보수집 절차 및 경찰·검찰의 수사 과정에서 위법성이 발견되지 않았을 수 있다. 둘째로 공안사건의 특성상 변호인이 국가정보원의 보고서 및 피고인의 신문조서 등에 이의를 제기하기 어려웠을 수 있다. 셋째로 변호인이 증거에 대한 증거능력을 다투기보다는 증인들의 진술을 통하여 증언의 신빙성을 떨어뜨리는 전략을 세웠을 수도 있다. 실제로 공판 과정에서 소환된 증인 대부분은 피고인에게 불리한 진술을 한 동료들이었다. 이상의 원인들이 피고인을 유죄로 판단하는 데 유력한 증거였던 휴대폰 등에 대한 증거능력 논의가 없었던 이유로 추정되는 사실들이다.

결론적으로 어떤 원인이든 간에, 테러범죄 판결에서 증거 관련 절차적 문제점에 대한 논의가 생략된 점은 아쉬운 일이다. 테러범죄 판결은 「테러방지법」이 적용된 최초의 사건으로, 피고인이 법정 구속된 사례이기도 하다. 피고인의 변호인은 「테러방지법」에 대한 이해를 바탕으로 국가정보원 등에 권한을 넘는 정보수집 과정이 없었는지를 따져 볼 필요가 있었다. 검사는 형사소추 담당자이자 공익의 대변자로서 정보기관의 증거수집 과정에서 절차적 문제점이 없는지를 검토해 보아야 했다.

법원이 국가안보와 공공안전을 이유로 비공개 재판으로 전환한 결정도 결과적으로 아쉬운 부분이다. ISIS 가입 권유 혐의로 재판받고 있다는 사실이 알려질 경우, 우리 국민이 위험에 처할 가능성이 있다는 법원의 판단 이유에 공감하지 못하는 바는 아니다. 그럼에도 불구하고 실제로 언론을 통해 피고인의 재판 사실이 보도된 점, 그리고 테러범죄 판결을 투명하게 공개한다면 「테러방지법」을 통한 국민의 기본권 침해 우려를 불식할 수 있는 좋은 기회였다는 점 등에서 공개의 실익이 비공개 결정보다 컸다고 판단된다.

③ 양형

「테러방지법」을 위반하여 최초로 징역형이 선고된 대상 사건에서 양형의 적정성을 따져 보기 위해 「국가보안법」을 위반한 유사 사례를 비교·검토해 보았다. 테러범죄 판결에서 피고인은 「테러방지법」 제17조 제3항 위반으로 징역 3년을 선고받았다. 「국가보안법」상 이와 유사한 조항으로는 「국가보안법」 제7조(찬양·고무 등) 제1항이 있다. 기본적으로 반국가단체와 테러단체는 성격이 다르고 개별 사건의 사실

관계에 따라 양형의 가중요건과 감형요건에 차이가 있을 것이다. 그러나 최근에 발생한 「국가보안법」 제7조 제1항의 위반 사례를 큰 틀에서 분석하면, 피고인의 테러단체 가입 선동 부분에 대한 양형의 적정성을 간접적으로 비교할 수 있다.

테러범죄 판결에서 법원은 피고인이 스스로 테러단체에서 활동하거나, 직접적으로 가입 선동을 한 사실은 없다고 인정했다. 또한 피고인에게 유리한 양형 사유로, 피고인의 활동 대부분은 정교한 프로파간다propaganda의 창작이나 조직적 분업의 기획보다는 이미 선험적으로 제작된 선전물의 복제와 유포에 주로 의존했다고 판단했다. 즉, 피고인은 테러단체인 ISIS에 직접적 연관을 갖거나 지령을 받아서 활동하기보다는 스스로 심취되어서 ISIS 관련 게시물을 찾아서 저장하고 자신의 페이스북을 통해 관련 내용을 게재했다는 것이다.

앞서 언급한 바와 같이, 테러단체와 반국가단체는 차이가 있고 양단체가 국내 치안에 미치는 위험성에 대한 판단도 사안별로 다를 수 있다. 「국가보안법」 제7조(찬양·고무 등) 제1항은 7년 이하의 징역에 처할 수 있도록 하고 있고, 「테러방지법」 제17조(테러단체 가입 권유·선동죄) 제3항은 5년 이하로 규정하고 있다. 법률은 반국가단체에 대한 찬양·고무 및 선동 행위를 「테러방지법」의 테러단체 가입 선동 행위보다 중한 벌로 다스리고 있다.

무엇보다 피고인은 테러조직과 연관성이 발견되지 않았고, 관련 혐의로 조사 및 처벌을 받은 사실이 없다. 테러범죄 판결은 피고인의 범행이 피고인과 동질성을 가질 수 있는 난민 체류자에 대하여 낙인이나 치안의 우려를 불러일으킬 수 있다는 점에서 다원주의와 통합을 해하는 사회적 해악을 고려할 때, 비난 가능성이 크다고 지적하고 있지만 최근 「국가보안법」 제7조 제1항의 양형* 추세와 비교해 볼 때, 피고인에게 집행유예 없이 징역 3년형을 선고한 것은 과도하다고 판단할 수도 있다.

* 2014~2018년 주요 「국가보안법」 위반 사건

관할법원	적용법률	사실 관계	주문
광주지방법원 (2018. 3. 5.)	찬양·고무 등	• 2011~2012년 자신의 인터넷 블로그에 54차례에 걸쳐 북한 체제의 우월성을 찬양하고 선전하는 글을 다수 올림 • 피고인은 고물 수집업을 하며 각종 사회과학 서적 잡지를 통해 종북사상에 심취함	징역 1년 자격정지 1년

- 2018년 9월 현재 당해에 총 10건의 「국가보안법」 위반 사건이 있었고 그중 찬양·고무 위반죄는 1건에 불과했다. 법원 역시 「국가보안법」 제7조 제1항의 찬양·고무 위반죄의 성립요건을 엄격하게 해석하여 무죄 판결이 늘고 있다. 개별적 사실관계와 사안의 경중이 다르기 때문에 양형 기준을 정밀하게 평가하기는 어렵다. 하지만 「국가보안법」 제4조(목적수행)와 같이 중대한 범죄가 포함되지 않고, 「국가보안법」 제7조 제1항 위반으로 유죄판결 시, 사안이 중대할 경우 징역 3년에서 2년 사이, 그리고 상대적으로 경미한 사건의 경우는 1년 6월에서 6월 사이로 판결되는 경우가 많았다. 무엇보다 피고인의 범행이 초범이고, 이적단체와 연관성이 있더라도 주도적 역할을 수행하지 않았을 경우에는 집행유예 판결을 내리는 경우가 많았다. 실제로 2014년 1월부터 「국가보안법」 위반사례를 검토한 결과, 「국가보안법」 제7조 제1항 위반으로 유죄판결을 받을 시 집행유예가 함께 선고되었다.

수원지방법원 (2017. 11. 21.)	찬양·고무 등	• 혁명조직Revolution Organization 회합에 참석해 북한을 옹호하는 듯한 이적성 발언을 함 • 피고인들의 노트북에서 발견된 북한 관련 원전 등 이적표현물이 발견됨	징역 2년 6월 (집행유예 3년) 피고인 중 일부는 징역 1년 (집행유예 2년)
광주지방법원 (2016. 6. 28.)	찬양·고무 등	• 전남대학교에 김일성 주체사상탑 모형물을 세워 1주일간 전시함 • 피고인은 한총련 대의원으로 밝혀짐	징역 10월 (집행유예 2년)
인천지방법원 (2016. 3. 30.)	찬양·고무 등	• 피고인이 '김정일 장군' 등 이적표현물 107건을 소지하고 있는 것으로 확인됨	징역 1년 (집행유예 2년)
청주지방법원 (2014. 10. 29.)	찬양·고무 등	• 피고인은 인터넷 논객으로 활동하며, 자유민주주의를 부정하고, 북한체제를 찬양하는 글을 지속적으로 올림	징역 6월 (집행유예 2년)
서울중앙지법 (2014. 2. 20.)	찬양·고무 등	• 피고인은 이적단체인 6·15 청학연대 활동가로, 미군철수 및 북한체제를 찬양하는 활동을 지속적으로 함	징역 1년 (집행유예 2년)
서울서부지법 (2014. 1. 28.)	찬양·고무 등	• 피고인은 사이버민족방위사령부 출신으로 2009~2012년 카페와 블로그 등에 북한의 군사력을 찬양하는 글을 올림 • 피고인은 다른 사람에게 이적표현물을 발송함	징역 10월 (집행유예 2년)
광주지방법원 순천지원 (2014. 1. 7.)	찬양·고무 등	• 피고인은 '우리민족끼리' 운영자와 연락을 주고받고 '충성 맹세문'을 작성함 • 피고인은 광양시청 전직 공무원으로 밝혀짐	징역 1년 6월 (집행유예 3년)

자료: www.wikizero.com/ko/국가보안법_사건_목록(2019. 12. 14. 검색).

④ 결론

한국에서 테러 개념은 명확하게 정립되지 않았다. 2016년 3월「테러방지법」이 제정되고, 동법에서 테러를 정의하고 있지만 외국 사례의 포괄적 정의와 추상적 개념만을 차용하고 있기 때문에 다수의 공감을 얻지 못하고 있다. 오히려 일반 국민의 의식 속에 테러의 모습은 북한 등 적대 세력에 의한 공격 정도이다. 실제로 국내에서는 대한항공 858편 폭파사건부터 최근의 농협 전산망 해킹사건과 같이 북한 추종 세력에 의한 테러 유형의 범죄를 지속적으로 경험하고 있다.

테러범죄 판결은「테러방지법」이 시행된 이후, 이 법이 적용된 최초의 사건이다. 북한 등 반국가단체가 아닌 ISIS와 같은 테러단체가 연관된 최초의 사례이기도 하다. 최종판결이 확정되지 않았기 때문에 테러 관련 사건을 대하는 법원의 태도가 무엇인지를 단정하기에는 어려운 측면이 있다. 그러나 테러범죄 판결은 30쪽가량의 분량으로 테러사건에 대해 자세히 설명하고 있고「테러방지법」이 적용된 최초의 판례라는 점에서 향후 테러사건의 선례가 될 수 있는 점 등을 고려할 때, 테러범죄 판결의 의미를 분석하는 것 자체는 의미가 있다.

전반적으로 테러범죄 판결에서 법원은 테러를 심각한 범죄 유형으로 판단하고 있다. 선동 행위의 무정형성으로 인한 기본권의 침해 가능성을 언급한 바 있으나, 테러범죄의 현실적 위험성과 실현 가능성을 중심으로 선동의 해석 범위를 확장하고 있다. 또한 피고인에게 3년형을 선고함으로써 양형 측면에서도 유사한 범죄 유형이라고 할 수 있는 「국가보안법」 제7조 제1항의 찬양·고무죄에 비추어 엄하게 처벌한 특징이 있다. 이번 테러범죄 판결의 피고인은 기본권 보호에 취약한 외국인이었지만 법원의 자의적 판단에 의한 선동 범위가 지나치게 넓어질 경우 대테러 활동 중 국민의 기본권을 침해할 가능성이 존재한다.

따라서 법원은 국민의 기본권 침해를 예방하기 위해 테러범죄 수사 과정의 문제점을 살펴보고, 테러단체 가입 선동 행위에 대한 자의적 판단을 최소화하기 위한 노력을 해야 한다. 재판부는 변호인과 함께 테러범죄 증거수집 과정에서 문제점이 없는지를 따져 봐야 한다. 또한 외국 사례를 참고하여 테러단체 가입 선동 행위의 기준을 엄격하게 판단할 필요가 있다. 아울러 국내외적으로 테러범죄의 위험성이 높다고 판단된다면 법원이 임의적 판단 기준을 바탕으로 선동죄를 무리하게 확장하기보다는 공론화 과정을 충분히 거친 후, 테러에 대한 찬양 행위를 처벌하는 「테러방지법」 개정안을 검토할 수도 있다.

법원은 인권보호를 위한 최후의 보루이다. 피고인이 테러 위험지역 국적의 외국인이라는 이유만으로 편견을 갖고 접근해서는 안 된다. 무엇보다 법원의 명확하고 공정한 판단이 「테러방지법」이 갖고 있는 인권침해 우려를 불식할 수 있고 국가정보원 등 대테러 관계기관의 인권친화적인 활동을 촉구할 수 있다.

2019년 7월 12일, 테러범죄 판결에 대한 2심 선고(인천지방법원 2019. 7. 12, 선고 2018노4357)*가 있었다. 법원은 대상판결의 결정을 뒤집고 전부 무죄를 선고했다. 항소심 과정 중 제기되었던 「테러방지법」 제17조 제3항에 대한 위헌제청신청은 기각되었으며 검사는 대법원에 즉각 항소했다. 이후에 나올 대법원의 판결 결과를 지켜봐야 할 것이다.

「테러방지법」 위반 사건은 한국의 대테러 정책을 평가할 수 있는 중요한 사건임에 분명하다. 대테러 활동 과정 중 발생할 수 있는 기본권 제한과 잘못된 수사 관행을 간접적으로 살펴볼 수 좋은 기회이다. 단순히 한 외국인의 일탈로 사건을 바라보기보다는 대테러 활동 중 발생할 수 있는 우리의 문제로 치환해서 생각해 볼 필요가 있다. 이 사건을 법치주의와 인권보호 측면에서 대테러 활동을 점검하는 계기로 삼아야 할 것이다.

📖 테러범죄 판결에 대한 2심 선고내용 요약

1. 위헌제청신청(기각)

가. 변호인의 주장

첫째, 「테러방지법」 제17조(테러단체 가입·선동 등) 제3항은 「헌법」이 보장하는 명확성의 원칙을 위반하고 있다. 둘째, 테러단체 가입·선동행위를 처벌하는 것은 「헌법」 제19조(양심의 자유), 「헌법」 제21조(표현의 자유) 등 국민의 기본권을 과도하게 침해한다. 셋째, 5년 이하 징역을 규정한 동 조항의 양형은 책임과 형벌의 비례원칙에 반한다. 따라서 「테러방지법」 제17조 제3항은 위헌이다.

나. 법원의 판단

1) 명확성 원칙 위반에 대하여

법원은 '권유와 선동'이란 표현은 「폭력행위 등 처벌에 관한 법률」 제4조(범죄단체 가입권유죄) 제3항, 「형법」 제90조(내란선동죄) 등 다른 형사처벌 법규에서도 사용하고 있는 표현으로서 축적된 판례를 통해 그 의미를 예측할 수 있기 때문에 명확성 원칙을 위반하지 않았다.

2) 표현의 자유와 양심의 자유 침해 주장에 대하여

「테러방지법」 제17조(테러단체 가입·선동 등) 제3항의 '권유'나 '선동'은 외부화된 표현행위를 규제화한 법률일 뿐 내심의 의사(양심의 자유)를 제한하는 것이 아니므로 사안과 가장 밀접한 관계가 있고 제한의 정도가 큰 표현의 자유(「헌법」 제21조)를 침해하는지 여부를 판단할 필요가 있다.

    법원은 이 사건 법률조항은 테러로부터 국민의 생명과 재산을 보호하고 국가 및 공공의 안전을 확보(「테러방지법」 제1조 참조)하기 위하여 제정된 것으로 그 입법목적이 정당하고 테러단체 가입이나 선동을 처벌하는 것은 입법자의 이 사건 법률조항이 과잉금지원칙을 위반하여 「헌법」 제21조가 정한 표현의 자유를 침해한다고 할 수 없다고 판단하고 있다.

3) 형벌 비례의 원칙 위반과 평등권 침해

테러단체의 전 지구적 활동이 야기하는 위험성과 테러단체의 조직 유지, 확장 전략에 효과적으로 대처할 필요가 있다는 점에서 법정형 자체가 과도하게 높다고 보이지 않는다.

2. 본안에 대한 법원의 판단

가. 1심 유죄 부분에 대하여 - 무죄(증거불충분)

테러단체 가입을 선동하는 표현은 테러단체 가입에 관한 내용을 직접적으로 포함, 명시하거나 그러한 직접적인 명시가 없더라도 표현행위의 상대방이라면 누구나 그 표현행위가 행하여지는 문맥이나 정황 등에 의하여 그것에 테러단체 가입 행위임을 알

수 있어야 한다. 법원은 피고인이 페이스북에 올린 게시물 대부분은 가입에 대한 구체적인 내용을 담고 있지 않고 ISIS를 찬양하거나 동조하는 내용일 뿐이라고 판단하고 있다. 이에 대해 검사는 다른 게시물은 차치하더라도 피고인이 페이스북에 ISIS 대원과 대화할 수 있는 링크를 게시한 것은 테러단체 가입 수단을 직접적으로 제공했다고 볼 수 있다고 주장하고 있다. 이에 대해 법원은 검사가 링크를 통한 테러단체 가입 사례를 증명하지 못하고 있고 피고인이 링크를 게시한 의도가 불분명하고 그 사실만으로 피고인이 ISIS 대원과 실질적 대화가 이어졌다고 볼 수 없다고 판단했다. 법원은 피고인의 행위가 테러단체 가입을 선동하는 행위라고 인정되기 위해서는 배제되어야 할 합리적인 의심이 남아 있기 때문에 1심 유죄 부분을 무죄로 판단했다.

나. 1심 무죄 부분에 대하여 - 무죄 유지

법원은 테러단체 가입권유죄를 인정할 수 있는 유일한 증거인 이라크인의 진술에는 모순점이 발견(2심에서는 자신이 쿠르드족이 아닌 투르크멘이라고 진술)되고 설령 그 진술에 신빙성이 있다고 하더라도 이라크인이 범죄 사실을 구체적으로 특정하지 못하는 등 피고인이 권유하였다는 점이 합리적인 의심을 불식시킬 정도로 증명되었다고 할 수 없음을 이유로 이 부분 공소사실을 무죄로 판단하였다.

26
테러 피해자에 대한 논의
- 테러 피해자들의 인권 문제

흔히 테러 피해자는 테러로 목숨을 잃거나 공격·부상·정신적 외상을 받은 사람이라고 말한다. 그러나 테러 피해자의 범위를 조금 더 확장해 본다면, 피해자의 친족, 테러위험인물로 오인받아 국가로부터 사생활 비밀의 자유 등 기본권을 침해당한 자, 대테러 활동을 지원하던 중 경제적 손해를 입은 자까지 포함될 수 있다. 국가의 보호 범위와 판단 기준에 따라 테러 피해자의 범위는 달라질 수 있다.

국가는 우선적으로 테러로부터 직접적 피해를 입은 당사자를 구제해야 한다. 「헌법」 제30조는 "타인의 범죄행위로 인하여 생명·신체에 대한 피해를 받은 국민은 법률이 정하는 바에 의하여 국가로부터 구조를 받을 수 있다"라고 규정하고 있다. 쉽게 이야기하면 테러와 같은 중차대한 범죄를 예방할 책임이 있는 국가의 작위 또는 부작위로 국민이 정신적·물리적 피해를 입었다면, 국가가 피해를 분담해야 한다는 의무를 규정한 것이다. 이 조항은 사회보장적 성격을 띠고 있다. 「테러방지법」제15조*는 「헌법」제30조의 취지를 살려 테러피해 지원에 관한 내용을 담고 있다.

📖 **「테러방지법」제15조(테러피해의 지원)**

① 테러로 인하여 신체 또는 재산의 피해를 입은 국민은 관계기관에 즉시 신고하여야 한다. 다만, 인질 등 부득이한 사유로 신고할 수 없을 때에는 법률관계 또는 계약관계에 의하여 보호의무가 있는 사람이 이를 알게 된 때에 즉시 신고하여야 한다.

② 국가 또는 지방자치단체는 제1항의 피해를 입은 사람에 대하여 대통령령으로 정하는 바에 따라 치료 및 복구에 필요한 비용의 전부 또는 일부를 지원할 수 있다. 다만, 「여권법」제17조 제1항 단서에 따른 외교부장관의 허가를 받지 아니하고 방문 및 체류가 금지된 국가 또는 지역을 방문·체류한 사람에 대해서는 그러하지 아니하다.

③ 제2항에 따른 비용의 지원 기준·절차·금액 및 방법 등에 관하여 필요한 사항은 대통령령으로 정한다.

대테러 활동에서 테러 피해자에 대한 적극적 지원은 테러 예방을 위한 중요한 조치로 인식된다. 최근 각국의 행정부는 의식적으로 테러리스트보다 테러 피해자의 이야기에 주목하고 있다. 극단적 이념의 선전·선동이라는 테러의 목적을 사전에 차단할 수 있을 뿐만 아니라 대중이 테러 피해자의 이야기에 주목함으로써 테러리스트의 악행을 더욱더 비난하도록 만드는 정책 효과를 거둘 수 있기 때문이다. 또한 테러 피해자에 대한 경제적·법률적 지원책도 강화하고 있다. 테러사건 이후 발생할 수 있는 이념적·종교적·사회적 갈등을 테러 피해자 지원으로 완화할 수 있다. 테러 피해자의 상실감을 치유함으로써 또 다른 테러를 예방하는 부가적인 효과도 거둘 수 있다.

국제연합 등의 국제단체도 테러 피해자에 대한 지원을 강조하고 있다. 2005년 6월 국제연합 인권위원회UNHRC: United Nations Human Rights Council는 특별조사관을 임명하고 테러 대처 중 인권과 기본적 자유 보호를 위한 첫 번째 보고서를 2012년에 제출했다. 동 보고서에서 테러 피해자의 인권과 관련하여 권고할 주요 내용을 총 14개 항*으로 정리했으며 국제연합 회원국에게 국내법의 절차 및 관행에 맞춰 법률을 제정 및 수정할 것을 요구했다. 2018년 8월에는 테러 피해자를 기억하기 위한 날을 지정했으며 테러 피해자 지원을 위한 국제 연대를 강화하는 중이다. 이와 더불어 국제연합은 개별 국가에게 테러 피해자가 정상적으로 일상으로 복귀할 수 있도록 경제적·사법적 지원을 적극적으로 권고하고 있다. 테러 피해자에 대한 국제사회의 적극적 지지 표명은 국가는 테러로부터 국민을 보호한다는 의무뿐만 아니라 국가가 개개인의 행복추구권을 적극적으로 보장해야 한다는 사실을 재확인해 주고 있다.

「테러방지법」 제정 이후, 국내에서 테러가 발생한 적은 없으나 테러 피해자가 발생한 적은 있다. 다소 의아할 수도 있다. 테러가 발생

📖 **국제연합 특별조사관의 테러 피해자 권고사항(14개 항)**

1. 개인의 생명권에 대한 국가의 보호 의무
2. 테러 관련 혐의자의 공정한 재판을 받을 권리 보장 및 테러리스트 수사 및 기소를 위한 국제적 협력에 각국이 협력할 것을 규정
3. 테러에 대한 직간접 피해(사망, 중상 등)에 대한 국가의 조사 의무
4. 형사절차에서 테러 피해자 및 근친이 증인 이상의 역할을 할 수 있도록 규정
5. 국가는 테러 피해자 및 근친이 재판 절차에 실질적으로 참여할 수 있게 정보 제공
6. 불기소 결정 이유 및 고지 및 불기소 결정에 대한 피해자에 대한 불복절차 마련
7. 테러 피해자의 증언 등에 자유권규약 제14조(공정한 재판을 받을 권리)에 정한 보호 조치에 상당한 생명·신체 및 사생활 보호 조치가 필요
8. 형사절차의 신속한 진행
9. 테러 피해자 및 가족의 사생활과 개인정보 보호 의무 및 테러 피해자 및 가족의 사생활과 개인정보 보호
10. 테러 피해자의 대표조직 구성권 보장 및 해당 조직 보호 의무
11. 공무원이 테러로 인한 생명권 침해에 직간접적으로 책임이 있는 경우 국제법상 국가의 배상의무를 규정
12. 자국 영토 내 테러로 발생한 사망·중상 피해에 대한 국제법상 국가의 완전하고도 효과적인 배상 의무 규정 필요(원상회복, 금전배상, 사회복귀, 만족, 재발방지의 보증, 의료 및 사회적 재활 프로그램 제공 등)
13. 테러로 인한 사망을 배제하는 생명보험의 판매 및 마케팅 금지 법률 제정
14. 테러단체에 의한 분쟁을 해결하기 위해 유엔의 분쟁 예방, 협상, 조정, 쟁의 조정, 평화 유지 및 구축한 메커니즘을 적극적으로 활용

하지 않았는데 테러 피해자가 있다니 말이다. 테러 피해자는 국내가 아니라 외국에서 발생했다. 앞서 소개했지만 「테러방지법」은 제15조에서 테러 피해의 지원을 규정했다. 외교부 장관의 허가를 받지 않고

방문 및 체류가 금지된 국가 또는 지역을 방문했거나 체류한 경우를 제외하고는 우리 국민이 국외에서 테러로 피해를 입었을 경우에는 「테러방지법」 제15조에 따라 테러 피해에 대한 지원을 받을 수 있다.

2017년 3월 영국의 웨스트민스터 사원에서 발생한 차량테러로 5명이 사망했고 50여 명이 부상을 당했다. 부상자 중 한국인(이하 피해자)이 포함되어 있었다. 영국 수사 당국은 이 사건을 외로운 늑대형 테러로 규정하며 범인은 이슬람교 신자라고 발표했다. 피해자는 테러 피해 사실을 외교부에 신고했고 2017년 9월 「테러방지법」 및 동법 시행규칙에 따라 피해 지원금과 특별 위로금을 신청했다. 국가테러대책위원회는 의결을 통해 피해자가 신청한 테러 피해 지원금 지급을 결정했다.

테러 피해자에 대한 피해 지원금 지급 과정에서 문제점은 없었다. 그런데 지원금 지급 결정 이후, 피해자는 지원금에 대한 이의신청을 했다. 피해자가 피해 지원금을 신청할 때 향후 치료비를 계산하지 않았다는 이유였다. 피해자는 향후 치료비에 대한 피해 지원금 증액을 요청했다. 외교부는 피해자의 이의신청을 기각했고, 국가테러대책위원회는 외교부의 기각 결정을 의결·확정했다. 테러 피해자의 지원이 강화되는 시점에서, 테러 피해자의 절차적 실수를 외면한 국가의 결정에 비판을 제기할 수도 있다. 하지만 국가의 결정에도 그 나름의 이유가 있다. 모호한 부분이 있지만 「테러방지법」상 그렇게 해석될 수밖에 없는 부분이 있기 때문이다.

첫째, 테러 피해 지원금 신청의 제척기간 문제이다. 「테러방지법 시행령」 제39조 제1항은 피해 지원금 또는 특별 위로금의 지급을 신청하려는 사람은 테러사건으로 피해를 입은 날부터 6개월 이내에 총리령으로 정하는 바에 따라 지급신청서에 관련 증명서류를 첨부하여 대책본부를 설치한 관계기관의 장에게 제출할 것을 요구받는다. 피해자는 지원금 신청기간이 훨씬 지난 후, 이의신청 과정에서 향후 치료비에 대한 부분을 요청했기 때문에 피해 지원금 신청의 제척기간이 만료된 상태였다.

법률의 규정과는 별도로 법률의 해석이 인권친화적이지 않다는 비판은 할 수 있다. 일단 '테러사건으로부터 피해를 입은 날'에 대한 해석이다. 테러에 대한 해석을 어떻게 할 것이냐는 첫 번째 문제이다. 영국 웨스트민스터 사원 사건과 같이 이슬람교 신자의 외로운 늑대형 테러는 크게 문제가 되지 않는다. 특정 사건을 테러라고 정의하는 데 국가 간 이견이 없기 때문이다. 그렇다면 논쟁의 여지가 남아 있는 사건은 어떠할까. 예를 들어, 5장에서 소개한 '토론토 승합차 돌진사건'을 생각해 보자. 캐나다 당국은 여성 혐오 감정을 가진 개인의 일탈은 테러로 규정하지 않는다. 이에 반해 한국에서는 여성 혐오 목적을 갖고 무차별 차량 공격을 가했다면 테러로 판단될 수 있는 여지가 있다. 정부에서 일부 인권단체나 여성 관련 시민기관의 입장을 적극적으로 반영하여, 여성을 향한 무차별적 폭력을 정부의 정책이나 권한 행사를 방해하는 테러라고 규정할 수도 있기 때문이다. 결국 테러를 해석하는 각국의 상이한 기준과 「테러방지법」상 명확하지 못한 개념들은 테러 피해 지원의 범위를 놓고 혼선을 빚을 수 있다.

둘째, 테러사건으로부터 피해를 입은 날에 대한 해석이다. 일단 두 가지 의미로 해석될 수 있다. 먼저 테러사건이 일어난 날이 기준이 될 수 있다. 영국 웨스트민스터 사원 사건은 2017년 3월에 발생했다. 따라서 테러 피해 지원금 신청은 9월까지 했어야 했다. 제척기간은 6개월로 9월 이후에 제출된 지원금 신청은 각하될 것이다. 반면에 피해를 입은 날에 방점을 둔다면 '피해가 현실적으로 발생한 날'로도 해석이 가능하다. 쉽게 설명하면 제척기간의 기산점은 바로 '후유증이 발생한 날'이 될 수 있다. 또한 「테러방지법 시행규칙」 제7조 제3항 단서에는 5년이 지난 후 치료를 받은 경우에는 그 치료비를 지원하지 아니한다고 규정하고 있기 때문에 그 반대 해석에 의할 경우에도 5년 이내에 새로운 피해가 발생했을 시 후유증에 대한 피해 지원금을 신청할 수 있다는 의미로 해석할 수도 있다.

셋째, 짧은 제척기간의 문제이다. 제척기간은 법률적 문제로 헌법소원심판청구의 대상이다. 하지만 인권보호 측면에서 테러지원금 신청기간이 지나치게 짧다는 비판은 가능하다. 물론 「4·16세월호참사 피해구제 및 지원 등을 위한 특별법」 등 다른 사회적 재난피해보상법에서도 보상금 신청기간을 6개월로 규정하는 등 제척기간은 입법 재량의 문제로 볼 수도 있다. 다만 테러 피해 지원은 「헌법」 제30조에 근거한다는 점에서 범죄피해자구조청구권과 유사한 성격을 띠고 있다. 「범죄피해자 보호법」에 구조금 지급 신청기간은 구조대상 범죄피해의 발생을 안 날부터 3년 또는 그 피해가 발생한 날부터 10년으로 규정한 것에 반해 테러 피해 지원금 신청의 제척기간은 별다른 이유 없이 테러사건으로 피해를 입은 날부터 6개월로 규정하고 있다. 이는 테러사건으로 인한 피해자와 테러사건 이외의 범죄로 인한 피해자를 합리적 이유 없이 차별한다고 볼 수도 있다. 평등권 침해를 이유로 헌법소원심판청구를 제기할 수 있는 사안이다.

테러 피해자를 위한 정책적 지원에 대한 논의

「테러방지법」 시행 이후 테러 피해자가 발생했다. 그럼에도 국내에는 테러로 인한 직간접적 피해가 발생한 사실이 없기 때문에 테러 피해자에 대한 주목도는 높지 않다. 주목해야 할 것은 테러 피해자는 테러 공격뿐만 아니라 대테러 활동 중 국가권력에 의해서도 발생할 수 있다는 점이다. 법치주의와 인권보호의 관점에서 테러 피해자 범위를 넓게 해석하고 테러 피해자 지원을 위한 종합적인 대책을 고민할 필요가 있다. 테러 예방을 위한 대테러 정책의 시작과 끝은 테러 피해자 문제의 해결로 귀결될 수 있다.

첫째로 「테러방지법」 개정을 통해 국가권력의 권한 남용을 예방할 수 있는 시스템을 마련해야 한다. 「테러방지법」 내 기본권 침해를 방지하는 기관인 대테러 인권보호관을 활용하는 것도 하나의 방안이 될 수 있다. 대테러 인권보호관에게 법률상 조사권을 부여하여 대테러 활동 중 발생한 기본권 침해 사실을 확인할 수 있게 해야 한다. 대테러 인권보호관은 관계기관에 대한 시정 권고 권한*을 적극적으로 활용하고, 국가권력에 의해 기본권을 침해당한 테러 피해자에 대한 법률적 지원 활동에 적극적으로 나서야 한다.

📖 **「테러방지법 시행령」 제9조(시정 권고)**

① 인권보호관은 제8조 제1항에 따른 직무수행(대테러정책·제도 관련 안건의 인권 보호에 관한 자문 및 개선 권고, 인권침해 관련 민원의 처리, 그 밖에 관계기관 대상 인권 교육 등 인권 보호를 위한 활동) 중 인권침해 행위가 있다고 인정할 만한 상당한 이유가 있는 경우에는 위원장에게 보고한 후 관계기관의 장에게 시정을 권고할 수 있다.

둘째로 테러 피해자를 지원하는 법률을 좀 더 명확히 할 필요가 있다. 먼저 우리 스스로 테러를 판단할 수 있는 기준을 마련할 필요가 있다. 권력, 정치적 목적, 정당성이라는 전통적 테러의 속성과 국내의 특수한 상황을 종합적으로 고려하여 테러의 범위를 정할 필요가 있다. 다음으로 테러 피해가 발생한 날의 의미가 무엇인지를 명확하게 법률로 규정해야 한다. 테러 피해자의 보호라는 본 조항의 취지에 맞게 테러사건 이후에 나타날 수 있는 후유증을 포함해 정신적 피해까지 충실히 보상할 수 있는 방안을 고민해 봐야 한다. 마지막으로 지나치게 짧은 테러 피해 지원금 신청기간을 「범죄피해자 보호법」의 수준까지 연장하는 방안을 검토할 필요가 있다.

셋째로 테러 피해자에 대한 경제적 지원뿐만 아니라 그들이 겪는 심리적 상실감을 위로할 만한 법률적·심리적 지원책도 마련되어야 할 것이다. 현행 「테러방지법」상 피해자 지원체계의 피해자 지원은 지나치게 금전적인 측면에 집중되고 있다. 테러범죄 피해 시 기본적인 보상은 물질적 지원에 있을 것이다. 그러나 금전적 보상으로 테러 피해 전부를 보전할 수는 없다. 「테러방지법」은 신체적 부상 및 후유증 외에 정신적·심리적 피해에 대한 치료비를 지원하고 있지만 테러 피해자가 받은 정신적 트라우마trauma 극복을 위한 접근성 강화 제도는 현저히 부족하다. 보통 테러와 같은 범죄 피해를 경험한 사람들은 초기에는 불안과 초조감을 느끼다가 점차 시간이 흐르면서 반사회성을 노출하면서 공격적 또는 반대로 무기력한 상태로 전환되는 성향을 보인다. 또한 범죄 행위는 피해자의 기존 사회적 관계와 존재 방식에 부정적 변화를 초래함으로써 사회적 존재로서의 위치를 위협하기도 한다. 결국 테러와 같은 범죄 피해자를 형사절차에 적극 참여시켜 사건 이후 발생할 수 있는 무기력감을 해소하고 충분한 지원을 통해 국가에 대한 신뢰를 회복하려는 노력이 필요하다.

국제연합의 테러 피해자 보호를 위한 국제사회의 프레임 원칙 14개 항 중 상당 부분은 테러 피해자의 접근성 강화에 관한 내용을 담고 있다. 테러 피해의 직간접적인 원인 행위를 면밀히 분석하고 책임자에 대한 처벌은 물론 조사 및 결과 공개를 통한 책임 유무를 명확히 할 것을 회원국에 지시한다. 혐의 사실 입증을 위한 증거 확보는 물론이고 투명한 단계 이행 및 조사 검토를 통한 객관적이며 공정한 분석을 요구한다. 구체적으로 수사 과정에서 테러 피해자 및 근친이 증인 이상의 역할을 할 수 있도록 하고 재판절차에 참여하도록 함은 물론, 필수적인 사건 정보와 무료 언어지원, 공동대리 등을 제도화하고 테러 피해자 및 가족의 사생활과 개인정보를 보호하는 한편 테러 피해자의 대표조직 구성권을 권고한다.

국내에서는 아직까지 내국인을 대상으로 한 테러사건이 발생하지 않았고 테러 피해 관련 이슈가 크게 부각되고 있지는 않다. 하지만 향후 발생할지도 모르는 테러를 사전에 예방하고 테러 피해자의 상처를 치유하기 위해 테러 피해자의 접근성을 강화할 수 있는 정책이 요구된다.

제8장

대한민국은 여전히
테러 청정지대인가

27

대테러 정책과 난민 문제
– 제주 난민 사태로 본 인권적 논의

알베르 카뮈Albert Camus의 소설 《이방인L'Etranger》에서 주인공 뫼르소는 사람을 살해한 혐의로 체포된다. 수사와 공판 과정에서 뫼르소는 중형을 살 가능성은 적다는 변호사와 예심판사의 말을 듣는다. 뫼르소는 프랑스 국적이었고 뫼르소가 살해한 사람은 프랑스의 식민 지배를 받고 있던 모로코인(아랍 민족)이었기 때문이다. 그러나 뫼르소는 그들의 논리를 단호히 거부한다. 뫼르소는 '햇빛이 눈부셔서' 모로코인을 향해 총을 쐈다고 진술했고 결국 재판관으로부터 사형을 언도받는다. 그가 죽음을 감수하면서까지 싸우고자 했던 것은 프랑스 내 만연한 관습적 사고였다.

《이방인》처럼 우리 사회 역시 관습적 사고가 지배하고 있다. 특히나 외국인에게는 오해와 편견이 난무한다. 온라인상의 댓글만 보아도 조선족, 탈북자 그리고 이슬람교 신자 등 우리 사회의 이방인에 대한 보이지 않는 편견을 어렵지 않게 확인할 수 있다. 그리고 최근 국제적으로 테러가 빈번하게 발생함에 따라 난민 집단에 대한 부정적 인식이 점차 확산되는 분위기이다. 그렇다면 대테러 정책에서 난민 문제는 어떤 방식으로 접근해야 할까. 편견이나 관습적 사고 없이 난민 문제를 조금 더 객관적으로 바라볼 필요가 있다. 이와 관련해 몇 가지 이슈를 살펴보자.

첫 번째는 난민이 과연 테러리스트인가라는 해묵은 논쟁이다. 결론부터 이야기하면 난민은 테러리스트가 아니다. 난민 중 테러리스트가 있을 수는 있지만 난민이 테러리스트라는 명제는 성립하지 않는다. 다만 중요한 건 사실과 인식 사이에 차이가 존재한다는 사실이다. 난민이 테러리스트가 아님은 분명하지만 국민의 다수가 난민 수용을 우려한다. 난민 중 일부가 테러를 벌일 가능성이 있다고 인식하기 때문이다.

그렇다면 두 번째로 소명할 내용이 있다. 난민이 테러를 유발할 가능성이 높은가에 대한 논의이다. 절반은 맞고 절반은 틀리다. 이슬람 극단주의자들은 테러의 수단으로 난민을 활용한다. 최근 독일, 이탈리아에서 발생했던 이슬람 극단주의자들의 테러는 난민 출신에 의해 발생했다. 하지만 현대사회의 테러는 이슬람 극단주의자들이 주도하지 않는다. 2018년 유로폴Euro Pol이 분석한 최근 테러 현황 자료에 따르면 유럽 내에서 발생한 이슬람 극단주의자의 테러는 전체 중 16%에

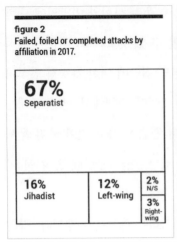
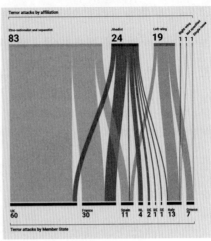

2018~2019년 테러 현황(유로폴)

불과하다. 그 이듬해에는 24%로 증가했지만 유럽 내 테러의 대부분이 분리주의자, 극좌나 극우 집단에 의해서 발생했다. 결론적으로 이슬람 극단주의자 테러만을 고려했을 때는 특정 국가의 난민 수용은 일정 부분 테러 위험을 높인다. 다만 난민의 수용이 전체적으로 테러 가능성을 키운다는 우려는 다소 과장된 측면이 있다.

세 번째는 난민에 대한 국민의 우려는 정당한가라는 의문이다. 난민 수용을 무조건적으로 꺼리는 국민의 반응이 조금은 지나치다는 주장도 있다. 난민을 받아들이는 것은 국제사회의 일원으로서 당연히 따라야 할 인도적 조치라는 것이다. 더군다나 우리나라는 난민협약 가입국으로서 외국인이 난민 신청을 한 경우 난민 인정 요건을 갖추고 있는지를 심판해야 할 국제법상 의무가 있다. 따라서 난민은 정해진

법과 절차에 따라 수용하면 될 일이라는 이야기이다. 그러나 국민의 대다수가 국가의 역할에 대해 말한다. 국민의 생명과 안전을 보호하는 것은 국가의 중요한 의무 중 하나이고 난민 수용으로 국내 치안에 작은 문제라도 발생할 가능성이 있다면 난민을 반려하는 것이 국가의 도리라고 말이다. 국민이 제기하는 난민에 대한 우려 역시 충분히 납득이 가는 상황이다. 그렇다면 우리는 난민 문제를 어떻게 받아들여야 하는가.

그동안 난민 문제는 우리 사회에서 크게 이슈가 되지 못했다. 그런데 2018년 예멘 출신 난민 500여 명이 제주도로 입국해 대한민국 정부에 난민지위 인정을 요청하면서 국민의 이목이 집중되었다. 제주 난민 문제는 제주도가 관광객 유치를 위해서 일부 국가에 30일 무비자 체류를 허용했기 때문에 가능했던 일이었다. 4장에서 언급한 바와 같이 예멘은 내전 중이었다. 수니파, 시아파 그리고 테러조직 알카에다까지 참전하여 수십만 명의 난민이 발생했다. 그들은 전 세계를 돌고 돌아 한국을 찾았다. 제주도의 무사증 제도를 적극 활용한 것이다.

인권단체나 일부 진보적 시민단체는 난민 인정 과정을 대테러 활동의 일환으로 여기는 것 자체를 반대한다. 그들의 관점에서 난민은 테러리스트가 아니라 철저하게 인류애와 인권존중, 국제규범의 준수 차원에서 접근해야 할 대상이다. 개인적으로 그 의견에는 동의할 수 없다. 대테러 활동은 테러를 예방하는 것을 말한다. 대테러 활동은 난민을 테러리스트로 규정하지는 않지만, 난민 중 극히 일부라도 극단화된 이념에 노출될 가능성이 있다면 이를 예방하자는 것이 난민 관련 대테러 활동의 취지이다. 따라서 난민 심사 과정에서 국가정보기관이 개입하는 것은 정당한 근거를 갖는 활동이라고 할 수 있다. 다만 인권단체나 시민단체의 우려를 반영하여 난민에 대한 인권보호과 법치주의 원칙은 철저히 지켜야 할 필요가 있다.

이제 대테러 활동의 관점에서 예멘 난민 사건(이하 제주 난민)을 접근해보자. 대테러 관계기관인 법무부의 난민 인정 절차를 준수할 필요가 있다. 법무부는 우선 난민 관련 전문 인력을 양성해야 한다. 제주 난민은 매우 이례적인 사건이었다. 이슬람교를 믿는 난민이 단기간에 대규모로 유입되었기 때문이다. 2013년 6월 「난민법」 시행 이전까지 5,500여 명에 그쳤던 난민 신청은 2018년 한 해에만 1만 8천여 명에 달했다. 법무부 내에는 이를 처리할 전문 인력이 부족할 수밖에 없어 난민 심사가 졸속으로 운영될지 모른다는 우려가 있다.

졸속 심사는 두 가지를 의미한다. 하나는 난민지위에 대한 분석 없이 쉽게 난민으로 인정하는 것을 말한다. 다른 하나는 난민 인정 사유인 인종, 종교, 국적, 특정 사회집단 구성원 신분, 정치적 견해를 엄격히 해석하여 난민 신청을 거부하는 것이다. 제주 난민을 두고 국민이 보인 부정적 여론을 고려했을 때 후자일 확률이 높다. 법무부 보도자료에 따르면 2018년 한 해에만 3,879명의 심사를 완료했다. 그중 144명만이 난민지위를 인정받아 난민 인정률은 3.7%에 불과하다. 그밖에 514명이 인도적 체류허가를 받았다. 난민지위 인정과 인도적 체류허가를 합친 난민 보호율은 17% 정도에 그친다. 문제가 된 제주 난민의 경우, 총 484명이 난민 신청을 했고 난민 인정은 2명에 그친 것으로 알려졌다. 412명에게 인도적 체류허가를 허용했고 56명은 난민으로 불인정했다.

국제적 기준으로 볼 때, 대한민국의 난민 인정 비율은 상당히 낮은 편에 속한다. OECD 회원국의 평균 난민 인정률은 38%인 데 반해 한국은 3~4%에 머물고 있기 때문이다. 난민 심사에는 각 국가의 난민 정책, 난민 발생지로부터의 접근성, 문화적 요인, 역사적 배경 등 여러 요인이 복합적으로 작용한다. 국내에서는 단일민족에 대한 자긍심 그리고 국민이 갖고 있는 이슬람교에 대한 반감 등이 난민 심사에 영향을 미쳤을 것이다. 난민 심사에 각 국가가 가진 특수성이 개입된다고 보았을 때, 난민 인정률이 낮다는 이유만으로 우리나라 난민 심사 과정이나 절차가 잘못되었다고 단정할 수는 없다.

다만 난민을 엄격하게 심사하는 것이 테러 대비에 좋은 방법인지에 대해서는 다시 생각해 볼 필요가 있다. 많은 선진국에서 테러의 위험성에도 불구하고 난민을 전향적으로 수용하고 있다. 장기적 관점에서 난민을 수용하는 것이 국내외 갈등을 봉합하고 테러 예방에 긍정적인 영향을 줄 것이라고 판단하기 때문이다.

난민 문제는 표면적으로는 인간의 본질적 권리에 대한 문제처럼 보이지만 다른 한편으로는 국내에 거주하는 외국인의 인권과 상당 부분 관련이 있다. 난민 인정 과정에서 우리 국민이 국내에 거주하는 특정 외국인에 대해 상당한 반감과 공포심을 갖고 있음이 확인되었다. 난민이 특정 종교를 가졌기 때문에 범죄를 일으키고 우리의 안전을 위해한다고 성급한 결론을 내리기도 한다. 일종의 혐오 감정이었다. 혐오는 이성적 판단을 마비시키고 공포를 유발하는 유언비어를 끊임없이만들어 내고 있다. 난민이 우리의 일자리를 **빼앗아** 간다는 이야기도나왔다. 난민의 취업 분야는 주로 우리나라 사람들이 취업을 기피하는 농업·축산업·수산업 및 요식업에 한정되는 등 우리의 일자리와크게 상관이 없는데도 말이다. 또한 이슬람교를 믿는 난민과 접촉하면 전염병을 유발한다는 등 허무맹랑한 이야기가 퍼지기도 했다. 인권에 대한 논의는 끊임없이 진화했지만 우리와 다른 타인, 즉 외국인의 권리는 여전히 민족국가 시대에 머물러 있는 듯했다.

무엇보다 혐오는 테러와 같은 폭력적 극단주의를 유발하는 결정적인 요인임이 지속적으로 확인되고 있다. 지난 수십 년간 진행된 세계화는 국가 사이의 경계를 완전히 무너뜨렸다. 외국인 노동자들도 합법적으로 비자를 받아 국내외에서 취업이 가능해졌다. 제주 관광산업의 활성화를 위해 무사증 제도를 활용했듯이, 국가는 자국의 경제를활성화하기 위해 외국인 노동자를 적극적으로 수용했다.

외국인의 상당수가 국내에서 이미 안정된 삶을 살아가고 있다. 2019년 6월 현재 국내에 241만 명의 외국인이 살고 있다. 시리아, 이라크와 같이 테러위험지역 국적의 외국인 체류자도 5,800여 명(2017년)에 이른다. 그들은 이미 우리의 삶 안에 자리하고 있다. 제주 난민 사태에서 보인 우리 국민의 외국인 혐오는 자칫 국내에 거주하는 외국인들로부터 반감을 불러올 수 있다. 그리고 그 불만은 또 다른 테러의 불씨가 될 수 있음을 외국의 수많은 테러사건에서 확인할 수 있었다.

테러를 예방하기 위해서는 공정한 난민 심사 과정이 요구된다. 우선적으로 난민 심사를 지원할 전문 인력을 충분히 양성해야 한다. 또한 형식적·정치적 판단은 최대한 지양하고 난민의 객관적 상황을 고려한 실질적 심사가 이뤄지도록 노력해야 한다. 그러나 대테러 활동에서 더 중요한 일은 외국인에 대한 우리 국민의 혐오 감정을 관리하는 것에 있다. 이슬람 난민에 대한 오해를 불식해야 한다. 외국인을 단순히 국가의 경제적 필요에 의한 수단으로 보지 말아야 한다. 외국인을 대한민국이라는 이 작은 땅덩어리 안에서 함께 삶을 영위하는 존재로 인정할 필요가 있다. 그들이 우리 안에서 편견 없이 어우러져 살아갈 때, 테러와 같은 비극적 행동을 예방할 수 있다.

28

테러 주체와 테러 대응 체계
- 광화문 광장에서 테러가 발생한다면

앞에서 「테러방지법」과 한국의 대테러 정책을 법치주의와 인권보호의 관점에서 살펴보았다. 이제 테러 주체와 관련해 국가정보원·경찰의 대응 과정에서 발생할 수 있는 현실적인 문제점을 검토하고, 광화문에서 테러가 발생했다는 가상의 상황을 바탕으로 테러 발생 이후 국내 대테러 기관들의 역할을 소개한다.

테러 주체의 문제점과 해결방안

국내에서 테러 가능성이 높은 사람들을 꼽자면 북한 체제 추종자, 이슬람교를 믿는 외국인 노동자, 극단적 정치 이념을 가진 조직의 구성원, 사회와 단절된 이들을 예로 들 수 있다. 「테러방지법」상 국가정보원장은 테러위험인물을 지정할 수 있다. 테러위험인물은 테러단체의 조직원이거나 테러단체 선전, 테러자금 모금·기부, 그 밖에 테러 예비·음모·선전·선동을 했거나 했다고 의심할 상당한 이유가 있는 사람을 말한다. 여기서 테러단체란 국제연합이 지정한 테러단체만을 의미한다.

테러위험인물을 어떻게 해석하는가는 국가정보원의 자의적 판단에 맡겨져 있다. 좁게 해석하면 국제연합이 지정한 테러단체에 소속된 외국인으로만 한정될 것이다. 「테러방지법」상 테러위험인물의 '상당한 이유'를 조금 넓게 해석한다면 국내외에서 테러를 유발할 가능성이 있는 모든 이들을 포함할 것이다. 다만 후자의 해석은 국가정보원 입장에서 부담이 되는 결정이 아닐 수 없다. 내국인이 테러위험인물로 지정되고 대테러 조사와 추적 등을 받는다면 '민간인 사찰' 등의 정치적 논란을 피할 수 없기 때문이다. 또한 특정 정치 이념집단을 테러 가능성이 높다고 판단하는 것도 어려운 일이다. 집단이 가진 이념의 극단성과는 별도로 정치적 사안에 개입했다는 이유만으로 국가공무원의 정치적 중립의무 위반의 처벌을 받을 여지가 있다. 현실적으로 국가정보원이 지정할 수 있는 테러위험인물은 이슬람교를 믿는 특정 지역의 외국인으로 한정될 가능성이 매우 높다.

그렇다면 국내 테러 대응에서 치안의 공백사태가 발생할 수 있다. 북한 체제 추종자, 극단적 정치 이념을 가진 조직의 구성원, 사회와 단절된 이들이 계획하는 테러를 사전에 예방하지 못할 수 있기 때문이다. 물론 북한 체제 추종자의 범죄를 예방하기 위한 법률은 따로 마련되어 있다. 「국가보안법」상 국가정보원은 반국가단체를 구성하거나 예비·음모하는 자를 수사할 수 있는 권한이 있다. 그런데 「국가보안법」상의 반국가단체는 그 개념과 해석에 논란이 있을 뿐만 아니라 남북 화해 분위기 속에서 「국가보안법」을 적극적으로 적용하기 어려운 정치적 상황이 발생할 수 있다. 예를 들어, 단체까지는 아니더라도 테러조직과 연관된 반국가 세력이 등장했을 경우 이를 어떻게 해석할 것인지에 대한 혼란이 있을 수 있다. 자칫 「테러방지법」과 「국가보안법」의 해석상 문제로 시간을 소모하다 북한 추종 세력과 연관된 테러조직을 조사조차 하지 못하는 상황이 발생할 가능성도 있다.

극단적 이념을 가진 특정 정치단체의 구성원과 사회로부터 고립된 이들의 위험성에 대한 관리는 경찰의 수사 영역에 속한다. 경찰은 정보수집을 통해 어느 정도의 혐의가 입증된다면 수사로 전환할 수 있을 것이다. 수사 이전의 정보수집은 통상 정보경찰과 국가정보원이 담당하고 있다. 정보경찰이 국내를 담당한다면 국가정보원은 국제 테러나 방첩 업무를 맡고 있다. 막대한 피해를 유발할 수 있는 테러를 사전에 예방하기 위해서는 정보 영역에서 경찰과 국가정보원 사이의 공조가 매우 중요하다.

테러 그리고 테러위험인물의 불명확한 정의는 정보공유에 걸림돌로 작용한다. 국가정보원은 「테러방지법」상 정보수집 대상을 외국인으로 한정해 해석하고 있다. 경찰 역시 수사 범위를 국내 테러로 한정하고 있다. 테러 예방에 경찰과 국가정보원의 정보수집 범위가 다를 수 있다. 국제 테러와 연계된 국내 테러 발생 시, 정보공유와 업무 영역 분담에 혼선이 발생할 수 있다. 더군다나 정보기관의 활동이 축소되는 추세로, 확실한 혐의점이나 결정적 증거 없이는 수사로 전환하기가 쉽지 않다. 물론 그간 정보기관의 권한 남용으로 인권침해가 발생해 왔다. 정보기관 스스로 정보수집 업무에 신중하게 접근하려는 태도는 나쁘지 않다. 다만 테러와 같은 중차대한 범죄를 막기 위해서는 양 정보기관 사이에 명확한 업무 분담과 공조가 필요하다.

먼저 테러위험인물에 대한 체계적인 관리가 요구된다. 경찰과 국가정보원은 국내 테러와 국제 테러, 외로운 늑대 유형의 테러를 분류해서 업무를 분담할 필요가 있다. 테러위험인물에 대한 명확한 정의 규정을 마련해야 한다. 테러 대상을 확실하게 지정할 수 있다면 양 정보기관 사이의 업무 분담과 수집 범위의 한계를 정하는 데 도움이 될 것이다. 또한 투명한 절차를 통해 정보기관의 권한 남용을 검증해야 한다. 양 정보기관 사이의 정보공유 내역을 공개함으로써 기관 사이에 견제와 균형이 작동하도록 해야 한다. 이뿐만 아니라 양 정보기관 사이의 권한 남용을 중립적 위치에서 감독할 기구 설립도 고민할 필요가 있다.

또한 경찰과 국가정보원 사이에 정보를 공유할 수 있는 시스템 구축을 위해 노력해야 한다. 「테러방지법」 내에서 컨트롤 타워의 역할을 맡고 있는 대테러센터를 적극적으로 활용하는 방안을 검토할 필요가 있다. 대테러센터는 경찰과 국가정보원 등 관계기관이 수평적 입장에서 정보를 공유할 수 있도록 역할을 해야 한다. 양 정보기관 사이의 갈등을 조정하고 업무 영역을 지정할 필요가 있다. 통합적 업무가 필요할 경우, 대테러센터는 양 정보기관의 적극적 협조를 구할 수도 있을 것이다.

마지막으로 현행 「테러방지법」상 테러 발생 이후의 모습을 살펴보기 위해, 광화문 광장에서 테러가 발생했다는 가상의 상황을 상정하고, 테러 발생 이후 각 기관의 대응 매뉴얼을 소개한다.

광화문에서 테러가 발생한다면

광화문에서 테러가 발생했다. 테러 유형에 속하는 차량테러 공격Van Attack이었다. 테러로 수십 명의 사상자가 발생했다. 서울시장은 일차적으로 테러가 발생한 사실을 대테러 관계기관의 장과 대테러센터장에게 통보했다. 이차적으로 일반 국민에게도 테러 발생 사실을 알렸다. 언론은 테러 발생 사실을 신속하게 전달했다.

대테러센터장은 서울시장으로부터 테러 발생 사실을 통보받았다. 통상적으로 대테러 관계기관 실무위원회 심의를 거쳐 테러경보를 발령한다. 테러경보는 관심·주의·경계·심각 등 4단계로 구분된다. 관심 단계는 통상적 상황을 말한다. 국내 테러 가능성은 낮지만 국제 테러가 빈번하게 발생하는 상황이다. 주의는 실제 테러가 발생할 수 있는 단계로 테러 첩보가 구체적이거나 알카에다, ISIS 등 테러조직 연계자가 국내에 잠입했다고 의심되는 경우에 발령된다. 경계는 테러 발생 가능성이 높은 상태로, 테러조직원의 활동이 실제로 포착되었을 경우의 상황이다. 주로 국내에서 국제행사가 개최될 경우 테러경보는 경계 단계까지 올라간다. 마지막으로 심각 단계이다. 테러사건의 발생이 확실시되는 상황으로 테러 이용 수단이 강탈당하거나 테러가 발생했을 경우에 발령된다.

사안은 테러가 이미 발생한 긴급한 상황이었다. 대테러센터장은 테러경보를 발령했다. 대테러 관계기관 실무위원회의 개최는 생략했다. 대테러센터장은 국가테러대책위원회 위원장(국무총리)에게 테러 사실을 즉각 보고하고, 각 대테러 관계기관에 상황을 전달했다. 경보 발령 이후, 대테러센터장은 테러 상황을 총력 지휘할 테러사건 대책본부를 신속하게 설치할 것을 지시했다.

테러사건 대책본부가 설치되기 이전까지 서울시장은 테러 확산을 예방하기 위한 적극적 초동조치에 나섰다. 사건이 정부서울청사 근처에 있는 광화문에서 발생했기 때문에 서울지방경찰청이 중심이 되었다. 경찰은 대규모 인력을 투입하여 사건 현장의 통제·보존 및 경비를 강화했다. 긴급대비 및 구조·구급, 관계기관에 지원을 요청했다. 그러나 관내 테러 대응을 위한 전문 인력이 부족한 상황이었다. 서울시장과 서울지방경찰청은 인근 경기도에 구조·구급을 위한 추가 인력을 요청했다. 경기도지사와 경기남부·북부 지방경찰청은 광화문에 신속하게 인력을 지원했다.

테러사건 대책본부가 설치된 이후부터 테러 관리는 대책본부가 주도했다. 사건에 대한 면밀한 분석이 필요했지만 검거된 범인들을 조사한 결과 내국인에 의한 국내 테러의 가능성이 높다고 판단했다. 국내 테러 담당자인 경찰청장이 대책본부의 장이 되었다. 경찰청장은 국가테러대책위원회 위원장인 국무총리에게 대책본부 설치 사실을 알렸다. 이후 테러사건의 현장 대응을 위해 현장지휘본부를 설치했다. 대책본부장은 현장지휘본부에서 대테러특공대, 테러대응구조대, 대화생방테러특수임무대, 대테러합동조사팀 등 현장 출동 조직을 관리하는 역할을 부여받았다.

일차적으로 대테러특공대가 출동했다. 테러리스트를 진압하고 테러 수단이었던 자동차를 확보했다. 차량 내부를 수색하여 다량의 폭발물을 확인했다. 군사시설 밖에서 일어난 테러사건이었기에, 원칙적으로 국방부는 대테러특공대의 일원으로 참여할 수 없었다. 다만 군은 폭발물 감지에 전문성이 있었다. 폭발로 수십 명의 사상자가 발생했기 때문에 경찰이 중심이 된 대테러특공대의 대응만으로는 한계가 있었다. 대책본부장은 국방부 소속 대테러특공대의 출동을 요청했고, 국방부 장관은 대테러특공대를 사건 현장에 투입했다.

한편 테러사건 분석을 위하여 국가정보원을 중심으로 대테러합동조사팀이 출동했다. 검거된 테러리스트의 심문을 통하여 테러의 목적을 분석했다. 아무래도 차량테러라는 점에서 국외에서 발생한 테러 유형과 유사한 측면이 있기 때문에 국외 테러조직의 개입 가능성을 의심했다. 테러리스트의 출입국정보, 소셜 네트워크 등을 확인했다. 아울러 테러 상황을 객관적으로 분석하는 작업이 필요했다. 테러 발생 당시 테러리스트의 행동을 목격한 사람들의 진술도 확보했다. 이후 종합적인 분석을 거쳐 테러사건의 결과를 대테러센터장에게 통보했고, 대테러센터장은 그 결과를 국가테러대책위원회 위원장에게 보고했다.

행정안전부는 초기에는 서울시의 초동조치를 적극 지원했다. 테러대책본부 설치 이후에는 테러복구지원본부와 테러대응구조대를 투입했다. 테러사건 발생 시, 수습·복구 등 적극적인 후방 지원 작업을 펼쳤다. 소방청과 협조하여 인명의 구조 및 구급 활동에 나섰다. 국내에서 발생한 테러사건이 일정 부분 수습되었다. 테러리스트가 검거되었고 테러의 원인 등이 밝혀졌다.

하지만 여전히 테러 피해자 문제가 남아 있었다. 테러 피해자는 대테러센터의 안내를 받아 자신의 피해사실을 알렸으며 6개월 이내에 테러 피해 지원금을 신청할 수 있었다. 대테러센터장은 상황이 어느 정도 정리된 후, 관심 혹은 주의 단계로 테러경보를 낮추었다. 전 국민을 떠들썩하게 만들었던 광화문 테러는 마무리되었다.

📖 테러단체와 범죄단체 그리고 반국가단체의 차이점

테러단체는 「형법」상의 범죄단체 그리고 「국가보안법」상의 반국가단체와 차이가 있다. 「형법」상 범죄단체는 일정한 법정형 이상에 해당하는 특정 범죄를 범할 목적으로 구성된 단체 또는 집단을 말한다. 「형법」 제114조는 "사형, 무기 또는 장기 4년 이상의 징역에 해당하는 범죄를 목적으로 하는 단체 또는 집단"을 범죄단체로 규정하고 「폭력행위 등 처벌에 관한 법률(폭력행위처벌법)」 제4조는 동법에 규정된 강력범죄를 범할 목적으로 하는 단체 또는 집단을 범죄단체로 규정하고 있다.

반국가단체는 「국가보안법」 제2조에서 "정부를 참칭하거나 국가를 변란할 것을 목적으로 하는 국내외의 결사 또는 집단으로서 지휘통솔 체제를 갖춘 단체"로 규정하고 있다.

테러단체는 정치, 이념, 인종 등 다양한 목적을 위하여 폭력행위 등을 사용한다는 점에서 범죄행위 자체를 그 목적으로 하는 「형법」이나 「폭력행위처벌법」상의 범죄단체와 구별된다. 이뿐만 아니라 정부를 참칭하거나 국가를 변란할 목적으로 하는 극히 예외적인 경우를 상정한 반국가단체와도 구별된다. 실질적으로 「테러방지법」을 통해 「헌법」상 반국가단체인 북한에 의한 테러 혹은 정보수집 활동을 감시할 수 없는 한계점이 있다.

29

우리는 테러를
완전히 예방할 수 있을까

테러 관련 업무에 종사하면서 영화 〈마이너리티 리포트Minority Report〉를 떠올렸다. 빅 데이터Big Data로 인간의 행동을 완벽하게 예측할 수 있는 사회가 가능한 것인지 고민했다. 실제로 마케팅 영역에서 인간의 심리를 파악하는 인공지능AI: Artificial Intelligence 기술은 현대사회에서 적극적으로 활용되고 있다. 네이버Naver나 아마존Amazon 같은 온라인 사이트에서 개인의 취향을 파악하여 맞춤형 상품을 추천하기도 한다. 축적된 데이터를 바탕으로 나의 행동을 정확히 예측하는 경우도 종종 발견된다. 진화된 네트워크라는 시스템 속에서 인간은 중앙컴퓨터가 관리 가능한 부속물이 될 수 있을지도 모른다. 올더스 헉슬리Aldous Huxley가 《멋진 신세계Brave New World》에서 보여 준 모든 것이 통제 가능한 사회가 우리의 미래가 될 수도 있다. 중앙시스템에 의해 모든 것이

〈마이너리티 리포트〉와 《멋진 신세계》가 그리는 미래 사회의 모습(플리커)

관리되는 헉슬리의 《멋진 신세계》에서는 흉악한 범죄나 테러는 있을
수 없는 일이다.

실제로 일부 전문가는 정보의 독점과 기술의 발전이 테러와 같은
강력범죄를 없앨 수도 있다고 예측한다. 테러 예방을 위한 국가의 권
한 강화와 일반 국민에 대한 광범위한 데이터베이스Data Base의 구축을
요구하기도 한다. 그런데 이러한 판단에 근거가 된 통제 가능한 인간
이라는 전제에 의문이 들었다. 헉슬리는 《멋진 신세계》에서 인간이 인
간다울 수 있는 것은 '예측할 수 없음'에 있다고 했다. 실제로 같은 일
상이더라도 오늘과 내일의 나는 분명 차이가 있다. 인간이 인간임을
포기하지 않는 이상 데이터만으로 인간의 행동을 완벽하게 예측하는
것은 쉽지 않은 일이다. 인공지능의 분석 과정에서 인간다움의 발현
은 시스템상의 오류나 바이러스가 될 수 있다. 자유의지를 가진 인간

을 완전히 통제할 수 있다는 생각에는 동의하기 어렵다.

하물며 미래에 우리가 예방해야 할 대상은 테러다. 범죄단체나 조직범죄는 축적된 데이터베이스나 과거 프로파일링 자료를 활용하여 어느 정도의 패턴을 예측할 수 있을지 모른다. 반면 테러는 종교적 · 이념적 신념에 의해서 발생한다. 더군다나 최근 유럽에서 빈번히 발생하는 외로운 늑대형 테러 혹은 묻지 마 범죄의 동기는 외부에서는 판단할 수 없는 개인의 은밀한 영역에서 이뤄지고 있다. 즉흥적 혹은 순간적으로 이루어지는 내심의 결정을 컴퓨터가 통제하거나 판단하는 것은 불가능에 가깝다.

다소 철학적인 이야기로 시작했지만 결론은 테러를 예방하는 일은 쉽지 않다는 점이다. 테러위험인물 또는 테러리스트를 판단하기 위해서는 수사기관의 권한 강화, 정보기관 사이의 업무 공조 등이 필수적이다. 그러나 이것만으로는 테러 예방의 충분조건이 될 수 없다. 테러가 '예측할 수 없음'이라는 인간적 속성에 기인하는 측면이 있다면, 테러리스트들이 테러라는 폭력적 행동에 나서기 전까지 인간다움을 회복할 수 있도록 노력을 기울일 필요가 있다.

호아킨 피닉스Joaquin Phoenix가 열연한 영화 〈조커Joker〉(2019)는 최근 테러사건과 관련하여 많은 시사점을 준다. 일부에서는 〈조커〉 개봉 이후, 모방범죄 가능성을 우려하기도 했다. 그러나 이 영화는 '인간이 인간을 다루는 태도'를 이야기하고 있다. 정신 장애 혹은 극단적 주장을 하는 이들의 이야기를 사회가 철저히 외면한다면 제2의 '조커'는 언제든 등장할 수 있다는 경고를 보내고 있다. 조커가 자신의 수첩 속에 간직하고 있는 메시지처럼 '죽음이 자신의 삶보다 더 가치 있기를' 바라는 이들이 하나둘 늘어 간다면, 사회를 향한 폭력과 분노의 표출은 늘어날 수밖에 없다.

테러를 제거하기 위한 일정 정도의 공권력 강화는 불가피한 측면이 있다. 하지만 테러를 예방하기 위해 더 중요한 것은 너와 나의 다름을 인정하는 사회적 노력이다. 다름은 틀림을 의미하지 않는다. 또 다른 인간성의 발현이다. 사회적으로 용인될 수 없는 극단적 주장이라고 하더라도 자유롭게 목소리를 낼 수 있어야 한다. 제도권 역시 그들의 이야기를 개인적 차원이 아니라 사회적 문제로 바라보고 해결 방법을 찾기 위해 노력해야 한다. 또한 타인에 대한 혐오와 차별로 테러 가능성을 키우는 환경을 조장해 온 우리 스스로에 대한 반성이 요구된다. 소수의 목소리를 외면하고 자신들의 이해득실만을 따졌던 정치권도 자성의 노력을 해야 한다. 전 사회가 인간을 인간으로 대하며 인간이 인간됨을 회복하려고 노력할 때, 테러는 완전히 사라질 수 있을 것이다. 테러 예방의 시작과 끝은 우리 삶의 문제로 귀결될 수밖에 없다.

테러를 프로파일링하다

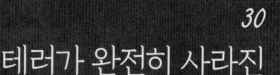

30
테러가 완전히 사라진 세상을 꿈꾸며

테러와 인류의 싸움은 실패로 끝이 났다. 테러를 제거하기 위해 테러와의 전쟁도 치렀다. 테러 예방을 위해 국가권력을 강화하기도 했다. 그러나 지금 이 순간에도 테러는 끊이지 않고 있다. 테러와의 기나긴 싸움에서 인류가 깨달은 확실한 교훈이 하나 있다. 테러는 싸움으로 쉽게 극복할 수 있는 대상이 아니라는 사실이다. 테러는 달래고 끊임없이 관리해야 할 상대였다. 외부의 문제라기보다는 권력을 갈망하는 나 혹은 우리로부터 시작되었기 때문이다. 테러 예방을 위해서는 테러 주체들이 품고 있는 권력과 욕망을 통제할 필요가 있었다.

　제2장에서 제5장까지는 테러가 무엇인지를 찾는 여정이었다. 테러는 로베스피에르로부터 시작되었다. 그 시작은 단순한 용어의 사용을 의미할 뿐이었다. 권력을 얻기 위해 자행된 인간을 향한 테러는 역사

이전부터 존재해 왔다. 자연 상태에서 인간은 살기 위해 군집을 이루었고 의식주는 물론이고 성적인 것까지 본능에 충실한 삶을 살아왔다. 끊임없이 늘어만 가던 욕망을 채우기 위해서 힘이 필요했다. 힘의 다른 이름은 권력이었다. 권력은 인간을 복종하게 만들 수 있는 힘이 있었다. 인간은 이 권력을 얻기 위해 끊임없이 싸워 왔다. 테러는 바로 이 권력을 쟁취하기 위한 중요한 수단 중 하나였다.

권력을 얻는 방법은 다양하다. 조직폭력배들의 방법은 패싸움일 것이다. 국가 사이라면 전쟁이 벌어질 수 있다. 정치권력을 쟁취하기 위해 민중은 쿠데타를 일으킬 수도 있다. 역사를 진보적 관점에서 바라본다면, 이러한 폭력이 점차 합법적인 틀 안에서 다루어졌다는 점에서 의미가 있다. 절대권력을 행사하던 왕이 무너진 후에 국가가 등장했다. 민족국가, 국민국가 그리고 민주국가의 과정을 거치면서 국가권력은 신뢰를 얻어 갔다. 조직폭력배들의 이권 다툼에 국가는 적극적으로 개입했다. 법치주의 원칙을 바탕으로 사인 간의 폭력 행위를 엄격히 금지했다. 민주주의는 대중을 정치에 참여시켰다. 정당을 구성하고 국민의 동의를 얻을 수 있다면 폭력 없이 국가권력을 차지하는 것도 가능해졌다.

전쟁과 같은 국가 사이의 권력 투쟁은 국제연합의 등장으로 상당 부분 완화되었다. 양차 세계 대전을 겪은 후, 더 이상의 전쟁은 없어야 한다는 국제사회의 합치된 의견이 있었다. 하지만 이기적 군상들의 집합체였던 국가는 국제사회의 합의쯤은 쉽게 무시할 수 있는 존재

테러를 프로파일링하다

였다. 이제 국제사회는 국가 간 합의보다 본질적인 인권 개념을 앞세운다. 「국제인권법」, 「국제인도법」, 「제네바 협약」 등을 통해 인간이 가지는 보편적 인권의 중요성을 지속적으로 강조하고 있다. 전 세계적으로 공감대를 형성한 인권존중 정신은 야만적인 전쟁을 억제하는 주요 요소였다.

국가를 통한 법치의 확립은 무자비한 폭력을 사라지게 만들었다. 국제사회의 합의와 인권존중 정신은 전쟁을 억제하는 효과가 있었다. 그럼에도 모든 폭력이 사라진 것은 아니었다. 국가 간 혹은 사인 간의 보이지 않는 권력 투쟁은 여전히 존재했다. 특히나 권력 추구라는 인간의 본성을 자극하여 폭력을 부추겨 온 테러라는 수단은 쉽게 사라지지 않고 있다. 그렇다면 테러는 왜 사라지지 않고 우리 사회에 존속하는 것일까. 그 근본 원인으로 테러의 복잡한 성격을 들 수 있다.

테러의 역사에서 살펴봤듯이, 테러의 주체는 악한 목적을 가진 테러리스트로 한정되지 않는다. 국가가 테러 주체로 등장한 때도 있었다. 법치주의를 가장한 폭력적인 공권력 행사는 국민에게 공포를 심어 주었다. 그들은 폭력으로 국민의 복종을 강요했다. 다른 한편으로 테러는 이러한 위법한 공권력에 대항하는 정당한 수단이 되기도 했다. 물론 사람의 생명을 수단으로 삼는 테러 행위는 어떠한 이유에서도 정당화되지 못한다. 그러나 부당한 힘에 맞서 싸우던 테러의 메시지만은 귀 기울일 만했다. 국제사회 역시 테러에 내재된 복합적인 특성 때문에 테러를 한목소리로 정의하지 못하고 있다.

국가에 의한 무분별한 폭력과 전쟁이 사라진 현대사회에서 테러는 그 정당성을 상실하고 있다. 더군다나 현대사회에서 자행되는 테러는 무고한 민간인을 대상으로 폭력을 행사한다는 점에서 도덕적 비난의 대상이 되고 있다. 폭력의 잔혹성은 조직폭력배 못지않고 인명 피해는 전쟁에 비견할 만하다. 테러는 권력 집단의 존재감을 과시하고 대중에게 공포감을 주는 효과적인 선전 수단으로 여전히 남아 있다. 국제사회는 악마적 기질을 여지없이 드러내는 테러를 예방하기 위해 한목소리를 내고 있다. 그리고 쉽게 끝나지 않는 테러와의 싸움에서 승리하기 위해서는 새로운 접근법이 필요하다는 점에도 대부분 공감하고 있다. 테러 프로파일링이 필요하다고 생각한 지점도 바로 여기에 있었다.

제5장의 '테러 프로파일링'에서 언급한 바와 같이 테러 프로파일링은 법치주의와 인권보호에서 시작한다. 테러는 테러를 일으키는 특정 집단만의 문제가 아니었다. 악으로 규정한 테러단체에 대한 직접적 공격만으로 테러를 완전히 제거할 수 없다는 사실은 미국이 주도한 '테러와의 전쟁'에서 확인되었다. 스스로 정의Justice를 외쳤던 강대국들의 불법적 권력 행사는 또 다른 테러를 유발하는 요인으로 작용하기도 했다. 즉, 테러는 단순히 테러단체의 문제라기보다는 잘못된 권력을 추구하고 이를 행사하고자 하는 모든 이들의 문제이기도 했다. 테러 예방을 위해서는 권력 주체라고 할 수 있는 우리, 또 국가의 권력을 어떻게 통제할 수 있는가에 초점을 맞춰야 했다. 그리고 권력 주체에

의한 권력 통제의 해답은 바로 법치주의에 있었다.

또한 인권존중에 그 해답이 있다. 인권존중은 상대방을 대하는 우리의 자세이다. 테러 예방을 위해서 테러리스트 혹은 테러단체마저도 대화의 상대방으로 인정하려는 노력이 필요하다. 물론 그들의 주장이 극단적일 수 있다. 대화 과정에서 상대방의 얼토당토않은 주장에 분개하고 참지 못하는 상황이 발생할 수도 있다. 하지만 터무니없는 주장이라도 사회의 공론장에서 이야기할 수 있는 기회가 생긴다면 테러와 같은 폭력 행위의 정당성은 인정받기 어렵다. 목적을 상실한 테러는 이유 없는 묻지 마 공격 정도로 치부될 것이다. 무엇보다 테러의 본질적 목적이라고 할 수 있는 극단적 이념의 전파와 대중에게 전해지는 공포감은 상당 부분 약해질 수밖에 없다.

세계화된 사회에서는 극단적 이념을 가진 이들까지도 우리 삶에 영향을 미치며 공존하고 있다는 현실을 고려할 필요가 있다. 다양한 이념을 가진 이들을 사회와 완전히 분리할 수는 없다. 그렇다면 그들을 배제하기보다 사회에서 하나의 목소리로 인정하려는 노력이 필요하다. 인권존중의 태도를 바탕으로 다양한 의견을 경청해야 한다. 무엇보다 대테러전에서 우리가 싸워야 할 대상은 특정 단체가 될 수 없음은 분명하다. 우리의 주적은 바로 테러 그 자체가 되어야 한다. 대테러 활동 역시 테러를 유발할 수 있는 환경을 관리하는 것에 초점을 맞춰야 한다. 그런 의미에서 테러 프로파일링에서 강조한 법치주의와 인권보호는 테러를 제거하기 위한 가장 효과적인 수단일 것이다.

그렇다면 대한민국의 대테러 정책은 과연 올바른 방향으로 가고 있느냐에 대한 의문을 제기할 수 있다. 제6장에서 제8장까지는 국내의 대테러 정책을 법치주의와 인권존중의 정신을 바탕으로 분석했다. 테러 관련 기본법이라고 할 수 있는 「테러방지법」의 내용을 알아본 다음, 대테러 활동의 컨트롤 타워라고 할 수 있는 대테러센터와 국가테러대책위원회의 활동을 검토했다. 아울러 지난 3년간 국내에 있었던 테러사건을 바탕으로 테러 대응의 문제점을 비판적으로 살펴봤다.

국내에서 테러가 발생하지 않았고 테러 관련 논의도 현실화되지 않았기 때문에, 대테러 정책을 온전히 평가하기는 쉽지 않다. 그러나 테러 예방을 목적으로 테러 프로파일링을 완성하기 위해서는 현재의 대테러 정책을 새롭게 설계할 필요가 있다. 바로 법치주의와 인권보호가 강화된 내용으로 말이다.

첫째로 「테러방지법」의 개정 논의가 요구된다. 테러, 테러위험인물 등의 개념과 정의를 보다 명확히 규정해야 한다. 정보기관의 권한 남용을 방지하기 위한 법률상의 구체적인 절차도 마련해야 한다. 또한 국가가 테러라는 중차대한 범죄를 예방하기 위해서는 새로운 수사 수단을 마련할 필요가 있다. 먼저 우리 스스로 테러단체를 지정할 수 있는 권한을 가져야 한다. 테러위험인물에 대해서는 예외적으로 휴대폰 감청이 가능하도록 법을 개정할 필요가 있다. 다만 테러 예방을 위해 불가피하게 정보기관의 권한이 강화된다면 이를 견제할 인권보호책도 상응하여 갖춰져야 한다.

둘째로 국가테러대책위원회의 활동에 대한 점검이 필요하다. 지난 4년간 총 10차례의 국가테러대책위원회가 개최되었다. 그런데 논의된 주요 의제를 볼 때 국가테러대책위원회가 테러 대비를 위한 제대로된 역할을 하고 있는지 의문이 든다. 국내 테러 환경에 관한 내용보다는 외국의 사례나 각 기관의 업무를 점검하는 보고 회의 수준에 머물러 있기 때문이다. 국가테러대책위원회가 실질적 역할을 수행하기 위해서는 국내 현실을 반영한 대테러 정책에 대한 논의가 있어야 한다. 「테러방지법」 개정, 북한 사이버 테러 문제를 포함하여 국내외 폭력적 극단주의를 예방하기 위한 우리만의 대책을 국가테러대책위원회의 주요 의제로 다루어야 한다.

셋째로 국가테러대책위원회의 실무기관이라고 할 수 있는 대테러센터의 구조 개편도 필요하다. 「테러방지법」은 관계기관 간의 정보공유를 통한 종합적인 테러 대책 마련에 그 제정 목적이 있다. 그러나 현재의 대테러센터는 실질적으로 국가정보원이 장악하고 있어, 기관 간 정보공유에 어려운 점이 있다. 파견 공무원들로 구성된다는 점에서 전문성이 부족하다는 문제점도 지적할 수 있다. 향후 대테러센터가 테러 예방의 실질적 컨트롤 타워의 역할을 할 수 있도록 인력과 구조 개편 작업이 이뤄져야 한다.

넷째로 테러 관련 사건을 통해 엿볼 수 있었던 우리 사회에 만연한 테러에 대한 인식이다. 연세대 사제 폭발물사건은 테러 유형의 사건에 대응하는 수사기관의 태도를 보여 줬다. 시리아인 「테러방지법」

위반 사건에서는 사법부의 테러에 대한 인식이 여실히 드러났다. 제주 난민 사태는 테러에 대한 국민의 이해를 확인할 수 있는 사건이었다. 각종 사건을 종합적으로 검토하면서 테러를 대하는 우리 사회의 모습을 직간접적으로 살펴볼 수 있었다.

수사기관, 사법기관 그리고 국민 모두에게 테러는 척결해야 할 대상이었고 대한민국에서는 결코 일어나서는 안 될 일임은 분명했다. 다만 현재의 대응과 인식만으로 테러를 완전히 예방하는 것은 현실적으로 어렵다고 생각한다. 게다가 테러 업무에 4년 넘게 종사하면서 확신하게 된 바가 있다. 그것은 바로 대한민국은 더 이상 테러 청정지대가 아니라는 사실이다. 오늘 당장이라도 테러는 발생할 수 있다. 우리 머릿속에 각인되어 있는 이슬람 극단주의자들의 테러뿐만 아니라 사회적 불만을 가진 이들의 무차별 살상 행위 또한 언제 어디서든 일어날 수 있다.

정보기관과 수사기관에 강력한 권한을 부여한다고 해서 테러를 완전히 예방할 수는 없다. 법치주의와 인권보호를 바탕으로 한 대테러 정책의 근본적인 변화가 필요하다. 테러단체 혹은 테러리스트와의 싸움보다는 테러가 자라날 수 있는 환경 자체를 제거하는 종합적인 대책이 필요하다. 무엇보다 '테러는 악'이라는 단편적인 생각을 버릴 필요가 있다. 우리 가운데 누구든 테러리스트가 될 수 있다는 가정 아래, 테러와의 싸움을 시작해야 한다. 국가가 공권력을 행사할 때는 항상 법치주의 원칙이 철저히 지켜져야 한다.

개인 차원에서는 타인을 향한 혐오와 미움의 감정을 버리려는 노력이 필요하다. 사회에서 소외된 이들의 목소리를 우리의 이야기로 받아들여야 한다. 그래야만 수천 년간 계속된 테러와의 질긴 싸움에서 승리할 수 있다.

나는 왜 '테러를 프로파일링하다'를 써야만 했나

대한민국은 이른바 테러 청정지대라고 할 수 있다. 실제로 필자가 국가공무원으로 활동했던 지난 4년간 테러 유형의 사건은 단 한 차례도 발생하지 않았다. 그러기에 ISIS 혹은 알카에다가 주도하는 국제 테러는 딴 세상 이야기처럼 들리는 것도 사실이다. 코로나19가 발생하면서 국가정보원이 테러위험인물로 관리하던 상당수의 불법체류자들이 우리나라를 떠났고 국가 간 이동 또한 어려워지면서 국내외 테러 발생 건수는 줄어들 전망이다. 우리 국민이 테러에 크게 관심이 없는 데는 합리적인 이유가 있다.

이 책은 현재 상황만을 고려하여 집필된 것이 아니다. 앞으로도 우리나라가 테러 청정지대를 유지할 수 있을 것인가 하는 본질적 의문에서 이 책의 집필이 시작되었다. ISIS는 각국의 역량이 코로나19 방역에 집중된 틈을 타 프랑스의 에펠탑, 영국의 빅벤 등 서방국 내 주요 랜드마크landmark 공격을 독려하며 존재감을 과시하고 있다. 최근 들어 알카에다와 같은 테러단체가 필리핀, 우즈베키스탄 등 아시아 인접 국가로 진출하고 있으며 갈수록 진화하는 테러는 국내 범죄와의 구분이 모호해지고 있다. 국내외 범죄 세력과 연계하여 '범죄를 목적으로 한 테러', '테러를 목적으로 한 범죄'를 일으킬 가능성이 높아지고 있다.

그뿐만 아니라, 테러의 새로운 유형으로 등장한 외로운 늑대형 테러의 위협은 더욱더 치명적이다. 정치적·이념적 이유로 스스로 극단화되어 우발적으로 범행을 저지르는 이들을 공권력의 강화만으로 완벽히 통제하는 것은 불가능에 가깝다. 2019년 9월 14일, 사우디 유전 시설에서 발생한 드론 테러사건에서 알 수 있듯이 외로운 늑대들이 테러를 결의한다면 주변에서 쉽게 구할 수 있는 도구 등을 활용하여 수천억 원의 재산상 손해는 물론 수백 명의 생명을 앗아 갈 수 있는 테러를 저지를 수 있다. 테러는 더 이상 넋 놓고 바라볼 수 있는 남의 나라 이야기가 아니다.

그렇다면 테러를 예방하기 위한 국내 대테러 정책은 과연 올바른 방향으로 나아가고 있을까. 필자는 지난 4년간 국가테러대책위원회 소속 대테러 인권보호관 지원반에 근무하면서 국내 대테러 정책을 비판적으로 검토할 수 있었다. 테러 예방을 위한 기본법이라고 할 수 있는 「테러방지법」 자체의 문제점도 있었지만 대테러 정책을 수행하는 관계기관의 태도에서도 실망스러운 점이 있었다. 정책 당국자들의 인식은 국민의 일반적인 정서와 크게 다르지 않았다. 테러는 여전히 '남의 나라' 이야기였다. 북한이 연관된 테러 관련 이슈는 정치적 사안으로 치부하며 손을 떼기 일쑤였다. 국제 테러에 대한 이해는 부족했고 외국기관의 첩보와 수사기관의 판단에 상당 부분을 의존하고 있었다. 「테러방지법」 이후, 외형상으로는 국가테러대책위원회가 발족되고 이를 뒷받침하는 대테러센터가 업무를 수행해 왔지만 새롭게 떠오른 테러의 위협에 대응할 준비는 제대로 되어 있지 않은 것으로 보인다.

테러 업무를 주로 담당하는 국가정보원과 경찰도 마찬가지였다. 문재인 정부 들어서, 국내 정보 업무가 사라진 국가정보원은 국내에 거주하는 외국인들의 관리에만 몰두하고 있는 형편이다. 「테러방지법」에 따라 이슬람교를 믿는 특정 외국인들을 잠재적 테러위험인물로 판단하고 통제를 강화하고 있는 것이다. 국내외 테러단체 및 테러위험인물 지정에 대한 자체 판단 기준이 미비하여 정보의 상당 부분을 외국의 수사기관에 의존할 수밖에 없다. 무엇보다 현실적으로 국내에서 발생 가능성이 높은 외로운 늑대들의 테러에 대해서는 속수무책인 상황이다.

경찰은 어떠한가. 국내 테러의 주무 부처는 경찰이다. 하지만 경찰은 국내 테러와 국외 테러의 명확한 구분 없이 테러 예방을 국가정보원의 업무로만 인식하는 경향이 있다. 경찰의 테러 관련 주요 업무는 테러사건 이후의 조치와 시위 등의 경비 업무에 집중되어 있다. 경찰역시 국내에서 발생할 수 있는 국제 테러와 대규모 인명 피해를 유발할 수 있는 외로운 늑대들의 테러 예방에는 상대적으로 취약할 수밖에 없는 구조이다.

정치권·언론·국민의 반응 또한 국내에서의 테러 가능성을 높여 왔다. 2016년부터 광화문에서 근무하며 지난 4년간 광화문 광장이 국민 사이의 갈등을 조정해야 할 정치의 자리를 대신하는 것을 생생하게 지켜보았다. 3년 전 광장을 빼곡하게 채웠던 촛불은 한때는 태극기로 뒤덮였다. 주말마다 끊이지 않았던 시위는 반으로 극명하게 갈린 대한민국을 또다시 반으로 나누었다. 갈등을 해결해야 할 정치는 완전히 사라지고 광장에 편승한 정치적 극단주의만이 기승을 부렸다. 21대 국회의원의 임기가 시작되었지만 여야의 간극은 여전히 좁혀지지 않고 있다. 정치로 갈등을 해결하지 못한다면 국내에서도 조지 플로이드George Floyd의 사망을 계기로 미국 전역에서 번지고 있는 폭력적 시위와 폭동이 언제든 발생할 수 있다.

언론 역시 테러를 방지하기 위한 사회적 책임을 다하지 못하고 있다. 테러에 관한 특별한 보도준칙 따위는 찾아볼 수 없다. 테러에 대한 면밀한 이해 없이 자극적인 속보 경쟁에만 몰두하고 있다. 테러리스트 입장에서는 한국의 언론 환경이 그들의 극단적 이념을 선전·선동할 수 있는 좋은 수단으로 보일 것이다.

마지막으로 국민의 인식의 문제다. 단일민족에 대한 지나친 자긍심인지 아니면 특정 외국인에 대한 불편한 감정 때문인지는 명확히 판단할 수 없지만 온라인상에는 외국인을 향한 혐오가 가득하다. 특히 제주 난민 사건을 둘러싸고 우리 국민이 보인 반응은 대단히 극단적이고 폭력적이었다. 국내에 이미 정착한 외국인 2, 3세대가 느꼈을 공포감과 더불어 이들이 향후 우리 사회에 갖게 될 적개심이 매우 우려되었다. 지난 4년간 국내에서 이렇다 할 테러사건은 발생하지 않았지만 폭력적 극단주의 행동을 유발하는 환경은 급격하게 악화되고 있다.

앞서도 언급했지만 지난 4년간 국가테러대책위원회에서 대테러 인권 업무에 종사하며 인권보호를 위한 「테러방지법」 개정 연구를 지속적으로 진행해 왔다. 전국 각지에 위치한 국가정보원 지부를 방문했고 그곳에서 테러 업무를 담당하는 실무자들을 만나 대테러 활동에 관한 이야기도 다양하게 들을 수 있었다. 국가테러대책위원회를 준비하며 대테러센터의 업무 현황을 분석하기도 했다. 실무를 경험하면서 다양한 테러 관련 전문지식을 쌓았다. 법을 다루는 변호사이기도 하다. 그간의 경험과 법률적 사고를 바탕으로 미래에 치명적인 위협으로 등장할 것이 분명한 테러를 예방하기 위한 방안을 제시하고 싶었다.

기존의 테러 관련 교과서에 나와 있는 군사·안보적 접근법이 아닌 인문·사회과학적 시각을 바탕으로 테러 문제를 해결할 수 있는 새로운 방법을 마련하고 싶었다. 직접 눈으로 확인할 수 없는 내심의 영역을 이해하고, 테러라는 극단적인 범죄에 이르는 과정을 설명하기 위해서는 인문·사회과학적 방법론이 유용한 수단이라고 판단했기 때문이다. 그리고 그 해답은 '테러는 악'이라는 단순한 프레임을 탈피하여 법치주의와 인권보호가 중심이 된 대테러 정책테러 프로파일링에 있었다.

이 책을 통해 우리 국민에게 테러의 실체를 알리려고 노력했다. 딱딱하고 어려운 용어를 사용하기보다는 문학적 사례를 곁들여서 테러를 알기 쉽게 설명하려고 했다. 또한 잘 알려져 있지 않은 국내외 대테러 정책을 소개하고 테러 예방을 위한 현실적인 정책 방향을 제시하려고 했다. 「테러방지법」 제정 이후, 실제 일어난 사건을 다루고 실무적인 내용을 다수 포함하고 있다는 점에서 테러를 추상적인 이론 중심으로 다룬 기존의 책과는 차별성이 있을 것이다. 부족하지만 이 책을 선택한 독자들이 테러를 제대로 파악하고 쉽게 이해할 수 있는 계기가 되었으면 한다. 무엇보다 테러 관련 실무자들이 이 책의 내용을 참고하여 국내 대테러 정책을 재점검하고 '대한민국은 테러 청정지대'라는 세간의 평가가 지속될 수 있도록 최선의 노력을 다해 주길 바란다.

문화체육관광부, 《한국의 종교현황》, 새성균기획, 2012.

성낙인, 《헌법학》, 법문사, 2017.

연성진 외, 《테러 예방 및 대응을 위한 수사의 실효성 및 예측의 효율성 확보 방안》, 한국형사정책연구원, 2016.

이재상, 《형사소송법》, 박영사, 2012.

정육상, 《국가정보와 경찰정보》, 백산출판사, 2015.

김동률, 〈인터넷을 이용한 범죄선동행위의 처벌가능성〉, 《비교형사법연구》 제19권 제4호, 비교형사법학회, 2018.

김성규, 〈프랑스의 테러대응법제〉, 《강원법학》 제54권, 강원대학교 비교법학연구소, 2018.

김열수, 〈한국에서의 새로운 테러 주체의 등장 가능성: 유럽의 자생적 테러 주체와의 비교를 중심으로〉, 《한국위기관리논집》 제3권 제1호, 위기관리 이론과 실천, 2007.

김용주, 〈테러방지법상 대테러조사에 대한 법적 규제 연구〉, 《안암법학》 제55권, 안암법학회, 2018.

김은영, 〈IS의 소셜네트워크를 이용한 프로파간다의 방식과 영향력 분석연구〉, 《국가정보연구》 제7권 제2호, 국가정보연구학회, 2015.

김재현, 〈테러범죄에 대한 형사법적 고찰: 특히 테러단체구성죄에 대한 형법적 논의를 중심으로〉, 《형사법의 신동향》 제54호, 대검찰청 검찰미래기획단, 2017.

김태영 외, 〈군 대테러 활동 강화방안에 관한 연구〉, 《한국치안행정논집》

제14권 제1호, 한국치안행정학회, 2017.

박동균, 〈한국의 테러리즘 발생 가능성과 국가대비전략〉, 《한국테러학회보》 제2권 제1호, 한국테러학회, 2009.

박재풍 외, 〈경찰의 대테러 관련 법령, 조직, 임무 재정비 방향연구〉, 《경찰대학 산학협력단》, 경찰청, 2016.

유형창, 〈국제화에 따른 한국내 자생테러 발생 가능성과 대응전략〉, 《시큐리티 연구》 제31호, 한국경호경비학회, 2012.

윤봉한 외, 〈소셜 미디어를 이용한 '외로운 늑대'의 급진화(Radicalization)에 관한 연구: 최근 '외로운 늑대'형 테러 사건을 중심으로〉, 《치안정책연구》 제29권 제2호, 치안정책연구소, 2015.

윤해성, 〈대테러 활동을 위한 테러방지법과 시행령의 비교 분석〉, 《시큐리티 연구》 제48호, 한국경호경비학회지, 2016.

이대성, 〈테러범죄의 동향분석과 대응방안에 관한 헌법적 연구〉, 《세계헌법연구》 제14권 제3호, 국제헌법학회, 2008.

이만종, 〈경찰의 테러대응 법제에 관한 고찰〉, 《한국테러학회보》 제7권 제2호, 한국테러학회, 2014.

이성대, 〈현행 테러방지법상 독소조항의 의혹과 개선방향〉, 《성균관법학》 제30권 제3호, 성균관대학교 법학연구소, 2018.

이재승, 〈선동죄의 기원과 본질〉, 《민주법학》 제57권, 민주주의 법학연구회, 2015.

서경준, 〈국민보호와 공공안전을 위한 테러방지법에 관한 헌법적 연구〉, 서울대학교 대학원 석사학위논문 2018.

장기봉, 〈뉴테러리즘의 등장과 이에 대응한 국가 네트웍 전략〉, 대구대학교 대학원 박사학위논문, 2008.

전학선, 〈테러방지법과 인권보장〉, 《경찰법연구》 제14권 제1호, 경찰법학회, 2016.

정맹석, 〈대테러정보환경 패러다임 변화에 따른 국가정보기관 발전방안〉, 아주대학교 대학원 박사학위논문, 2018.

제성호, 〈국가보안법상 '반국가단체'의 개념과 범위〉,《법조》제59권 제8호, 법조협회, 2010.

제성호, 〈테러방지법의 의미와 대남테러 대응책〉,《월간북한》8월호, 2016.

조성권, 〈초국가적 위협: 테러, 마약, 죄직 상호 연계〉,《JPI정책포럼세미나 자료》, 제주평화연구원, 2012.

하태인, 〈형사정책 관점에서 바라 본 테러범죄와 그 대응〉,《비교형사법연구》제17권 제4호, 비교형사법학회, 2015.

함혜연, 〈경찰의 대테러 정보수집 발전방안에 관한 연구: 국가정보기관과의 비교·연구를 중심으로〉,《한국경찰학회보》제66권, 한국경찰학회, 2017.

Abram, Norman, *Anti-Terrorism and Criminal Enforcement*, St. Paul MN: Thomson West, 2005.

Andreu-Guzmán, F., "Terrorism and Human Rights No. 2: New Challenges and Old Dangers," *International Commission of Jurists, Occasional Papers*, No. 3, Geneva, 2003.

Human Rights Committee, "Consideration of Reports Submitted by States Parties under Article 40 of the Covenant, Concluding Observations of the Human Rights Committee, United States of America", 16, U.N. Doc. CCPR/CO/76/EGY, Nov. 28, 2002.

Kindhäuser, Urs, Strafgesetzbuch, Lehr- und Praxiskommentar, 5. Aufl., Baden-Baden, 2013.

Satzger, Helmut / Schmitt, Bertram / Widmaier, Gunter (Hrsg.), Strafgesetzbuch, Kommentar, 1. Aufl., Köln, 2009.

Schönke, Adolf/Schröder, Horst, Strafgesetzbuch, StGb, 28. Aufl., München, 2010.

ㅅ

ㅇ